KB038775

AARON T. BECK

아론 벡

인지치료의 창시자

아론 벡

Marjorie E. Weishaar 지음
권석만 옮김

학지사

인지행동치료는 정신역동치료와 더불어 현대 심리치료의 양대 산맥이라고 할 수 있다. 특히, 아론 벡의 인지치료는 인지행동치료의 발전과정에서 핵심적인 역할을 했을 뿐만 아니라 현재 세계적으로 가장 널리 사용되고 있는 인지행동치료다.

내가 처음 아론 벡의 인지치료를 접하게 된 것은 1984년 서울대학교 심리학과에서 발행한 『심리학의 연구문제』 창간호에 이장호 교수님께서 기고한 '상담 · 심리치료에서의 인지적 접근' 이라는 논문을 통해서였다. 그 이후로 서울대병원 정신과에서 임상심리학 수련을 받는 과정 중에 김중술 교수님과 함께 아론 벡의 『인지치료와 정서장애』 『우울증의 인지치료』를 읽게 되면서 좀 더 자세한 내용을 접하게 되었다. 이러한 경험이 인연이 되어 1993년에는 아론 벡의 인지

이론과 인지치료를 검증하는 박사학위 논문까지 쓰게 되었다. 지난 20여 년간 인지치료에 관한 수많은 저서와 논문을 접하였지만, 인지치료의 창시자인 아론 벡이라는 인물에 대해서는 사실 아는 바가 거의 없었다.

'심리치료이론은 창시자의 자기고백' 이라는 말이 있듯이, 한 심리치료의 이론을 좀 더 깊이 이해하기 위해서는 창시자의 생애와 개인적 특성 그리고 그러한 치료이론이 발전하게 된 과정을 잘 이해하는 것이 필요하다. 최근에야 접하게 된 이 책에는 아론 벡의 개인사와 더불어 그가 인지치료를 창안하여 발전시켜 온 과정이 소상하게 소개되어 있다. 아론 벡의 가족사를 비롯하여 그의 생애, 성격 특성, 인간적인 장단점, 인지치료를 창안하게 된 계기, 당시 심리치료계를 주도하던 정신분석치료와 행동치료의 공격에 대응하며 인지치료를 발전시켜 온 고난의 과정이 자세하게 소개되어 있어 인지이론과 인지치료가 오늘날의 모습을 갖추게 된 역사적·학문적 발달과정을 이해하는 데에 큰 도움이 되었다. 아울러 이 책은 인지치료의 핵심적 원리와 실증적 증거, 인지치료에 대한 오해와 진실 그리고 그 한계와 미래의 연구과제 등을 체계적으로 잘 소개하고 있어 인지치료의 좋은 입문서가 되리라고 생각한다. 이 책은 아론 벡의 제자이자 동료인 임상심리학자 Marjorie E. Weishaar에 의해 1993년에 저술되었으며, 그 이후로 인지치료에 많은 발전과 변화가 있었지만 대부분의 내용이 현재에도 타당할 만큼 놀라운 예지를 담고 있다.

이 책을 국내에 소개하고 싶다는 바람 때문에 번역의 고통을 잘 알면서도 역서를 펴내게 되었다. 이 책을 소개하고 번역을 지원해 주신 학지사의 김진환 사장님과 최임배 편집부

장님 그리고 정성껏 편집을 해 주신 이지혜 과장님께 감사
드린다. 이 역서의 첫 독자로서 성실하게 교정작업을 도와
준 대학원생 조현석 군과 조수아, 김빛나 양에게도 고마움
을 전한다. 이 책을 통해서 인지치료의 창시자인 아론 벡이
라는 한 인간의 흥미로운 삶과 그가 우리에게 제시하는 지
혜로운 삶의 방식을 이해하는 계기가 되기를 바란다.

2006년 10월
권 석 만

| 감사의 글 |

이 책은 많은 사람들의 도움을 받아 쓰였으며, 나는 이들의 소중한 도움에 감사드린다. 압도감을 느낄 만큼 엄청난 면담자료가 있었는데, 그 일부는 이 책에 제시하지 못했다. 본문의 내용 중 인용출처를 밝히지 않은 인용문은 내가 직접 면담을 통해 얻은 자료들이다.

Aaron T. Beck은 이 책의 저술을 허락하고 격려해 주었다. 그는 나와의 면담을 허락해 주었는데, 면담은 학술발표회, 워크숍, 시상식, 커피숍, 택시 등과 같이 다양한 곳에서 이루어졌다. 나의 질문에 그는 분명하고 솔직하며 재치 있게 대답해 주었다. 또한 나에게 그의 가족을 소개해 주었는데, 그들과의 만남을 통해서 나는 그의 일대기를 쓰는 소중한 자료를 얻었을 뿐만 아니라 많은 즐거움도 얻을 수 있었다. Aaron T. Beck의 형인 Maurice는 과거에 대한 기억을 떠올려 주었으며, 그의 아버지인 Harry Beck의 시를 들려주었다.

9

Irving Beck 박사와 그의 부인인 Edith는 가족에 관한 많은 정보를 제공하고 확인해 주었다. 나의 질문에 대해서, 여러 사람들이 "Irving에게 물어보세요."라고 말하곤 했다. Judith Beck 박사는 내가 여러 번 면담을 하도록 허락해 주었으며 그의 아버지에 대한 독특한 견해를 보여 주었다. Aaron T. Beck의 사촌인 Minna Saxe는 가족의 글, 사진, 역사적 정보를 제공해 주었다. 또 다른 사촌인 Joan Temkin Slafsky는 Temkin 가족의 가계도를 그려 주었다. 이 책에 제시된 가계도의 일부는 그래픽 예술가인 Jill Brody에 의해 그려진 것이다.

필라델피아에 있는 인지치료센터의 행정실장인 Barbara Marinelli는 나의 저술 작업을 지원해 주었으며 여러 내용을 바로잡아 주었다. 그녀는 내가 자료를 얻을 수 있는 여러 사람들을 소개해 주었으며 센터에서 보관하고 있는 문헌자료를 살펴볼 수 있게 해 주었다. Beck 박사의 비서인 Karen Quinn은 발행논문, 확인이 필요한 사실, 검토해야 할 정보를 요청할 때마다 전문가답게 효율적으로 응해 주었다. Ann L. McGarvey는 펜실베이니아 주립대학에서 이루어진 나의 조사를 도와주었다. 로드아일랜드 유태인 역사자료실의 사서이자 문헌학자인 Eleanor F. Horvitz는 내가 Temkin 가족의 문헌을 찾는 데에 도움을 주었다. Harry Beck에 관한 그녀 자신의 글은 매우 소중한 자료가 되었다. 나는 이러한 모든 도움에 대해서 감사드린다.

많은 사람들이 이 책을 위해서 면담에 응하거나 자문을 해 주었다. David M. Clark, W. Edward Craighead, Gary Kovacs, Michael Mahoney, Donald Meichenbaum, Christine Padesky, James Pretzer, A. John Rush, Brian Shaw, Mark Whisman, Jesse Wright, Jeffrey Young 그리고

Albert Ellis 박사에게 감사드린다. Beck 박사와 마찬가지로, Ellis 박사는 30여 년에 걸쳐 서로 교신했던 자료를 제공해 주었다. 내가 직접 면담한 자료 외에도, 나는 언론인인 Ann Diffily와 Peter Ross 그리고 Paul Salkovskis와 Michael Yapko 박사와 이루어진 면담자료를 인용하였다.

마지막으로, 여러 시간 동안 녹음된 면담내용을 정확하고 세심하게 풀어 주고, 참고문헌을 기록해 주었으며, 최종 원고를 수정해 준 Sandra Kopel에게 감사드린다. 또한 원고를 세심하게 읽어 주고 책의 집필을 마칠 수 있도록 나를 격려해 준 이 시리즈의 편집자 Windy Dryden에게 감사한다.

Marjorie E. Weishaar

| 목 차 |

1 Aaron T. Beck의 생애

개 관

　아론 템킨 벡(Aaron Temkin Beck)은 인간의 행동과 정신
병리를 동기나 본능보다 정보처리의 관점에서 설명하는 모
델에 근거한 심리치료의 한 형태인 인지치료의 창시자다.
Beck의 인지치료는 심리학과 정신의학에서 커다란 변화가
급격하게 일어나던 시기에 개발되었으며, 인지가 정서적 고
통과 행동적 장애에 중요한 역할을 한다고 강조한 점에서
혁신적인 것이었다. Beck은 정신병리에 관한 일관된 통합
적 이론을 제안했을 뿐만 아니라 그러한 이론과 일치하는
치료기법을 제시했으며 아울러 그의 이론을 검증하고 정교
하게 발전시키는 연구를 시행했다는 점에서, 그의 업적은

심리적 문제를 이해하고 치료하는 분야에 커다란 진전을 이룬 것이라 할 수 있다. Beck은 자신이 시행한 치료를 정밀하게 검증함으로써 심리치료계에 하나의 모범적 선례를 만들었으며, 인지치료를 시행하는 방법에 대한 지침서를 제시함으로써 다른 이론적 입장을 지닌 치료자들이 심리치료에서 실제로 행해지는 것을 구체적으로 정리하여 제시하도록 자극하였다.

Beck은 우울증을 새로운 방식으로 설명하고, Beck 우울척도와 같은 진단적 도구를 개발하였으며, 우울증에 대한 효과적인 치료방법을 창안함으로써 우울증 분야에서 전문성을 인정받고 일찍부터 명성을 얻었다. 1967년에 그가 우울증에 관해 발표한 저술(Beck, 1967)은 논평자로부터 '이 분야의 주요한 공헌'으로 인정받았으며, 1979년에 그의 제자들과 함께 저술하여 발간한 『우울증의 인지치료(Cognitive Therapy of Depression)』는 우울증에 관한 기념비적 저술이 되었다. 인지적 모델의 기술적 측면은 우울증 환자를 대상으로 연구한 50편 이상의 논문에서 지지되었다(Haaga, Dyck, & Ernst, 1991). 우울증에 대한 인지치료도 25편 이상의 논문에서 그 효과가 지지되었다(Dobson, 1989). 국립정신보건원(NIMH)에서는 우울증 치료에 관한 대규모의 공동연구를 시행하면서 인지치료를 우울증의 주요한 치료법으로 인정하여 포함시켰다. 단극성 우울증에 대한 Beck의 인지치료 효과를 항우울제와 비교한 초기 연구(Rush et al., 1977)로 인해서, 처음에 인지치료는 약물치료에 대한 도전으로 여겨졌다. 그러나 이것은 인지치료의 목적과 치료적 활용을 너무 단순하게 생각한 것이다. 인지치료는 다양한 심리적 장애와 건강 문제 그리고 환자집단에 사용될 수 있도록 그 적용범위가 확장되었다. 미래에는 비임상적 집단(예컨대, 교육기관의 경우)과 더불어 우울증을 한 번도 경험하지 않은 사람들을 위한 우울증 예방 활동에 적용될 수 있을 것이다.

Beck의 인지치료는 심리적 장애가, 적어도 부분적으로, 개인이 경험을 어떻게 구성하느냐에 의해 생겨난다고 가정하는 다양한 인지적 치료법 중의 하나다. Mahoney(1988)는 (1) 현실의 본질, (2) 인식론, (3) 원인론에 관한 기본적 가정에 있어서 서로 다른 17가지의 인지적 치료법들을 열거하고 있다. 인지적 치료의 분야는 매우 광범위해서 그에 관한 연구를 주로 발표하는 두 개의 학술적 잡지(*Cognitive Therapy and Research*와 *Journal of Cognitive Psychotherapy: An International Quarterly*)가 있다. 이 책에서 '인지치료(Cognitive Therapy)'는 구체적으로 Beck의 모델을 지칭하는 반면, '인지적 치료(cognitive therapy or therapies)'는 인지적인 심리치료의 일반적 유형을 지칭한다.

Beck은 필라델피아에 있는 인지치료센터의 소장으로서, 수백 명에 달하는 박사후 연구원인 심리학자뿐만 아니라 정신과 레지던트의 수련을 담당하고 슈퍼비전을 해 왔다. 이 센터에서 수련받은 사람들은 미국 전역과 다른 나라, 특히 유럽에서 자신들의 인지치료센터를 설립하여 활동하고 있다.

Beck의 업적은 정신의학과 심리학 분야 모두에서 인정을 받고 있다. 1983년부터 그는 필라델피아에 있는 펜실베이니아 대학의 정신과 특임교수(University Professor)로 재직해 왔다. (이 대학 전체에 특임교수직은 14개뿐이다.) 그는 미국정신의학회로부터 정신의학 연구를 위한 기초연구기금상(Foundations Fund Prize)을 받았고, 미국심리학회로부터 심리학 응용을 위한 우수과학상(Distinguished Scientific Award)을 수상했으며, 미국자살학회로부터는 루이스 더블린 상(Louis Dublin Award)을 받았다. 그는 1982년에 모교인 브라운 대학에서 명예 의학박사 학위를 받았으며, 1987년에는 영국의 왕립 정신의학자협회(Royal College of Psychiatrists)의 명예회원으로 선출되었다.

Beck은 인지치료에 관한 정력적인 저술가이자 세심한 연구자이며 유능한 전파자다. 그는 매우 창의적인 사람이지만 동시에 매우 실용적인 사람으로서 많은 연구자들에게 자극을 주었다. 또한 왕성한 독서가여서 다윈의 진화론으로부터 미국 영화와 오락에 이르는 다양한 주제에 정통하다. 하얀 머리와 빨간 나비넥타이가 그를 즉시 알아볼 수 있는 특징이다. 따뜻하고 진실한 태도 때문에 주위 사람들은 그를 자애로운 아버지 같다고 이야기한다. 그러나 그는 자신이 성취하고자 하는 것을 정확히 알고 있으며 그 목표를 이루기 위해 전념하는 빈틈없는 사람이기도 하다. 게다가 Beck은 원기가 왕성한 사람이어서 동료 한 사람은 자애로운 아버지의 인상과 상충된다고 기술한 바도 있다.

Aaron Beck은 아버지 Harry Beck과 어머니 Elizabeth Temkin의 세 번째 아들이자 막내다. 그의 부모는 모두 러시아에서 미국으로 이주한 유태인이다. Beck은 뉴잉글랜드에서 태어나고 성장하며 교육을 받았는데, 로드아일랜드의 프로비던스(Providence)에 학문적 · 가족적 연고를 지니고 있다. 그는 문학과 교육을 중시하는 가족 속에서 주관이 뚜렷하고 정치적 관심이 많은 부모에 의해 양육되었다. 과학과 인문학 모두의 영향을 받은 그는 대학을 거의 마칠 때까지 진로를 정하지 못했다. 의과대학을 다니는 동안, 그는 관심의 범위가 넓었으며 정신의학을 전공하게 된 것은 계획에 의한 것이 아니라 우연에 의한 것이었다.

Beck은 펜실베이니아의 고등법원 판사인 Phyllis Whitman Beck과 40여 년 이상 결혼생활을 해 오고 있다. 이들 부부는 성인이 된 네 명의 자녀와 여덟 명의 손자녀를 두고 있다. 그의 딸인 Judith Beck 박사는 인지치료센터의 전문서비스 부장이며 인지치료자들을 양성하고 있다.

가족배경

Beck의 어머니인 Elizabeth Esther Temkin은 16세 되
던 1905년에 아버지 Noah Temkin, 오빠 Max 그리고 남
동생 한 명과 함께 러시아에서 미국으로 이주하였다. 그 당
시 여권에는 다른 남동생이 그들과 함께 여행하는 것으로
되어 있는데, 그가 아파서 대신 다른 남동생이 오게 된 것 같
다고 가족들은 말하고 있다. 나머지 가족인 Elizabeth의 어
머니 Basha Devorah(나중에 Deborah라고 불림), 동생들인
Charles, Nathan, Louis, Sarah, Bella(나중에 Belle로 바
뀌었음), Samuel은 체르노빌 근처의 루비치라는 곳에 살고
있었는데, 그들도 곧 뉴욕으로 향하는 배인 로테르담 호를
타게 되었다([그림 1]에 Temkin 가족의 가계도가 제시되어 있
다.). 당시 막내인 Jacob을 임신하고 있던 Basha Devorah
는 자녀를 데리고 배를 타게 되었는데, 임신상태이기 때문에
다른 칸에 타게 되었다. 어린 자녀들은 어머니와 철망으로 된
칸막이 사이로 갈라지게 되었는데, 배를 타고 오면서 철망에
바짝 몸을 밀착시키면서 어머니와 좀 더 가까이에 있으려고
했다고 한다. 가족이 타고 온 배가 뉴욕에 있는 엘리스 섬에
도착하자 이민국 직원이 배 위에 올라와서 이민심사를 했다.
심사를 받은 즉시 Basha Devorah는 자녀들과 함께 뉴욕을

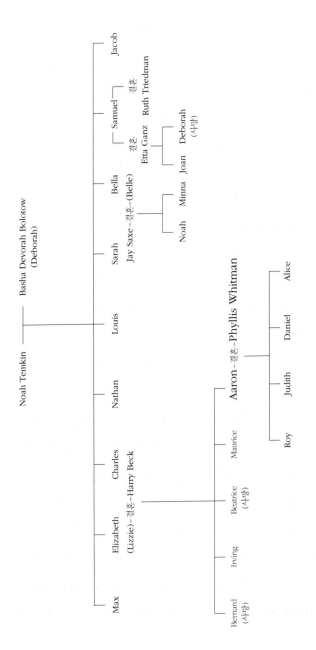

[그림 1] Temkin 가족의 가계도

떠나 로드아일랜드의 프로비던스에 있던 남편과 다른 세 자녀와 재회하게 되었다. 그녀의 오빠인 Louis Bolotow(né Bolotowski)는 프로비던스에서 의사로 일했기 때문에 그 마을을 그들의 새로운 고향으로 선택하게 되었다.

Lizzie라고 불린 Elizabeth Temkin은 9남매의 장녀였다. 그녀의 남동생 둘은 브라운 대학을 졸업했으며 한 명은 하버드 법대를 졸업했다. 아들인 Aaron Beck에 따르면, 그녀는 의사가 되기를 원했다고 한다. 그러나 그녀는 그러한 교육을 받을 수가 없었다. 그 대신, 그녀는 어린 동생들을 돌보았고, 과자가게에서 일하기도 했으며, 가족이 운영하는 채소가게의 일을 도왔다. 그녀는 가게에 오는 단골손님들로부터 영어를 배웠다.

미국에 이주한 지 채 4년이 되지 않아, Basha Devorah Temkin이 독감으로 사망하게 되자 Lizzie는 동생들을 돌보아야 하는 무거운 책임을 떠맡게 되었다. 이러한 역할은 그녀의 평생 동안 계속되었다. 예컨대, 그녀는 가족의 어린 남동생들이 교육을 받도록 해야 했기 때문에 그녀 자신은 정규 교육을 받지 못했지만, 전통적으로 남자들이 좋아하는 히브리어 공부를 비롯해서 지적인 삶을 위한 노력을 계속했다. 또한 그녀는 여성의 참정권에 깊은 관심을 지녔으며 사회적 현안에 관해서 목소리를 높였다. Aaron Beck에 따르면, 그녀의 어머니는 "상당히 지배적인 사람으로서 자기 확신이 매우 강해서 자기회의의 고뇌를 잘 몰랐다. 잘못된 행동을 해서 문제가 되는 경우도 가끔 있었으나 그녀는 유능한 관리자였으며 가족 간의 관계를 잘 조정하였다. 가족들은 모두 친밀했지만, 갈등이 생기곤 했다. 그녀는 가족이라면 모든 것을 용서하고 잊어야 한다는 철학을 지니고 있었다. 그녀는 모든 작은 분쟁들에 관여하여 잘 해결하곤 했다. 유태인 사회에서, 그녀는 여러 단체의 대표를 맡게 되었으며 탁월한 자신감을 지니고 있었기 때문에 매우 존경을 받았다. 주총독이 참석하는 공식적인 모임에서 그녀는 일어서서 발언을 하곤 했다."

Aaron Beck의 큰 형인 Irving에 따르면, 어머니는 "그녀의 남동생과 여동생의 우두머리였다. 그녀는 자기 뜻대로 행동하기를 좋아했다. 그녀는 그녀의 말 그대로 '어떤 것을 명령하기'를 좋아했다. 만약 그녀가 마음속에 어떤 목표를 지니면, 그것에 지속적으로 집착했다." Lizzie는 평생 동안 가족의 여성 지도자였으며, 결혼상태를 승인하고 아이의 이름을 짓는 일을 비롯해서 가족의 대소사를 진두지휘했다.

Temkin 가족은 유태인 공동체의 지성적이고 종교적인 활동에 매우 적극적으로 참여했다. Noah Temkin은 로드 아일랜드의 시온주의자연합회, 유태인 노인을 돌보는 기관, 미리암 병원, 미국 유태인 출판협회 그리고 유태인 공동체 센터에 관여했다. 그는 정통 유태교도였으며 Howell

Street Shul이라고 불리는 유대교회에 깊이 관여했다. 그의 자녀들도 모두 그 교회에 소속되었으나 나중에 그의 아들인 Max와 Charles는 Shul에서 갈라져 나와 보수적인 교회인 엠마누엘 예배당(Temple Emanu-El)을 세우는 데에 기여했다. Belle Temkin의 딸인 Minna Saxe에 따르면, 엠마누엘 예배당은 한때 'Temkin Emanu-El'이라고 불리기도 했는데 그의 가족이 그만큼 적극적으로 참여했기 때문이었다고 한다.

모든 Temkin 형제들은 히브리 무상융자기관, 유태인 주(州)위원회, 미국 시온주의자연합회, 유태인 노인을 돌보는 기관, 유태인 공동체센터, 히브리 주간학교, 로드아일랜드 유태인 역사연구회, 미리암 병원, 엠마누엘 예배당의 구성원이자 지도자(흔히 운영자나 이사)였다. Lizzie Temkin은 그녀의 인생을 통해서 엠마누엘 예배당의 여성교우회, 프로비던스 선구적 여성모임, 하다사의 프로비던스 분회, 유태인 노인을 돌보는 여성연합회, 자선활동을 위한 여성연합회, 미리암 병원의 여성회, 몬테피오리 여성연합회, 노동자연합회(사회적, 교육적, 공동체적 목표를 지닌 노동단체) 그리고 프로비던스의 히브리 주간학교 협회의 회원이었다.

1909년에 Lizzie가 Harry Beck과 올린 결혼식이 신문에 보도된 것은 프로비던스에서 Temkin 가족의 중요한 위상을 보여 주는 것이다. 신문 기사는 다음과 같다.

어제 오후 1,000명이 넘는 사람들이 저명한 유태인 가정의 자녀이자 이 도시에서 잘 알려진 젊은 연인인 Harry Beck 군과 Elizabeth Temkin 양의 결혼식에 참석하기 위해 Howell가에 있는 유태인 교회에 모였다. 이 유태인 교회에는 800개의 좌석이 있는데, 임시 의자를 추가적으로 배치했지만 행사가 진행되는 동안 모든 방은 사람들로 가득 찼다.

결혼식은 두 달 전에 열릴 예정이었지만, 신부 어머니의 사망으로 인해서 연기되었다. 그 때문에, 어제의 행사에는 어머니가 함께하지 못해 슬픔의 기운이 감돌았다.

랍비 Bachrach는 Michael Wechsler 목사의 도움을 받으며 결혼식을 진행했다. 신부의 들러리는 이 도시 출신인 Eva A. Izenberg 양, 뉴욕의 Bella Ettenberg 양, 센트럴 폴스의 Emma Riskin 양, 이 도시 출신의 Sophia Surdutow 양이었다. 신랑의 들러리는 론스데일의 Louis Bolotow와 이 도시의 Simon Horenstein이었다. 음악은 Bender 교수가 맡았다.

신부는 그녀의 아버지 Noah Temkin에 의해 신랑에게 인도되었고 그것으로 결혼예식이 시작되었으며 일상적인 관습적 행사가 뒤를 이었다. 예식에 이어, 결혼만찬이 신부 아버지의 집인 Benefit가 49번지에서 열렸으며 200여 명의 친척과 초대받은 가족 친구들이 참석했다.

Beck 부부는 뉴욕을 관광하는 신혼여행을 하게 될 것이며, 돌아오는 대로 Clorane가에 가정을 꾸릴 예정이다.

프로비던스 저널, 1909년 3월 10일자

Harry Beck은 1884년에 우크라이나에서 태어났으며 1902년에 미국으로 이주하였다. 뉴욕에 도착한 후, 그는 삼촌인 Horenstein이 살고 있던 로드아일랜드의 프로비던스에 정착했다. 러시아에서 Harry Beck은 상업적인 인쇄업자로부터 도제훈련을 받았으며, 우크라이나어, 히브리어, 러시아어, 독일어, 이디시어[역자 주]의 인쇄기술을 배웠다. 프로비던스에서, 그는 인쇄소 일을 다시 하면서 영어를 독학으로 배웠다. 1907년에 그는 자신의 인쇄소인 H. Beck and Company를 열었다.

'매우 독재자적' 이라고 기술되고 있는 Noah Temkin이 Harry Beck과 그의 딸이 결혼하는 것을 흔쾌히 허락했는지는 알려지지 않고 있다. 왜냐하면 Beck은 Noah Temkin처럼 종교적이지 않았기 때문이다. 게다가 Beck은 '자유로운 생각을 지닌 사람' 이었다. 러시아에서 반(反)볼셰비키주의자였던 그는 열성적인 사회주의자였으며 미국에서도 강력한 노동운동 지지자였다. 사실, 그는 직업활동을 하는 동안 계속 노조의 조합원이었다. 인쇄노조의 조합원인 동시에 회사의 사주가 되는 것은 독특한 노동자–관리자 구조였는데, 이러한 구조는 인쇄소의 소유자였던 인쇄공들에 대해서 국제노조가 인정하고 있었다(Horvitz, 1990).

역자 주 | 독일어에 슬라브어와 히브리어를 섞어 쓰는 히브리 문자로서 유럽과 미국의 유대인들이 주로 사용함.

사회주의자라는 것이 Harry Beck에게는 여러 가지 면에서 불리했는데, Aaron Beck의 형인 Maurice는 그의 아버지가 '사회주의자 Beck' 이라고 비난 투로 불렀던 것을 기억하고 있다. 그럼에도 불구하고, 그는 조용한 신념의 소유자였는데 그의 아내가 노동자들이 파업을 하고 있는 제과점에서 빵을 샀다고 화를 낸 적이 있기도 하다.

  Harry Beck은 또한 철학적, 정치적, 문학적 견해를 교환하기 위해 규칙적으로 한 집단의 사람들을 집으로 초대하는 등 활발한 지적인 활동을 했다. 나중에, 그는 브라운 대학의 공개강좌 프로그램을 통해 심리학과 문학 과정을 이수했다. Beck은 문학과 연극에 깊은 관심을 지니고 있었는데, 청소년기에 처음 연극에 관심을 갖게 되었다. 인쇄소 견습생을 하면서 러시아인 직원이 지키는 극장의 광고전단을 배달하곤 했다. 그는 연극을 보기 위해 머무르면서 셰익스피어와 위대한 러시아 극작가들을 알게 되었다. 문학에 대한 그의 관심은 시로 확장되어 시를 읽기도 하고 쓰기도 했다. 또한 이디시어로 쓰인 그의 어머니의 자서전을 번역하기도 했다.

  아들들의 말에 의하면, Harry Beck은 글쓰기를 좋아했다. Maurice에 따르면, 그는 작은 동네신문의 편집자가 되고 싶어 했다. 아내인 Lizzie Beck이 사망하고 나서, Harry는 시를 쓰기 시작했다. 절친한 사람들은 그가 이렇게 뒤늦게 활발한 활동을 하게 된 것은 아내의 그림자로부터 벗어났기 때문이라고 말하고 있다. 그는 러시아에서 겪은 아동기의 경험에 대해서 썼으며, 이디시어로 된 동화를 개작하였고, 미국의 시민권 투쟁기에 버밍햄 주말학교에서 일어난 과격한 폭탄사건과 같은 현대의 사건들을 다루기도 했다. Harry Beck은 이러한 많은 시들을 그의 손자녀에게 헌사했으며 손자녀에게 시를 보내서 논평을 하게 하기도 했다. 어린아이였던 Judy Beck은 할아버지로부터 여러 시를 받았으며 그녀 자신도 시를 써서 할아버지께 보내기도 했다.

Harry Beck은 아들들에게 문학, 글쓰기, 사상들을 사랑하도록 가르쳤다. Maurice Beck은 대학시절에 Brown Daily Herald 신문의 편집인이었으며 심리학 석사학위를 받았다. 요즘 그는 자신이 '소비자'로서 문학과 관계를 맺어왔다고 이야기하고 있다. Irving Beck은 저명한 내과의사였는데, 미리암 병원의 의료서비스 부장을 역임했고, 수많은 과학적 논문의 저자였으며, James Joyce의 연구자이자 프로비던스의 애서가 협회인 John Russell Bartlett Society의 회원이었다. 그는 과학과 희귀도서를 주로 비치하는 도서관 위원회에서 활동했으며 과학사에 관해 매우 큰 개인도서관을 가지고 있었다. Aaron Beck은 정렬적인 선별적 독서가로서 전문적인 서적의 구독 외에도 25개 이상의 학술지와 잡지를 구독했다. 그는 워크숍과 강의 준비를 위해서 광범위한 자료를 수집했으며, Harry Beck이 그의 시에 대한 반응을 궁금해했듯이 Aaron Beck도 그의 생각에 대한 반응을 다른 사람들에게 요청하곤 했다. 인지치료센터에서 매주 개최하는 세미나와 회의가 있을 때면, Aaron Beck은 수련생과 치료진에게 자신이 발표할 아이디어를 요약한 메모를 보내서 그들의 의견을 서면으로 제출해 주기를 요청한다. 또한 그는 동료들에게 비판을 해달라고 초고원고를 보내기도 하고, 선별된 학술지 논문을 그 주제에 대해 각별한 관심을 지닌 동료에게 보내기도 한다. 인지치료에서는 그 진행방식의 일부로서 매 치료시간마다 끝부분에 내담자로부터 피드백을 받는다. 이러한 일은 Aaron Beck에게 있어서 자연스러운 일이었을 것이다. 그는 대부분의 경우 비판을 통해 도움을 받게 된다고 믿었기 때문이다. 또한 학문은 혼자서 하는 것이 아니며 의견교환을 하는 것은 흥미로운 일이라고 믿고 있었다. 이러한 점은 Harry Beck의 유산인지 모른다.

Harry Beck과 Elizabeth는 다섯 명의 자녀를 두었는데, 이들 중 두 명은 아동기에 사망했다. 첫 아이는 Bernard라는 아들이었는데 유아기에 사망했다. 1911년 11월 4일에 Irving Addison Beck이 태어났으며 이어서 유일한 딸인 Beatrice가 태어났다. 그러나 Beatrice도 1919년에 유행하던 독감으로 사망했다. 이 사건은 Lizzie를 깊은 우울증에 빠뜨렸으며 우울증은 그녀의 여생 동안 지속되었다. 1917년 9월 2일에 태어난 Maurice Peretz는 어머니의 우울증에 의해 심각한 영향을 받았다고 Aaron Beck은 믿고 있다. Maurice Beck은 너무 어려서 그의 어머니가 우울증을 지녔었는지는 알지 못했지만, 그는 "어머니가 매우 혼란스러운 정신상태에 있었다. 만약 내가 그것(Beatrice의 죽음)에 대해서 말하면, 그녀는 울곤 했다. 그때 내가 할 수 있는 일은 아무것도 없었다."고 기억하고 있다. 위로할 수 없는 어머니를 도우려고 애쓰는 어린 아이를 상상해 보기 바란다.

 Lizzie의 여동생 Belle는 언니를 영화관에 데리고 가서 슬픔을 잊게 해 주려고 노력했다. Belle의 딸인 Minna Saxe에 따르면, Lizzie와 Belle는 Beatrice가 죽은 후에 일주일 동안 영화를 보면서 지냈다고 한다. Saxe는 그들이 영화를 보러 다닌 것이 Beatrice의 죽음 이전부터 시작되었는지에 대해서 잘 모르고 있지만, 가족들에 따르면 슬픔을 겪는 동안 Lizzie Beck에게 있어서 영화 관람이 중요했다고 한다. Maurice Beck은 그의 어머니가 우울했었다는 것을 과거에도 잘 알고 있었으나, 최근에야 그가 1920년대의 보드빌(vaudeville) 노래를 잘 알고 있는 이유를 깨닫게 되었다. "나는 Albee 극장에서 많은 영화를 보았다. 나는 보드빌 음악과 엄청나게 많은 영화를 기억하고 있다. 나는 어머니가 영화관에 갈 때마다 따라가야만 했다." Lizzie Beck에게 있어서 영화 관람은 평생 동안 계속된 주의분산방법이 되었는데, 그녀의 아들인 Aaron에게도 마찬가지였다.

아동기

Lizzie Beck의 우울증은 여러 해 동안 지속된 것 같다. 형 Irving과 아버지 Harry Beck이 Aaron에게 이야기한 바에 따르면, Lizzie의 우울증은 1921년 7월 18일에 막내 아이인 Aaron Temkin Beck이 태어나면서 호전되었다. Aaron Beck은 자신이 사랑스럽던 Beatrice를 대신하는 아이였으며, 어머니가 그런 말을 한 적은 없지만 그가 딸이 아니어서 다소 실망했을 것이라고 믿고 있다. 긍정적인 측면에서, 그는 그처럼 어린 나이에 어머니의 우울증을 치유할 수 있었다며 웃곤 한다. 이 일은 모든 상황에서 통제하려는 자신의 욕구를 보여 주는 것이라고 농담을 하기도 한다.

두 자녀를 잃었기 때문에, Lizzie Beck은 막내아들인 Aaron을 과잉보호했다. 그가 일곱 살 때 일어난 사고와 치명적인 질병은 그의 건강에 대한 그녀의 걱정이 복합적으로 얽혀 있는 사건이었다. Maurice Beck은 그 사건을 기억하고 있는데, 왜냐하면 그 사건이 일어났을 때 그가 동생을 이웃 운동장으로 데리고 갔기 때문이다. "Aaron은 미끄럼틀의 꼭대기에 있었고 나는 주변에서 다른 애들과 놀고 있었다. 어떤 애가 그를 밀어 그의 팔이 부러졌다. 그는 감염되었으며 나중에 치명적인 상태가 되었다. 나는 그가 팔을 뻗치고 침대에 누워 있는 것을 본 기억이 있다. 그는 깁스를 하고 있었다." 그 당시 Maurice는 자세한 정보를 알 수 없었기 때문에 동생의 상태가 얼마나 심각한지 몰랐다.

그때 Aaron Beck의 부러진 뼈는 감염되었다. 골수염이 혈액의 감염상태인 패혈증으로 발전했다. Irving Beck은 최근에 Aaron에게 그 당시에는 그러한 감염에 대한 치료방법이 없었기 때문에 그 상태의 치사율은 90% 정도였다고 말했다. Irving은 의사가 Lizzie에게 Aaron이 죽을지도 모른다고 말하는 것을 옆에서 듣게 되었다. Irving은 그의 어머니가 다급하게 "그 애는 죽지 않을 거예요! 나의 아들은 죽지 않을 거예요!"라고 응답하는 것을 들었다.

"그녀는 매우 단호했다."고 Irving은 말한다. Aaron은 아팠던 일을 생생하게 기억하고 있지만, 그의 질병이 치명적이었다는 사실은 몰랐다. "나는 병원에서 여덟 번째 생일을 맞았다. 그날 내가 위험환자 명단에서 빠지게 되었기 때문에 어머니가 매우 기뻐하던 모습을 기억한다."고 말하고 있다. 그는 두 달 동안 위험환자의 명단에 올라 있었다. 이러한 엄청난 긴장과 걱정을 하는 기간 동안, Lizzie Beck은 자주 영화를 보러 가곤했다. Lizzie Beck이 Aaron을 과잉보호하기는 했지만 그의 자율성을 훼손하지는 않은 듯하다. 그러나 그는 "자율적이 된다고 해서 나의 건강염려증적인 성향이 줄어들지는 않았다."고 말하고 있다.

그러한 질병으로 인해서 Aaron은 일차적으로 불안증세와 공포증을 지니게 되었고 자주 학교에 결석하게 되었는데, 이러한 일들은 자신이 무능하고 어리석은 사람이라는 신념을 갖게 만들었다. 게다가, 그의 일학년 담임교사는 혹독하고 엄격했으며 한때 하늘을 '잘못된' 색깔(그는 청색을 사용했다)로 칠했다고 그에게 소리를 지른 적이 있다. 이것은 하나의 사건이었지만, 이 사건으로 인해 그는 자신이 매우 바보같이 느껴졌다고 회상하고 있다. "그 일은 커다란 상처가 되었다. 그 일은 내가 결코 잊을 수 없었기 때문에 아마도 강한 인지도식을 만든 것 같다."고 그는 말하고 있다.

　　"나는 일학년에서 유급되었는데, 내가 멍청했기 때문에 그렇게 된 것이라고 늘 생각했다. 여러 해 후에 어머니에게 물어보았더니 내가 너무 많이 아팠기 때문이라고 했다. 유급은 내가 또래들에 비해 뒤처진다는 것을 의미했으며 나의 모든 친구들은 나와 다른 학년이었다. 그것은 나를 유전적으로 열등한 구제불능의 존재로 낙인찍는 일이었다."

　　"나는 친구들에게 뒤처지는 것이 싫었다. 3학년이 되었을 때, 나는 (반년 정도) 뒤처져 있었다. 앞으로 뛰어넘는 것이 가능해졌고, 그래서 나는 어머니에게 말했고 어머니는 교사에게 말했다. 즉, Irving 형이 나를 개인지도 해 주고 Maurice도 도와줄 수 있다는 생각이었다."

　　스스로 노력해서, Beck은 또래들보다 1년 빨리 졸업하게 되었다. 그에게 있어서 이러한 결과는 "심리적으로 내가 무엇이든지 할 수 있다는 것 그리고 설혹 내가 구덩이에 파묻히더라도 내 자신을 파낼 수 있다는 증거를 보여 주었다. 나는 그 일을 나 혼자서 할 수 있었다. 이 경험은 나에게 지대한 영향을 주었다. 내가 뒤떨어져 있다는 생각이 나를 심리적으로 자극했던 것이다. 그것은 도전이었고 '결코 굴복하지 않는다.' 는 태도였으며 불리한 점을 유리하게 변화시켰다."

자신이 어리석고 무능한 사람이라는 신념은 그와 일치하는 않는 증거들에 의해 극복될 수 있었다. 왜냐하면 Aaron은 학교에서 계속 우수한 성적을 거두었기 때문이다. Maurice는 우연하게 동생의 우수한 학업성적을 알게 되었다. 그는 Aaron의 성적표를 발견하게 되었는데, Aaron의 성적이 Irving보다 더 좋다는 것을 알고 기뻐했다고 한다.

Beck의 아동기 기억에 따르면, 그의 부모는 기질이 서로 매우 달랐던 것 같다. 아버지는 조용한 반면, 어머니는 쾌활했다. Beck은 어머니가 상식이 풍부했으며 학교에서의 월반 결정과 같은 일에서 긍정적으로 격려해 주었다고 말하고 있다. 그러나 "나의 어머니는 완벽한 부모가 아니었다. 그녀는 매우 변덕스러웠다. 기분이 나쁠 때 그녀는 소리를 질렀다. 그것은 상당히 곤혹스러운 문제였다. 나는 그런 일이 나의 성격에 영향을 미쳤다고 생각하지 않는다. 그러나 나를 예민하게 만들었다. 나는 그것을 어떻게 이해해야 할지 몰랐다. 상당한 기간 동안, 그녀는 비이성적인 모습을 보였으며 엄청난 눈물을 흘리곤 했다. 그녀는 몇 주 동안 괜찮다가 다시 나빠지곤 했다. 나는 그것을 이해할 수 없었다. 그래서 우리는 그녀가 흥분을 잘 하는 사람이라고 생각해 버렸다. 그러나 여전히 나는 그러한 점을 좋아할 수 없었다." Beck은 그러한 어머니에 대한 경험과 일학년 담임교사의 예상치 못한 분노 때문에 그가 여전히 다른 사람의 예측할 수 없는 기분변화에 매우 예민하다고 믿고 있다.

Harry Beck은 과학과 자연에 대한 Aaron의 관심을 지원했다. Aaron은 Audubon Society에 가입해서 새와 식물의 관찰을 즐겼고 나중에 캠프 카운슬러로 Maurice를 도왔다. 그는 또한 보이 스카우트에 가입했으며 15세에는 대원 중에서 가장 어린 Eagle Scout가 되었다.

Hope 고등학교에서, Beck은 학교신문의 편집자였으며 칼럼과 시를 썼다. 고등학교 시절에, 한 친구가 그에게 Temkin에서 따온 Tim이라는 별칭을 붙여 주었다. Temkin과 Beck의 집안에서는 아무도 그를 Tim이라고 부르지 않았다. 그들에게는 Aaron이었다. 그러나 그의 아내와 절친한 동료들은 그 별칭을 사용하고 있다.

Aaron은 미래의 진로에 대해서 여러 가지 생각을 지니고 있었으나 그가 '정말 하고 싶은 것은 생계를 유지하는 것'이었다. Beck의 집안은 가난하지 않았으나 검소하게 살았다. Harry Beck은 자기 소유의 점포를 가지고 있었고 항상 예금을 지니고 있었지만, 가족은 차가 없었으며 세 아들은 대학을 다니는 동안 용돈을 스스로 벌어서 써야 했다.

Aaron Beck은 Hope 고등학교에서 반 수석으로 졸업했으며(저명한 인류학자인 Stanley Garn이 동창이다) 형들을 따라서 브라운 대학에 진학했다. Irving은 내과 의사가 되었으며 Maurice는 심리학 학사와 석사 학위를 받은 후 사회사업을 전공했다. 브라운 대학에 다니는 동안, Aaron은 학교 신문인 Brown Daily Herald의 편집자였다. 재정적 보조금인 장학금이 많지 않아서 그는 나머지 생활비를 신문배달, 프로비던스 지역의 설문조사를 하며 도시설계사를 돕는 일, 집집마다 방문하며 페인트 붓을 판매하는 일을 했다. 붓을 판매하는 일은 그가 예일 의과대학에 들어가기까지 계속했다.

Beck은 브라운 대학에서 영어와 정치학을 전공했지만 예술, 음악, 회계학 등 사실상 공학을 제외한 모든 분야의 강의를 들었다. 지식욕과 강한 호기심에 의해 그러한 강의를 선택하게 되었다. 진로가 불확실했기 때문에, 그는 진로상담사의 조언을 구했다. 검사를 받은 후에, Beck은 YMCA의 상담사가 되라는 추천을 받았다. 그러한 제안이 썩 마음에 들지 않았던 그는 의학 분야에서 진로를 탐색하기 시작했는데, 그 이유는 그가 영문학에 흥미를 느끼는 만큼 유기화학에도 흥미를 느꼈기 때문이다. 그 당시, 브라운 대학의 학장은 유태인에게 불리한 정원할당제 때문에 의과대학에 응시하는 것을 찬성하지 않았다. 그는 소수의 제한된 유태인들만이 의학대학에 들어갈 수 있다는 말을 들었다. 그럼에도 불구하고 Beck은 의학 준비과정을 이수했으며 졸업 후에도 의학대학의 입학에 필수적인 여러 교과목을 이수했다.

1942년에 Beck은 브라운 대학에서 우등생(magna cum laude)으로 졸업했으며, 인문학 분야에서 학문적으로 우수한 학생을 예우하는 단체인 Phi Beta Kappa 클럽^{역자주}의 회원으로 선발되었다. 졸업할 때, 그는 말하기와 글쓰기에서 상을 받았다. 의과대학 입학을 위한 기본적인 조건을 갖춘 Beck은 단지 3~4개의 대학에만 응시를 했다. 그는 예일 의과대학의 입학허가를 받는 과정에서 Aldous Huxsley의 덕을 보았다. 소아과 의사인 교수와 면접을 할 때, Beck에게 어떤 책을 읽었느냐는 질문이 주어졌다. Beck은 Huxley가 발표한 모든 책을 다 읽었다고 대답했는데, 그 면접자 역시 Huxley의 열렬한 팬이었다고 한다.

Beck의 불안

Aaron Beck은 거의 죽을 뻔한 질병 경험으로 인해서 불

역자 주 | 성적이 우수한 미국 대학생·졸업생으로 조직된 단체.

안증과 공포증을 지니게 되었다. 7세 때의 수술경험은 공포
스러운 것이었다. 그때 그는 어머니와 헤어지게 되었는데,
간단한 X-레이 검사를 한 후에 다시 어머니와 만나게 될 것
으로 알고 있었다. 그러나 그 대신에 그는 수술실로 옮겨졌
다. 그는 마취를 받으면서 무서운 악몽과 같은 고통을 겪었
으며, 의사는 그가 충분히 마취가 되기 전에 절제를 시작했
다. 그는 자신이 죽는 것이라고 생각했다. 그 결과, 그는 버
림받는 일과 수술받는 일에 대해서 지속적인 공포를 갖게
되었다.

   그의 말에 따르면, "무엇보다도 나에게는 혈액/상처 공포
증이 있었는데, 『불안장애와 공포증』(Beck, Emery, &
Greenberg, 1985)에 관한 연구 작업을 시작하기 전까지, 나
는 그러한 공포증을 정말 전혀 이해할 수 없었다. 나는 그러
한 주제에 관해서 임상적인 관심을 지니고 문헌을 살펴보게
되면서, 비로소 혈액/상처 공포증이라는 것이 있다는 것을
알게 되었다."고 한다. (행동치료자이자 불안장애 전문가인
David Barlow와의 대화를 통해서 분명한 진단을 받고 그러한 증상
을 치료하게 되었다.) "그때까지 나는 내 자신이 신경증적인
사람이라고 생각했다. 하지만 나는 그런대로 버텨내고 있었
다. 나는 여러 가지 공포증을 지니고 있었는데, 불안에 압도
되지 않으려고 애쓰곤 했다. 나는 수술에 대한 엄청난 공포
를 가지고 있었다. 에테르 냄새를 맡으면 기절할 것 같았다.

그때가 아마 12세경이었던 것으로 생각하는데, 나는 인턴에 관한 영화인 'Men in White'를 보았다. 그 영화에 병원장면이 나왔는데, 그때 나는 기절했었다. 수십 년 후까지 이러한 현상이 전형적인 혈액/상처 공포증이라는 것을 몰랐다. 이러한 증세를 이겨 내려는 것이 의학을 공부하게 된 이유 중의 하나였다. 수술을 보조하고 있으면서 공포증을 경험했던 일도 있었다. 나는 핀셋과 붕대를 가지고 서 있었는데, 뒤로 물러나려고 애를 썼다. 나는 땀을 흘리고 있었으며 간호사 한 명이 내 이마의 땀을 닦아 주었다. 그러나 나는 공포를 느끼면서 그 자리에 머물러 있었고, 마침내 공포가 감소하다가 사라져 버렸다. 나는 실험실의 연구를 통해서가 아니라 체험을 통해서 체계적 둔감법을 알게 되었다. (순번제로 돌아가며 해야 하는) 수술이 다가올 때면, 나는 내 자신을 그러한 상황에 점진적으로 노출시켜서 수술실에 들어갈 즈음에는 다소 불안하기는 해도 수술을 진행할 수 있게 되었다. 나중에 나는 직접 수술을 하는 내과 전문의가 되었다. 어떤 일에 집중하고 있을 때 나는 전혀 불안을 느끼지 않았다. 내 자신의 이러한 경험을 통해서 중요한 것을 배우게 되었다. 우리가 어떤 일에 적극적으로 임하게 되면, 불안은 뒤로 물러나는 경향이 있다. 하지만 우리가 수동적인 자세로 어떤 일에 집중하지 못하게 되면, 불안이 전면에 떠오르게 된다."

아동기에 형성된 또 다른 공포는 질식에 대한 공포였다.

Maurice Beck은 Aaron을 '어린애'로 취급하면서 그를 보살피기도 하고 골려먹기도 했다. 그는 Aaron으로 하여금 자신을 따라다니게 했으며, 종종 베개로 그를 숨 막히게 하는 장난을 하곤 했다. "인지적으로 이러한 공포를 극복하기까지 그것이 조건형성되었다고 생각했다."고 Aaron Beck은 지금 상당히 담담하게 이야기하고 있다. 물론 그 당시에 그는 상황을 객관적으로 이해할 수가 없었다. "형이 베개로 내 얼굴을 덮었으며 나는 그가 적당한 때에 베개를 들어 올릴 것이라는 것을 몰랐다. 내가 숨을 멈추고 있어야 한다는 것을 그가 말해 줄 때까지 몰랐다." 세 살 때 백일해와 만성 천식을 앓은 것이 질식의 공포를 더 심하게 만들었다.

이러한 불안은 터널 공포증으로 나타나기도 했다. "이것은 나중에 생겨난 것으로서 공포증이라고까지 할 수 있는 것은 아니지만, 터널을 통과할 때마다 나는 심한 불안을 느꼈다." 그는 가슴이 조여드는 느낌을 느꼈으며 숨이 가빠지기도 했다. 어느 날 뉴욕에 있는 홀랜드 터널을 지나갈 때 가슴이 답답해지는 것을 느꼈는데 그것을 질식의 징조로 잘못 해석하고 있다는 것을 그는 깨달았다. "인지적으로 그러한 두려움을 극복한 후에 다시는 그런 경험을 하지 않았다. 나는 터널을 통과할 수 있었으며, 가끔은 답답함을 느끼곤 하지만 그것은 일종의 방어적 반응으로서 공포증의 흔적이라고 생각하기 때문에 그러한 답답한 느낌을 흔쾌히 받아들인다."

Beck은 버림받음, 대중강연, 높은 곳에 대한 공포를 지니고 있었음을 인정하고 있다. 그는 높은 곳에 대한 공포를 극복하기 위해서 피사의 사탑에 올라가기도 했다. 그는 버림받음을 두려워하는 인지도식을 갖게 된 기원에 대해서 확신이 있지는 않지만, 두 살 때 찍었던 사진에 나타나 있듯이 해변 가에 길을 잃은 듯 혼자서 당황해하던 자신의 모습을 기억하고 있다. 몇 년 후에 그는 실제로 미아가 된 적이 있었다. 그는 프로비던스의 외곽에 있는 커다란 공원인 로저 윌리엄스 공원에 다른 가족들과 함께 구경을 간 적이 있다. 이 가족들과 함께 갔지만, 그는 그곳에서 우연하게 그의 삼촌 두 명을 만나게 되었다. 그를 데리고 갔던 가족들과 그의 삼촌들은 각자 다른 팀이 Aaron을 집으로 데려갔을 것이라고 생각했다. 그러나 아무도 그를 데리고 가지 않았다. Aaron은 그의 가족이 찾으러 올 때까지 여러 시간 동안 그 공원에 혼자 있어야만 했다.

의학 수련

Beck은 정신과에 흥미를 느끼며 의학 공부를 시작했지만, 그러한 흥미를 곧 잃게 되었다. 그에게는 크레펠린식 접근이 무의미하고 재미가 없게 느껴졌다. 대안이 될 수 있는 정신역동적 이론은 내과학에 비해서 지지 근거가 부족하여

신비적인 '느슨한' 학문으로 느껴졌다. 그는 수업의 과제로 학생팀원들이 한 환자를 만나보고 나서 그때 막 배우기 시작한 정신역동적인 이론에 따라서 그 사례를 설명해야 했다. Beck은 그 과제를 해낼 수 없다고 생각했는데, 그 이유는 "내가 너무 많은 것을 만들어 채워 넣어야 한다고 느꼈기" 때문이었다(Ross, 1990: 35). 다행히, 정신분석에 흥미가 있던 동료 학생이 보고서를 작성하여 두 사람의 이름으로 제출하였다.

심리학자인 Paul Salkovskis(1990: 3)와의 인터뷰에서, Beck은 의과대학 시절에 정신분석이론에 대해서 그가 느꼈던 저항감을 설명한 바 있다. "나는 그 이론이 터무니없는 것이라고 생각했다. 그 이론이 현실을 잘 설명한다고 여겨지지 않았다. 나는 늘 반골적인 측면을 지니고 있었는데, 어떤 점에 대해서는 이러한 반골기질을 조절하기 어려울 때도 있었다. 나는 그러한 측면을 어찌할 수 없었다. 정신분석에 대한 반감은 내가 그러한 기질을 자각하게 된 첫 번째 사건이었다. 막내아들이었다는 것이 아마도 그러한 특성과 관련되어 있는 것 같다." 그의 반골기질은 겉으로 잘 드러나지 않았지만, 그를 가르친 교사들에 따르면 비관습적인 특이한 생각으로 나타나곤 했던 것 같다.

Beck은 의과대학 첫 학기에 육군에 입대하였으며 전쟁 중이라서 집중적인 훈련을 받았다. 보통 48개월 동안 가르치던 것을 31개월에 가르쳤다. 휴가도 없었고 일주일에 4~5일간 교육을 받아야 했다. 신체적인 피로를 풀기 위해서, 그는 고양이처럼 선잠 자는 법을 배웠다. 또한 심리적 긴장을 풀기 위해서 일주일에 한 번씩 영화관에 가곤 했다. 그는 영화가 기분을 전환시키는 효력이 있다는 것을 그의 어머니로부터 배운 것이 아니라 스스로 알게 되었다고 생각하고 있다. 왜냐하면 그가 아팠던 기간 동안 어머니는 걱정을 잊기 위해 영화관에 가곤 했지만, 그러한 사실을 최근에야 그는 알게 되었기 때문이다. 웬만한 줄거리만 지닌 영화라면, Aaron은 커다란 화면을 바라보며 어둠 속에 앉아 있는 것을 좋아했다. 요즘은 그와 함께 영화를 보러 가기가 어려운데, 그가 이미 거의 모든 영화를 다 보았기 때문이다.

Irving Beck은 그의 막내 남동생이 내과 의사로서 자신과 함께 일하기를 바랐지만 그의 동생이 자신의 조수로 여겨지는 것을 원치 않았다. Lizzie Beck도 Aaron이 자신의 전공분야를 갖는 것이 바람직하다고 생각했다. 1946년에 의과대학을 졸업한 후에도 여전히 전공분야를 결정하지 못하고 있던 Beck은 가능한 한 넓은 경험을 쌓기 위해서 로드아일랜드 병원에서 순회 인턴을 하게 되었다. 1946년부터 1948년까지 그는 외과, 피부과, 산부인과, 감염내과, 신경과를 비롯한 다양한 전공분야에서 수련을 받았다. 또한 그는 병리학의 전공의 과정도 이수하였다. 마침내 그는 매력도 있고 정확성을 요하는 신경학을 전공분야로 정했다.

Beck이 정신과를 전공하게 된 것은 상황적인 이유 때문이었다. 그는 원래 매사추세츠 종합병원 신경과의 전공의 과정에 들어가도록 되어 있었다. 그러나 2차세계대전에서 돌아온 퇴역군인들 때문에 그는 전공의 과정을 1년 뒤에야 시작할 수 있었다. 그래서 1949년에야 매사추세츠 프래밍햄에 있는 쿠싱 보훈병원 신경과에서 전공의 과정을 시작하게 되었다. 그해 말에, 신경정신과 과장은 정신과 전공의가 부족한 것을 알고 모든 신경과 전공의들에게 정신과에서 6개월씩 순환근무를 하게 했다. Beck은 그의 소망과 달리 순환근무를 해야만 했다.

쿠싱 병원의 정신과는 보스턴 정신분석연구소에 의해 주도되고 있었다. "우리가 환자에게서 관찰할 수 있는 모든 것은 깊고 어두운 무의식적인 역동으로 해석되곤 했다." (Yapko, 1991: 8) 그러한 설명은 견강부회적이며 아직 입증되지 않은 것이라고 Beck이 자신의 의견을 표명하면, 그의 동료들은 그가 저항 때문에 그러한 설명을 받아들이지 못하는 것이라고 설득하곤 했다. 그는 "정신분석을 이해하는 능력이 나에게는 정말 부족하다고 생각했다."고 말한 바 있다 (Salkovskis, 1990: 4). 그는 자신의 실용주의적 성향으로 인해서 정신분석을 이해하기 힘든 것이라고 생각했다. 하지만 그러한 불신을 접어 두고 정신분석을 이해하기 위한 진지한 노력을 기울였다. 6개월이 되어 갈 즈음에, Beck은 좀 더 시간이 흐르면 정신분석을 잘 이해할 수 있게 될 것이라고 생각하면서 정신과에 남기로 결정했다. 또한 그는 "정신분석가들은 모든 것에 대한 해답을 지니고 있으며 정신병, 정신분열증, 신경증 그리고 모든 장애를 이해할 수 있을 뿐만 아니라 그에 대한 올바르고 적절한—적절해 보이는—정신분석적 해석을 할 수 있다고 생각했다. 또한 정신분석은 대다수 사람들이 겪는 문제를 치유할 수 있다는 희망적인 전망을 제시했기 때문에, 나는 정신분석이 매우 유망하다고 생각했다."(Ross, 1990: 35)

인턴 생활을 하는 동안, Beck은 브라운 대학의 Hillel Foundation에 있던 Phyllis Whitman을 만났다. 그녀는 브라운에 있는 펨브로크 여자대학의 학생이었다. Beck은 "그녀를 보는 순간 방이 환해지는 느낌이었다. 하지만 그녀에게 다가가는 데에는 오랜 시간이 걸렸다. 그녀의 이름, 다른 사람과 사귀고 있는지, 그녀가 데이트 신청에 응할지를 알아내야 했는데, 이러한 것들은 쉬운 일이 아니었다."고 회상하고 있다.

마침내 Beck은 서로 알고 지내자는 인사를 하면서 자기소개를 했고 그녀는 커피 마시는 것에 동의했다. 그들은 공개적인 연애를 했지만, 그녀를 인턴들의 자유분방한 파티에 데려가는 실수를 범해서 1년여 동안 그녀와의 관계가 소원

해졌었다. 그러나 Beck은 처음부터 그녀와 결혼하게 될 것이라는 확신을 지녔다고 한다.

펨브로크 대학을 졸업한 후에, Phyllis는 *Time Magazine*의 기자가 되어 뉴욕으로 옮겨 갔다. 연애는 계속되었으며, 마침내 그들은 1950년 6월 4일에 프로비던스의 엠마누엘 예배당에서 결혼식을 올렸다. 결혼한 후에, 그녀는 매사추세츠, 피츠필드에서 발행되는 *Berkshire Eagle*의 리포터가 되었다. 나중에 그녀는 사회사업학의 석사학위를 받았으며 네 아이를 기르면서 결국에는 법과대학에 들어갔다. 현재 그녀는 펜실베이니아 고등법원의 판사다. Irving Beck은 그의 제수를 '비범하고 매우 의지가 굳은 사람'이라고 묘사하고 있다.

1950년에 Beck은 매사추세츠, 스톡브리지에 있는 Austin Riggs Center에서 2년간의 정신과 전임의 생활을 시작했는데, 이곳은 정신분석적인 입장을 지닌 병원이었다. 그는 정신분석치료에 매우 깊은 관심을 지녔으며(Erik Erickson이 슈퍼바이저였다), "근친상간의 금기로부터 전쟁과 평화에 이르는 모든 것에 대한 통일적인 설명"에 흥미를 느꼈다(Yapko, 1991: 8). "사례를 정신분석적 용어로 설명할 때는 사례를 제시하는 어떤 특정한 논리가 있다는 것을 알게 되었다. 일단 당신이 그 모델을 받아들이기만 하면, 모든 것은 완벽하게 설명된다. 이 점에 대해서 나는 요즘은 그럴 수 있는 일이라고 생각하게 되었지만, 그 당시에는 이상하다고 느꼈다."(Salkovskis, 1990: 4)

Riggs Center에서 얻게 된 한 가지 혜택은 치료진들이 매우 실용주의적이어서 Beck 자신의 성향에 잘 맞았다는 점이다. 추상적인 슈퍼비전을 받기도 했지만, 그는 치료진과 일하면서 적극적인 문제해결자의 역할을 하곤 했다.

Riggs에서 두 해를 보낸 후에, 그는 정신분석 훈련과정에 들어가서 분석가 자격증을 따기로 결정했다. 당시는 한국전쟁 중이어서 Beck은 그가 예비 병력으로 차출될 수도 있다는 것을 알고 필라델피아 밖에 있는 Valley Forge 육군병원에 자원하였다. 1952년부터 1954년까지 그는 외래 정신과의 주임, 신경정신과의 부주임 그리고 마침내는 정신과의 주임으로 근무하였다. 그동안 그는 외래 진료를 개선시켰는데, 주임으로 있는 동안 환자의 직장복귀율을 조사한 결과 전보다 3배나 향상되었다.

당시에 치료했던 장애 중에는 외상후 스트레스 장애가 많았는데, 그는 그 당시의 경험을 다음과 같이 말하고 있다.

당시의 미 육군은 상당히 진보된 치료체계를 지니고 있었다. 환자를 가능한 한 빨리, 전쟁지역의 대대 응급실에서, 치료하려고 했다. 치료진은 (감정을 발산시켜야 한다는 Freud의 이론에 따라서 환자가 경험을 다시 떠올리도록) 아미탈 주사를 놓거나 최면술을 사용하곤 했다. 그러한 군인환자들이 우리에게 치료를 받으러 오게 되었을 때, 이러한 외상적 신경증이 더 견고하게 굳어져 있어서 치료하는 데에 더 오랜 시간이 걸린다는 것을 알게 되었다. 나도 한동안은 여러 환자에게 최면술을 사용했었지만, 최면술을 사용하지 않고 단지 전쟁장면을 회상하게 하는 것만으로도 거의 같은 효과를 거둘 수 있다는 것을 알게 되었다(Salkovskis, 1990: 6).

그래서 Beck은 정신분석치료의 틀 안에서 심상법을 사용하게 되었다.

초기의 연구

Beck은 1953년에 정신과의사 자격증을 얻게 되었으며 1954년에 펜실베이니아 의과대학 정신과의 전임강사가 되었다. 그는 필라델피아 정신분석연구소에서 받고 있던 분석수련을 마치고 1958년에 수료하였다. 1959년에는 펜실베이니아 대학 정신과의 부교수가 되었으며, 같은 해에 처음으로 연구비를 받게 되어 꿈에 관한 연구를 시작하였다. 그의 학문적 관심은 정신분석적 가설을 검증하는 연구를 설계하여 실제로 시행해 보는 것이었다. 그의 형 Irving은 Aaron이 정신분석의 과학적 근거가 부족하다는 점에 대해서 얼마나 우려하고 불만스러워했는지를 회상하고 있다. "나는 그가 분석을 받고 있던 시절을 기억하고 있는데, 그가 받는 분석은 과학적으로 그럴 듯해 보이지 않았으며 아마도 과학적 근거가 부족한 듯했다." 사실, Beck은 정신분석의 주요한 이론을 심리학으로부터 인정받는 것이 중요하다고 믿었는데, 그 이유는 "매우 영향력 있는 많은 사람들이 정신분석을 신뢰하지 않는다는 것이 나에게는 매우 분명했기" 때문이었다(Salkovskis, 1990: 7). '엄밀한 심리학자들'을 설득하기 위해서는 실증적 증거가 필요하다는 것을 알게 되었다.

Beck은 펜실베이니아 대학의 심리학과 교수들과 잦은 접촉을 가졌으며, 초기에 연구를 함께 한 동료인 Seymour Feshback과 Marvin Hurvich는 심리학자였다. 이러한 동료들은 연구방법론을 잘 알고 있었기 때문에 솔직한 비판자 역할뿐만 아니라 연구도구와 통계학 그리고 실험심리학의 연구방법을 제시해 줄 수 있었다.

이렇게 그는 정신분석적 원리를 검증하기 위해서 연구를 시작하였는데, 결과적으로 인지치료를 발전시키게 되었다.

우울증 환자의 꿈에 관한 초기의 연구들은 우울증이 내면화된 분노에 기인한다는 정신분석적 가설을 검증하기 위해서 설계되었다. 그가 Freud식의 꿈 분석을 통해서 우울증을 연구하기로 한 것은 다음과 같은 두 가지 이유 때문이었다: (1) 그가 개인적으로 치료하고 있는 많은 우울한 환자들을 연구에 포함시킬 수 있었다. (2) 우울증에 대한 정신분석이론은 구체적으로 잘 설명되어 있어서 실증적인 연구를 하기에 적절했다. Beck의 꿈 연구에 영향을 준 사람은 '진보적인' 정신분석가인 Leon Saul인데, 그는 의식적 심리과정에 관한 논문을 쓴 바 있고 직접 꿈 연구를 했으며 Beck의 두 번째 분석가였다. (그의 첫 분석가는 Catherine Bacon이었다.)

초기의 연구에서는 꿈꾸는 사람을 실패자로 나타내는 꿈들이 보고되었기 때문에 내향화된 분노의 가설이 입증되는 듯했다. 그러한 꿈은 자신을 비하하려는 개인적 동기에 의한 것일 수 있기 때문이다. 그러나 Beck이 실험심리학의 연구방법을 빌려와서 시행한 언어적 조건형성 실험들에서는 정신분석이론과 반대되는 결과가 나왔다. 그래서 그는 카드 분류과제를 고안하여 우울한 피험자와 우울하지 않은 피험자에게 시행하였다. 피험자는 성공경험 또는 실패경험을 하는 조건에 미리 배정되어 있었다. 만약 Freud 이론에서 주장하듯이 우울한 사람들이 분노를 내향화하여 고통을 받고자 하는 욕구를 지닌다면, 우울한 사람들은 실험에서의 성공경험에 대해서 부정적으로 반응해야 한다. 그러나 Freud 이론과 달리, 첫 카드 분류과제에서 성공경험을 한 피험자들은 자존감이 향상되었을 뿐만 아니라 후속과제에서도 수행이 향상되었는데, 우울한 피험자들이 우울하지 않은 피험자들보다 더 현저한 긍정적 변화를 나타내었다. 이러한 여러 연구결과에 대해서 Beck은 우울한 사람들이 실패하기를 원하지는 않지만 자기자신과 행복해질 수 있는 자신의 잠재능력에 대해서 부정적인 관점을 취함으로써 현실을 왜곡하게 된다고 해석하였다.

Beck은 이러한 실험들이 그의 생각을 어떻게 변화시켰는지 다음과 같이 회상하고 있다:

"연구결과들이 서로 일치하지 않았을 때, 나는 나의 꿈 연구로 되돌아가서 '아마도 더 단순한 설명방법이 있을지 모른다. 환자가 꿈에서 자신을 실패자로 보게 된 것은 그가 일상생활에서도 늘 자신을 실패자로 보기 때문일 수 있다.' 고 생각했다. 나는 환자를 치료하고 있었기 때문에, 치료과정에서도 그들이 보고하는 꿈의 주제가 깨어 있을 때의 주제와 일치한다는 것을 알게 되었다. 나는 꿈에 관해서 더 단순한 생각을 하게 되었는데, 그것은 꿈 내용이 개인의 자기개념을 반영한다는 것이었다. 만약 꿈이 개인의 자기개념과 연관되어 있다면, 우리는 꿈이 반드시 무의식에 의해 동기화된다는 생각을 할 필요가 없다. 꿈은 단지 개인이 평소에 지니는 생각의 반영일 수 있다. 만약 꿈에서 무의식적 동기와 소망충족의 기능을 배제한다면, 정신분석의 동기 모델 전체를 허무는 것이 된다. 나는 동기 모델뿐만 아니라 일상적 실수와 같은 행동에서 어떻게 무의식적 동기가 표현되는지를 자세하게 살펴보기 시작했다. 그 결과, 나에게는 동기 모델이 적절하지 않은 것으로 여겨졌다. 이렇게 동기 모델을 버리고 인지 모델을 도입하게 되면서, 나는 더 이상 정신분석적 이론 체계에 의존할 필요가 없어졌다."(Salkovskis, 1990: 7-8)

정신분석으로부터 인지치료로

Beck의 연구는 그가 초기에 정신분석에 대해 지녔던 회의를 증폭시켰다. 그는 "그러한 회의가 다시 되살아난 것은 내가 실용주의적 접근법과 원칙을 적용하여 정신분석이론을 입증하려고 시도했기 때문이다. 그러한 시도는 결국 성공하지 못했다. 정신분석이론은 우리가 학문적인 분석적 조사라고 부르는 엄격한 검증과정을 견뎌내지 못했다."고 말하고 있다.

그러나 동료인 Ruth Greenberg는 Beck이 전통적인 Freud식 분석과 결별하게 된 이유는 그의 성격 때문이라고 믿고 있다. 그녀는 다음과 같이 이야기하고 있다: "그에게는 반항적인 면이 있다고 느껴왔다. 이것은 완전한 추측이지만, 나는 그가 분석을 받는 일을 틀림없이 싫어했을 것이라고 생각하고 있다. 그는 자신에 대해 공격적인 측면을 지니고 있다. 나는 그가 그러한 공격성을 잘 무마시킬 수 있으리라고 생각하지 않는다. 나는 그가 엄청난 노력을 통해 이러한 공격성을 참으면서 자신의 성격을 변화시키려는 노력에 저항하며, 정신의학의 문제들을 다른 방식으로 해결하려는 의지를 키워왔다고 생각한다. 그는 자신을 통제할 수 있는 어떤 방법을 원했을 것이다. 그는 매우 목표 지향적이며 권위 있는 사람이 되기를 원했다. 그러나 다른 한편으로, 그는 자신이 환자에게 권위주의적 인물로 비춰지는 것을 우려했다. 이러한 점이 협동적 치료 모델로 나타나게 되었다. 임상가로서 그는 결코 권위주의적인 사람이 아니다. 그가 치료하는 모습을 녹화한 것을 보면, 환자에게 매우 겸손한 모습을 보이고 있다. 그는 임상가로서 권위적 인물이 되고자 했던 것은 아니다. 그래서 처음부터 그는 환자의 경험을 중시하게 되었을 것이다."

Aaron Beck은 자신의 직업적 경력과 관련된 여러 가지 결정에 있어서 그의 아내가 영향을 미쳤음을 인정하고 있다. 정신분석에 대한 그녀의 실용주의적 회의도 그 한 예다. 그가 분석받는 일을 종결해 갈 즈음에, 부부가 미국 정신분석학회의 한 모임에 참석한 적이 있는데 발표장 밖에 있는 한 표시판에 '심포지엄 15: 재분석의 문제'라고 적혀 있는 것을 보게 되었다. Beck은 이때 Phyllis가 나타냈던 반응을 기억하고 있다. "뭐라고?! 재분석을 한다고. 당신은 다시 돌아가서 재분석을 받아야 하는 건가요? 그것은 미친 짓이에

요!"라고 그녀는 탄식했다. Beck은 2년 반 동안 정신분석을 받은 후에 어떤 변화가 있었다고 느낄 수 없었기 때문에, 아내의 의견이 그의 생각을 정리하는 데 도움이 되었다고 한다.

환자를 개인적으로 치료하면서 얻게 된 경험을 통해서, Beck은 정신병리에 대한 자신의 이론을 발전시키는 데에 많은 도움을 받았다. 한 환자를 치료하면서 그는 여러 수준의 인지가 있음을 이해하게 되었으며 환자의 '자동적 사고'를 중시하게 되었다(Diffily, 1991). 1959년의 어느 날, 그는 한 우울한 젊은 남자를 치료하고 있었다. 자유연상을 하는 동안, 그 환자는 화를 내면서 Beck을 비난하기 시작했다. 그래서 Beck은 그 환자에게 어떤 감정을 느끼고 있느냐고 물었다. 그 환자는 "죄책감을 느낀다."고 말했는데, 그 이유는 그가 Beck에게 소리치며 화를 내면서 동시에 "내가 이런 말을 해서는 안 되는데. 그를 비난하는 것은 잘못이야. 나는 나쁜 사람이야. 그는 나를 좋아하지 않을 거야."와 같은 자기비판적인 생각을 지니고 있었기 때문이었다. Beck은 그 환자가 언어로 표현한 생각에 이어서 이러한 두 번째 사고를 지니고 있었다는 점에 대해서 깊은 인상을 받았다. 환자의 분노가 직접 죄책감을 유발했다기보다는, 이러한 두 번째 흐름의 사고가 분노표출과 죄책감 사이의 연결고리 역할을 했던 것이다.

Beck은 이러한 내면적 독백 현상이 다른 환자들에게도 있는지 조사하였으며, 그들 역시 치료시간 동안에 보고하지 않는 많은 생각들을 지니고 있다는 것을 알게 되었다. 많은 환자들은 Beck이 이에 관해서 구체적으로 물을 때까지 이러한 생각을 잘 자각하지 못했다. 의도적인 생각보다는 포착하기 어렵지만, 이러한 유형의 생각들은 나름대로의 영향력을 지니고 있었다. 이러한 생각이 '자동적 사고'였다. 이러한 사고는 순간적인 것이며 타당성을 지닌 듯이 보이는데, 도전받지 않은 채로 지나갔다. 이러한 사고는 개인이 경험하는 것에 대해서 진행형으로 논평하고 있는 것이다. 우울한 사람들의 경우, 이러한 자동적 사고는 그렇게 명명되었듯이 부정적으로 편향되어 있었다.

따라서 그는 실험적 연구와 임상적 관찰을 통해서 정신분석적 모델을 포기하게 되었다. 정신분석과의 결별은 그에게 개인적으로 중요한 의미를 지닌다. 그는 "내가 정신분석학계와 결별하게 된 이유 중의 하나는 피상적인 허울 때문에 정신분석의 권위를 인정할 필요가 없다는 생각에서였다. 내가 얻는 자료는 그러한 권위보다 더 신뢰 할 수 있는 것이었다."라고 말한 바 있다. 권위가 잘못되었음을 입증하는 것과 마찬가지로, Beck은 예상치 못한 것을 좋아했기 때문에, 자신과 반대되는 의견의 도전을 즐기곤 했다.

Marvin Hurvich와 Seymour Feshbach는 그에게 연구

방법론뿐만 아니라 그의 이론을 발전시키고 체계화하는 데에 도움이 되는 이론들을 소개해 주었다. *Contemporary Psychology*에 발표된 George Kelly(1955)의 연구를 소개한 글을 읽으면서, Beck은 그가 발전시키고 있는 생각과 Kelly의 생각이 일치한다는 것을 알게 되었다. Kelly의 연구는 Beck의 생각에 적절한 용어를 제공하였으며 정신병리에 대한 비동기적 이론의 근거를 제공했다. Beck은 처음에 Kelly의 '구성개념(constructs)'이라는 용어를 사용했으나 나중에 이를 버리고 대신 인지구조를 지칭하기 위해서 '인지도식(schema)'이라는 용어를 사용하였다. 왜냐하면 이러한 인지적 구조들이 구성개념처럼 반드시 양극적인(좋음-나쁨) 것이 아니라 오히려 범주적인 것이라고 생각했기 때문이다. Beck은 자신의 이론을 구성하는 과정에서 Kelly의 연구를 접하게 되었다. "나는 그 당시에 이미 어떤 인지적 구조를 생각하고 있었는데, 처음에는 개인적 구성개념이라는 용어를 사용하다가 나중에는 인지도식이라는 용어를 사용하게 되었다. Piaget를 비롯하여 다른 구조적 발달심리학자들을 알게 되면서, 나는 인지도식이라는 용어를 선호하게 되었다. 한 달 만에, 나는 발달심리학과 인지심리학에 관해 전반적인 이해를 갖게 되었다."고 그는 말하고 있다.

Kelly의 연구는 Beck의 이론을 발전시키는 데에 촉매제 역할을 했지만, 다른 학자들도 그의 생각에 영향을 미쳤다.

가장 중요한 사람은 Karen Horney였으며, Alfred Adler 도 간접적인 영향을 주었다. Beck은 그가 분석을 받기 전에 이미 Horney의 저술을 모두 읽었으며 그녀가 '올바른 생각'을 지니고 있다고 생각했다. 또한 그는 개인적으로 그의 교사이자 분석가인 Leon Saul의 영향을 받았는데, 그의 꿈 연구는 Beck 연구의 원천이 되었다.

정신분석과의 결별은 겉보기보다 갑작스러운 것이 아니었다. Beck은 한때 자신을 Adler, Horney, Harry Stack Sullivan 식의 신(新)정신분석가로 생각한 적도 있었다. 그는 실험심리학자들과 많은 연구를 했으며 자신이 새롭게 구상하는 생각을 정신분석가들에게 말하지 않았기 때문에, 비동기적 모델에 대한 자신의 생각을 반대하는 의견을 들을 기회가 거의 없었다. "나는 내 환자들에게 개인치료를 했으며, 정신분석가들은 내가 여전히 정신분석과 단기적인 정신역동적 심리치료를 하는 것으로 생각하고 나에게 환자를 의뢰하곤 했다. 나는 그러한 상황 속에서 어떤 문제도 제기하지 않았으며 아무런 문제도 느끼지 않았다."(Salkovskis, 1990: 9)

1960년부터 1963년까지는 그에게 전문가로서 가장 중요한 시간이었다. "나는 정신분석이론을 재검토하기 시작했으며 연구를 진행하고 있었다. 모든 것이 무너지는 것 같았다. 그러던 중에 인지치료가 태동하게 되었다. 한두 해 사이에, 나는 그 이후에 일어난 모든 것의 골격을 만들었다. 1963년

이후에 이루어진 모든 것은 모두 1962~1964년에 발표된 논문에서 비롯된 것이다. 이때가 중요한 시기였다. 정신분석에서 떨어져 나와 새로운 치료이론을 개발하는 중요한 시기였다. 그 일은 매우 흥분되는 일이었다. 나는 이 일에 매우 흥분되어 때로는 잠을 제대로 이루지 못하기도 했다."고 그는 회상하고 있다.

새로운 심리치료를 개발하는 일은 외로운 작업일 것이라고 생각되지만, Beck은 그렇게 기억하고 있지 않다. "그때 누군가 나에게 그런 질문을 했다면, 나는 그렇지 않다고 대답했을 것이다. 되돌아보면, 고립을 불쾌한 것으로 느끼지 않았던 것 같다. 다른 사람과 내 의견을 나누는 것은 좋은 일이었겠지만, 그 당시에 나는 나무숲을 뚫고 나아가며 새로운 길을 개척하는 모험가가 된 것처럼 느꼈다. 나는 즉각적인 피드백에 의존하지 않는 독립적인 기질을 가지고 있는 것 같다. 나의 논문을 학술지에 발표하고 나면, 나는 어떤 곳에 붙들려 매어 있는 느낌이 들었다."

이 기간 동안에 그가 의견교환을 한 사람은 그의 형들과 Phyllis였다. Irving Beck은 그의 동생이 매우 창의적인 사람이라고 생각했으며, 그에게 연구내용을 빨리 발표하라고 권유했지만 Aaron은 미적거리면서 그의 생각을 계속 다듬어 나갔다. Irving에 따르면, Aaron은 연구에 있어서 매우 신중했으며 학문적인 외로움을 느끼는 것 같지 않았다고 한다. 한 번은 "Aaron이 정신분석 모임에 가서 이야기를 하게 되었는데 사람들이 중간에 일어나서 나가버렸다. 그는 그 일에 관해서 농담을 하곤 했다."고 Irving은 말하고 있다. Phyllis Beck은 남편의 가장 가까운 동맹군이었다. 사실 인지적 구조를 '인지도식'이라고 명명하는 데에는 그녀의 공헌이 있었는데, 어느 날 그가 차를 운전하고 가다가 그녀의 도움을 받아서 이러한 결정을 하게 되었다.

Judy Beck은 그녀의 아버지가 아마도 오랜 기간 고립감을 느꼈을 것이라면서 그녀의 어머니는 '여러 해 동안에 걸쳐 아버지가 자신의 연구에 관해 가장 많이 의견을 나누었던 사람'이라고 덧붙이고 있다. Judy가 커서 청소년이 되었을 때, 아버지는 그녀에게 자동적 사고가 어떤 것인지를 알려 주면서 마음속을 스쳐 지나가는 생각에 의해 감정이 어떻게 영향을 받는지 설명해 주었다고 한다. 아버지가 그녀에게 이러한 현상의 몇 가지 예를 제시했을 때, Judy는 그에게 "그래요. 그런 것 같아요."라고 말했지만 속으로는 "그게 뭐 대단하다고 난리람?"이라고 생각했다고 한다.

자기관찰의 활용

Beck이 초기에 매우 고독한 연구자였지만 결국 성공하게 된 한 가지 이유는 그가 생각을 발전시키는 방식에 있다. 그는 환자에게 그러했듯이 자기자신을 관찰하기 시작했다. Jerome Frank(1985: 54)는 "혁신적인 심리치료 방법은 대부분 임상적 경험으로부터 도출되며, 그 다음에 발견자는 실험적 연구를 통해서 이러한 방법을 입증하려고 한다."고 기술한 바 있다. Beck은 그가 이론을 발달시키는 과정에 대해서 다음과 같이 설명하고 있다: 먼저 환자에 대한 관찰을 통해서 어떤 현상을 발견하게 되면, 이러한 현상을 측정하는 방법을 개발하고, 많은 사례에 의해서 입증이 되면 이러한 현상을 설명하는 이론을 구성하며, 이러한 이론에 적합한 치료방법을 구상하고, 이 이론이 지속적인 실험을 통해서 입증 또는 반증될 수 있는지를 계속적으로 평가한다.

Beck은 이론을 체계화하면서 자주 자기관찰을 하기 시작했다는 점을 인정하고 있다. 그가 심하게 우울한 적은 없지만 우울증을 이해하는 데에 도움이 될 수 있는 상당한 우울증을 경험한 적이 있다고 한다. 프래밍햄에서 인턴을 하고 있을 때, 그는 간염에 걸리게 되었는데 한동안 우울증에 시달려야 했다. 그의 마음은 부정적인 생각들(직장도 좋지 않고, Phyllis와의 관계도 계속되지 않을 것이다)로 가득 차게 되었다. 그는 의학을 그만둘 생각까지 했다. 이 기간에 프로비던스를 방문하여 Irving을 만나게 되었는데, 그는 대번에 "너 얼마 동안이나 그렇게 누렇게 떠 있었냐?"고 물으며 그가 간염에 걸린 것이라고 진단해 주었다. 이러한 진단은 그가 자신의 기분에 대해서 새로운 생각을 하도록 해 주었으며, 올바른 귀인을 통해서 그의 부정적 생각이 감소했다는 것을 알게 되었다. Beck은 불안의 인지적·생리적 측면에 대해서도 직접 경험을 통해서 이해하게 되었으며, 그러한 측면을 객관적으로 바라볼 수 있었기 때문에 그는 환자들에게 어떻게 불안을 다스릴 것인지를 가르칠 수 있었다. 그는 치료적 목적뿐만 아니라 발견적 목적을 위해서 자신의 경험을 활용했는데, 임상적 관찰과 개인적 경험에 근거하여 가설을 만든 다음 좀 더 많은 피험자에게 추가적 실험을 하여 이를 검증하곤 했다.

인지치료자인 Christine Padesky 박사는 개인적인 경험을 좀 더 일반적인 이론으로 발전시키는 Beck의 능력을 이야기하며 경탄하곤 한다. 그녀에 따르면, George Kelly는 어떤 심리학 이론이든 다른 사람을 설명하기 위한 것이라면 결코 좋은 이론이 아니라고 말한 바 있다고 한다. 오히려 심리학 이론은 심리학자 자신의 행동과 기능을 얼마나 잘 설명하는지에 의해서 판단되어야 한다. 심리학 이론의 상당수는 '환자로서의 인간'에 관한 것, 즉 병리적 과정에 관한 것이라고 Padesky는 말한다. 이에 반해서, Beck의 이론에서는 불안장애를 정상적인 심리적 과정이 과장되거나 과민해진 것으로 설명하고 있다.

Beck은 자신이 경험했던 혈액/상처 공포증, 발표불안, 버림받음에 대한 깊은 불안을 매우 객관적으로 재조명함으로써 불안에 수반되는 생리적·인지적 과정을 설명할 수 있었다. 여러 사람 앞에서 발표하는 것에 대해서 Beck이 지녔던 불안은 지속적인 연습과 자동적 사고에 대한 도전을 통해서 감소되었다고 한다. 그는 한때 이러한 불안을 치료하기 위해서 Albert Ellis 박사를 찾아가 자문을 구한 적이 있었으나, 누구나 알고 있듯이 한 회기의 합리적 정서치료만으로 이러한 문제가 해결될 수는 없었다. 그의 제자들에 따르면, 그는 내담자와 개인적으로 만날 때보다 녹화되는 시범을 보일 때 훨씬 더 불안해했는데, 녹화테이프에 부자연스럽고 상업적인 모습으로 비쳐지지 않을까 우려했다고 한다. 또한 그는 불안해지면 짜증을 내기도 했는데, 그 자신도 이러한 짜증을 조절해야 한다고 인정했다.

우울증의 인지치료

Beck은 펜실베이니아 대학으로부터 첫 연구비를 받으면서, 펜실베이니아 종합병원에 우울증 연구실과 주로 외래환자를 치료하는 우울증 클리닉을 개설하였다.

1961년에는 Beck 우울척도(BDI)를 개발하여 발표하였다. 이 척도는 피검사자에게 자신의 증상을 Likert 척도에 평정하게 하여 우울증상의 심각도를 평가하는 21개 문항의

척도다. BDI는 200개 이상의 연구에 사용되었으며 그 유용성과 타당도는 잘 입증되어 있다(Beck & Steer, 1987). 그러나 그 당시에 펜실베이니아 대학의 정신과에서는 이 척도를 상당히 무관심하게 받아들였다. Beck은 BDI가 정신과의 수입원이 될 수 있다고 제안했을 때 정신과 과장은 별 관심을 보이지 않았다고 기억하고 있다.

Greenberg 박사는 16세 이후로 Beck과 함께 일해 오고 있는데, 1960년대의 펜실베이니아 대학 정신과에는 강력한 주제를 연구하는 사람들이 많아서 인지치료의 개발을 위해 특별한 지원을 받을 수 없었다고 한다. 하지만 Beck은 연구비가 계속 지원될 때까지 그의 연구를 개인적으로 진행했다고 한다. Beck은 그 당시의 분위기를 우호적이었던 것으로 기억하고 있지만, Beck이 운영하는 클리닉의 치료진이었던 Greenberg는 그 당시 환경이 상당히 적대적이었다고 기억하고 있다. 그녀에 따르면, "우리는 정신과 내에서 우리의 입지를 위해서, 과내의 조소적인 사람들에 대항하기 위해서, 그리고 과내에서의 합당한 대우를 위해서 싸워야 한다고 느꼈다. 특정한 사람이 Beck을 핍박한다는 느낌을 갖지는 않았지만, 그렇다고 그에게 지원을 해 준다고 느끼지도 않았다."고 한다.

1963년에, Albert Ellis는 *Archives of General Psychiatry*에 발표된 우울증에 관한 Beck의 논문을 읽으

면서 자신의 이론과 공통점이 많다는 것을 발견하고 Beck에게 합리적 정서치료(RET)에 관한 자료를 보냈다. Ellis가 발간하는 잡지인 *Rational Living*에 Beck의 논문이 소개되었다. Beck과 Ellis는 계속하여 의견을 교환했으며, Beck은 Ellis를 초빙하여 펜실베이니아 정신과의 수련의들에게 Beck이 다양한 심리치료 방법을 가르치던 수업의 일부로서 강의를 하게 했다. Ellis는 여러 해 동안 펜실베이니아에서 강의를 계속했다. 그들의 학술적 관계가 지속되면서, Ellis는 합리적 정서치료 연구소(Institute for RET)와 합리적 삶을 위한 연구소(Institute for Rational Living)에 의해 제공되는 자료목록에 Beck의 소논문과 『인지치료와 정서장애(*Cognitive Therapy and the Emotional Disorders*)』(Beck, 1976)를 포함시켰다.

　Ellis에 따르면, Beck이 가르치던 1년차 수련의들은 인지치료를 매우 좋아했기 때문에 그들에게 많은 영향을 미쳤다고 한다. 그러나 그 이후에 수련의들은 수련의 일부로 정신분석을 받아야 했으며, 대다수는 분석가에게 애착을 형성하여 정신분석에 빠져들곤 했다. 그러나 일부의 수련의들은 인지치료와 합리적 정서치료 모두에 계속적인 관심을 가졌다. 이들 중 일부는 Ellis에게 단기치료를 받기도 했고, 일부는 Beck에게서 계속 수련을 받기도 했다.

　Beck과 Ellis는 의견교환을 주로 서면으로 했으며 서로의 학문적인 입장 차이를 존중했다. 그들은 진실한 관계를 유지했으며 서로의 독창적인 개인적 자질을 높이 평가했다. Beck은 회의적인 사람들을 설득하여 인지적 모델로 끌어들이는 Ellis의 열정을 높이 평가했다. Beck에 따르면, 정신병리에 있어서 인지의 역할을 무시하던 사람들이 Ellis의 말을 들으면 관심을 갖게 되었다고 한다. 또한 사람들이 지니고 있는 신념을 알아낼 수 있다는 생각을 갖게 된 것은 Ellis 덕분이라고 인정하고 있다. 반면에, Ellis는 Beck이 매우 끈기가 있으며 명쾌한 사유를 하는 사람이라고 보고 있다. 그는 Beck의 연구가 심리치료에 커다란 공헌을 했다고 평가하고 있다. 게다가 Ellis에 따르면, "그는 나와 달리 그다지 논쟁을 좋아하지 않는 듯하다. 나는 내가 좋다고 생각하는 것과 나쁘다고 생각하는 것을 사람들에게 대부분 다 말해 버린다! 그러나 내가 보기에 Tim은 이런 점에서 훨씬 더 요령이 있으며 그래서 나보다 훨씬 더 적은 적을 만들어 냈을 것이다. 그는 강압적이지 않으면서도 더 객관적이고 설득력이 있다는 점에서 강점을 지니고 있다."

Beck과 Ellis는 Donald Meichenbaum 박사와 더불어 인지행동치료의 초석을 다진 창설자로 여겨지고 있다 (Mahoney & Arnkoff, 1978). 근래에, 이 세 명이 다른 저명한 심리치료자들과 함께 두 번째로 열린 '심리치료의 진화'를 토의하는 학술회의에 참석하게 되었다. 이 학술회의가 처음 개최된 이후로, 참석했던 저명한 심리치료자들이 여러 명 사망했다. Meichenbaum은 Beck과 Ellis와 함께 수천 명의 회의 참석자들로 가득 찬 커다란 광장으로 들어가면서, 그들의 머리 위에 이미 사망한 심리치료자들에 관한 커다란 게시물을 보았다. Meichenbaum은 Beck이 Ellis에게 "위를 보지 말아요. 당신도 저렇게 될지 모르니까!"라고 속삭이는 것을 옆에서 들었다고 한다.

Beck은 펜실베이니아 대학에서 연구와 교육을 계속했으며 1967년에 부교수가 되었다. 우울증에 관한 연구비가 일 년간 더 지원되고 나서 중단되었기 때문에, 그는 학교에서 연구실을 잃게 되었다. 그래서 그는 집에서 일하면서 우울증에 관한 그의 이론을 저술하기로 결정했다. 그 결과로서『우울증: 임상적, 실험적, 이론적 측면(Depression: Clinical, Experimental and Theoretical Aspects)』(Beck, 1967)이라는 책이 저술되었으며 나중에『우울증: 원인과 치료(Depression: Causes and Treatment)』라는 제목으로 재출간되었다. Beck에 따르면, 책을 쓸 당시에 그는 상당히 우울했었지만 책을 쓰면서 치료가 되었다고 한다.

이 즈음해서, Hurvich와 Feshbach 모두 펜실베이니아 대학을 떠났으며, Phyllis가 여전히 의견을 나눌 수 있는 좋은 대화 상대이기는 했지만, 그가 인지치료에 관한 생각을 논의할 만한 사람들이 주변에 별로 없었다. 1960년대 후반과 1970년대 초반에, 그는 스토니 브룩에 있는 뉴욕주립대학을 방문하여 Gerald Davison과 그의 생각을 논의하곤 했다(Salkovskis, 1990).

1970년에 Beck은 학술지인 *Behavior Therapy*에 인지치료와 행동치료의 관계에 대한 논문을 발표하였다(Beck, 1970a). Allen Bergin과 Gerald Davison이 그에 관한 토론을 해 주었으며, 그 이후로 급진적인 행동주의자들이 그러했듯이, Leonard Ullman은 개인적인 견해가 공식적인 것으로 오해될 수 있다고 논박하는 부정적인 논평을 썼다. Beck은 그의 논문이 "약간의 반향을 불러일으킨 것 같다." 고 겸허하게 생각하고 있지만, Michael Mahoney 박사는 이 논문이 Beck의 주요논문 중의 하나라고 여기고 있다. 이 논문을 계기로, Beck은 심리학의 인지적 혁명에 깊은 관심을 갖게 되는데, 이러한 혁명은 심리학의 주요한 패러다임 전환이었으며 Beck의 이론개발과정과 같은 시기에 일어났으며 서로 영향을 주고받았다.

1971년에 Beck은 정신과의 정교수가 되었으며 수련, 연구, 임상적 진료를 통합적으로 운영하기 시작했다. 그는 자살에 관한 연구비를 받아 Maria Kovacs 박사를 고용하여 연구를 시작했다. 그녀는 펜실베이니아 대학에서 심리학과 대학원 과정을 마치면서 Beck을 알게 되었다. 심리학에 관한 연구를 하면서, 그녀는 정신과 수련의 2년차 과정을 밟게 되었다. 또한 Beck은 1972년부터 1975년까지 펜실베이니아 의과대학의 정신과 수련의였던 John Rush와 함께 일하게 되었다.

Beck은 펜실베이니아 종합병원에 있는 외래환자 치료기관인 '기분장애 클리닉'에서 Rush와 다른 수련생들에게 슈퍼비전을 했으며, 외래환자의 심리치료에 관해서 강의를 했다. 수련생들이 슈퍼비전을 위해 Beck 박사에게 제시했던 첫 환자는 여러 번 입원하여 여러 가지 약물치료를 받았으며 전기충격치료까지 받았지만 호전되지 않는 심한 우울증을 지닌 남자였다. Rush에 따르면, 그 환자는 그때까지의 모든 치료가 실패했기 때문에 주립병원으로 돌아가야 하는 상황이었다고 한다. 그러나 Beck은 활동계획 세우기와 인지적 재구성과 같은 기법을 제시했으며 수련생들은 그 환자에게 이러한 기법을 적용하였다. 그들은 인지치료가 진행되는 동안 환자의 우울증세를 측정했는데, 놀랍게도 그 환자는 매우 빠르게 호전되었으며 인지치료를 받은 다른 여러 환자들도 증상이 호전되었다.

그 당시에 정신의학은 정신병리학의 생물학적 접근과 약물치료를 향해 움직이고 있었다. 만약 심리치료를 한다면, 그것은 일주일에 4번 이상 집중적으로 시행되는 탐색적인 정신역동적 치료였다. 단기치료인 인지치료를 통해 치료적 성공을 거둔 것은 기존의 치료방법과 비교했을 때 매우 충격적인 것이었다.

Rush는 Beck에게 계속해서 슈퍼비전을 받았으며, 그들은 인지치료의 효과를 좀 더 과학적인 방법으로 조사해 보기로 했다. 그들은 우울증 외래환자들이 항우울제의 약물치료와 인지치료 중 하나를 받도록 하는 무선적인 통제방법의 연구를 계획했다. Beck, Kovacs와 Rush로 구성된 연구팀에는 시간이 흐르면서 Brian Shaw, Steven Hollon, Gary Emery 박사가 합류하였다. 수련생 치료자를 위한 지침서를 만들기 위해서 치료자들은 매 사례마다 사용된 기법들을 꾸준하게 기록했다. Rush에 따르면, 인지치료를 하는 방법을 소개하는 첫 지침서는 약 12쪽의 분량이었다고 한다. 그것은 곧 85쪽으로 늘어나고 이어서 150쪽이 되었으며 마침내 200쪽으로 늘어났다. 결국 그 지침서는 나중에 『우울증의 인지치료(Cognitive Therapy of Depression)』(Beck et al., 1979)라는 책으로 발간되었다. Rush에 따르면, 1973년 9월경에 그 지침서는 상당히 충실해져서 연구를 수행해도 될 정도가 되었다. 환자들이 모집되어 이미프라민(imipramine)을 사용하는 약물치료나 인지치료에 무선적으로 배정되었다. 정신과 수련의들이 치료자였으며, 이들은 매주 치료시간을 녹음한 자료에 근거하여 Beck으로부터 슈퍼비전을 받았다. 연구는 2년여에 걸쳐 시행되었으며 '우울증 외래환자의 치료에 대한 인지치료와 약물치료의 효과 비교'(Rush et al., 1977)라는 제목으로 발표되었다. 치료종결 후의 추적연구에 관한 보고서(Kovacs et al., 1981)는 이러한 환자들이 시간경과에 따라 어떤 변화가 있었는지에 대한 자료를 담고 있다. 인지치료는 심각한 정도가 중간 정도인 비정신병적 외래환자의 주요 우울증 증상을 감소시키는 데에 효과적인 것으로 나타났다. 이 연구에서 환자의 탈락률이 매우 낮았는데, 그 이유는 인지치료가 환자에게 설득력이 있었기 때문이라고 Rush는 생각하고 있다. 그에 따르면, 환자들이 그다지 어렵지 않게 우울증에 대처할 수 있는 방법을 배울 수 있었기 때문에 인지치료를 좋아했다고 한다. 치료자의 입장에서도 인지치료는 환자에게 가르쳐 줄 수 있는 도구가 있었기 때문에 치료자 자신이 우울해지지 않는 치료방법이었다고 Rush는 덧붙이고 있다.

1970년대 초반에는, 새로운 효과적인 치료방법을 만들어 낸다는 대단한 흥분과 낙관적 전망이 있었다. Brian Shaw에 따르면 "그 당시는 인치치료 전반에 대해서 수많은 다른 진영으로부터 공격과 비판을 받고 있었기 때문에 상당히 흥분된 시기였다. 그래서 우리는 동네북이 되었지만 기존의 치료방법, 즉 정신분석과 약물치료 모두를 능가하는 어떤 것을 만들어 내야 한다는 흥분에 휩싸여 있었다."고 한다.

과거를 회고하면서 Ruth Greenberg는 다음과 같이 이야기하고 있다. "지난 25년간 많은 성장이 있었다. 우리는 하나의 학파가 되었으며, 이제는 우리의 치료법이 새롭고 독특한 것이라고 주장할 필요도 없어졌다. 그러나 우리가 생각했던 것보다 훨씬 복잡한 많은 문제와 장애들이 있다. 우리는 요령 있게 잘 적용하기만 하면 이러한 모든 문제들을 치료할 수 있는 치료기법을 만들어 내고 싶었다. 나는 인지치료가 매우 효과적인 치료법이라고 생각하지만, 여전히 많은 문제들이 남아 있다. 현재 우리가 지니고 있는 치료기법으로 해결할 수 없는 문제들이 존재한다는 것을 인식해야 한다." Greenberg는 창의적인 연구를 하고 있는 젊은 연구자들의 열의와 미래지향적 태도에 대해서뿐만 아니라 인지치료가 단극성 우울증의 치료를 넘어서 어떻게 확장될 수 있을 것인가에 관해서 언급하고 있는 것이다. 일련의 치료기법으로만 생각한다면, 인지치료는 임상가가 직면하는 여러 가지 장애의 치료에 있어서 그다지 효과적인 것 같지 않다. 그러나 인지치료는 체계적인 이론적 근거를 지니고 있고, 심리학적인 연구결과에 바탕을 두고 있으며, 견고한 치료적 관계 속에서 시행되기 때문에 다양한 문제에 유용하게 적용될 수 있다. 인지치료가 다른 치료방법과 어떤 관계를 맺을 것이냐는 점은 심리치료 통합운동의 관점에서 생각해 보아야 할 문제다.

심리학의 인지적 혁명

1970년대 초반은 심리학이 활기 넘치는 시기였다. 왜냐하면 여러 학자들이 각자 정신병리와 심리적 기능에 있어서 인지의 역할을 연구하고 이론적 체계를 발전시키고 있었기 때문이다. Beck의 연구도 상당한 주목을 받았지만, 심리학의 인지적 혁명이라는 급격한 변화가 나타나게 된 것은 수많은 사건들과 많은 학자들의 연구노력이 누적된 결과였다.

1970년대 초반에, Beck의 연구는 심리학계에 널리 알려져 있지 않았다. 그가 인지에 관심을 지닌 행동치료자들에게 알려지게 된 것은 1973년에 열린 행동치료학회(AABT)의 연례회의에 참석하면서부터다. Beck은 Peter MacLean 박사로부터 우울증에 관한 워크숍에 동참해 달라는 요청을 받았다. Beck은 이 당시의 일을 다음과 같이 회상하고 있다. "Peter가 나에게 그러한 요청을 했다. 그러한 워크숍이 허용되리라고 기대하지 않았기 때문에, 나는 스스로 그런 모임을 만들려고 하지 않았었다. Peter는 자신의 행동적 치료법을 제시했고 나는 인지적 치료법을 소개했다. 발표가 끝난 후에 매우 활발한 질문 및 답변 시간이 있었다. 수십 개의 질문이 쏟아졌으나 인지치료에 관한 것은 하나도 없었다. 질문은 모두 Peter에게 향한 것이었다. 그 즈음해서,

Alan Bergin이 기획한 심리치료 연구학회의 학술행사가 뉴욕에서 열렸다. 실존적 심리학자인 사람이 발표를 한 다음에, 내가 발표를 하게 되어 있었다. 그런데 그가 발표를 끝내자마자, 청중의 반이 나가버렸다. 그때는 새벽이 되기 전인 어둠의 시기였다. 내가 공식적인 모임에서 발표를 했을 때, 관심을 지니는 사람이 거의 없었다. 나는 치료효과를 보여 주는 예비자료를 제시했지만 사람들의 관심을 불러일으킬 수가 없었다."

다음 해에 Ellis, Mahoney, Meichenbaum, Goldfried 그리고 Beck이 발표하는 심포지엄이 열렸는데, 수백 명의 사람들이 참석했다. Beck은 평소의 반응을 예상하여 발표자료를 25부만 가져왔다. 그렇게 많은 사람들이 참석한 것에 대해서 그는 "Ellis 때문이라고 생각했다."고 한다. Beck은 그때 처음 만나게 된 Mahoney의 옆 좌석에 앉게 되었다. Mahoney에 따르면, Beck이 자신에게 "이 많은 사람들이 여기에 뭘 보려고 온 거지요?"라고 물었다고 한다. 그래서 Mahoney가 "Beck 박사, 이 사람들은 당신을 보러 온 거요."라고 대답했더니 Beck은 "그건 있을 수 없는 일입니다. 내 발표를 듣기 위해 이렇게 많은 사람들이 온 적이 없거든요."라고 응수했는데, 그에 대해서 Mahoney는 "글쎄요. 아마도 이제 당신의 시대가 온 것 같습니다."라고 말해 주었다고 한다.

Beck은 당시 펜실베이니아 주립대학에 재직하고 있던 Mahoney와 Edward Craighead 박사와 교신을 나누고 직접 방문하면서 유대관계를 지속해 나갔다. Craighead와 Mahoney는 Beck, Steve Hollon, Brian Shaw를 초빙하여 펜실베이니아 대학과 펜실베이니아 주립대학에서 시행하고 있는 인지적 치료의 유사점과 차이점에 대해 토론하기도 했다. Beck에 따르면, 1970년대에 펜실베이니아 주립대학은 다른 많은 대학원에 비해서 인지적 치료를 더 많이 가르쳤다고 한다.

이 시기에, Marvin Goldfried와 Gerald Davison은 Craighead의 말대로 '행동주의자의 소굴'인 스토니 브룩의 뉴욕주립대학에서 인지과정에 관해서 소개하고 있었다. Goldfried에 따르면, 심리치료에서 인지적 치료의 바람이 불게 된 것은 임상적 필요성과 더불어 기존의 치료이론이 환자의 내면적 대화를 설명하는 데에 부적절했기 때문이었다(Arnkoff & Glass, 1992).

그 당시 정신과에서는 인지적 치료나 인지행동치료를 Beck의 치료법과 같은 것으로 생각했으며, 심리학계에서는 그의 치료법을 다른 여러 치료자들처럼 인지적 요인을 다루는 치료법 중의 하나로 여겼다고 Craighead는 전하고 있다. 행동치료와 마찬가지로, 심리학의 인지적 운동은 처음에 실험심리학에서 자라났다. 문제해결기법, 자기통제방략

그리고 Meichenbaum에 의해 개발된 행동에 대한 언어적 통제기법이 초기에 적용된 인지적 접근의 예라고 할 수 있다. Beck의 모델은 대다수의 행동주의 심리학자들이 제시한 모델보다 내면적인 심리적 구조를 더 많이 다루고 있었지만, Craighead에 따르면 그 당시에 이미 행동치료에 많은 변화가 일어나고 있었기 때문에 많은 사람들이 Beck의 치료를 받아들일 수 있었다고 한다.

Beck은 그의 치료이론이 심리학자, 특히 행동치료자에 의해 받아들여지게 된 것에 대해서 "심리학은 패러다임의 변화에 훨씬 더 민감했다. 심리치료자인 임상심리학자들은 정신역동적 모델에 더 몰두해 있었지만, 학문적 심리학자들은 여러 발전 단계로 나아가고 있었으며 행동주의적 단계에서 서서히 인지적 단계로 넘어가고 있었다."고 말하고 있다. 게다가, Beck의 이론을 지지하는 실증적 근거는 이러한 심리학자들에게 설득력이 있는 것이었다. Beck에 따르면, "심리학은 강력한 학문적 기반을 지니고 있기 때문에, 정신의학보다 실증적 자료에 의해 훨씬 더 많은 영향을 받는다. 반면에, 정신의학은 경험 많은 선배 임상가의 의견에 의해 훨씬 더 많은 영향을 받는 경향이 있다." 그는 "정신의학의 주류가 현상학으로부터 멀어지면서 생물학적 원인과 치료로 나아가며 약물치료가 강조되던" 시기에 자신은 심리학의 주류로 나아간 셈이라고 말하고 있다(Diffily, 1991: 26).

심리학의 '인지적 혁명'에 관해서는 많은 문헌(Arnkoff & Glass, 1992; Baars, 1986; Dember, 1974; Dobson & Block, 1988; Mahoney, 1977, 1981, 1988; Mahoney & Gabriel, 1987)에 잘 기록되어 있다. 인지적 혁명은 인간의 행동을 설명하고 행동의 변화를 시도함에 있어서 행동치료의 패러다임이 조작적 조건형성 모델로부터 정보처리의 역할을 인정하고 강조하는 모델로 전환되었음을 의미한다. 이론적으로, 인지적 치료를 행동치료의 자연스러운 진화(Wilson, 1978)로 보느냐 아니면 기존 모델로부터의 급진적인 이탈(Mahoney, 1977)로 보느냐는 점에 대해서 서로 다른 의견이 존재한다. Mahoney와 Arnkoff(1978: 689)는 그러한 변화를, 그것이 진화든 혁명이든, '행동치료의 영역 내에서 인지적 치료가 태동된 것'으로 보고 있다. 혁명적인 점은 인지적 치료가 환자의 내면적 세계로 회귀하면서 동시에 실증적인 근거를 지닌 치료기법을 제시했다는 점이다.

Meyers와 Craighead(1984)는 행동치료의 패러다임을 인지적 영역으로 전환시키는 데에 주요한 역할을 한 세 가지 요인을 제시하고 있다: (1) 인지심리학의 발전, (2) 자기통제방략의 출현, (3) 인지적 치료법의 개발, 특히 Albert Ellis, Aaron Beck 그리고 Donald Meichenbaum의 독자적인 공헌이 그것이다.

인지심리학의 영향

1970년대에 인지심리학은 신경과학과 컴퓨터과학의 발전으로부터 영향을 받아 심리학의 중심적 연구주제로서 지각의 속성과 기억의 기제에 초점을 맞추게 되는 변화가 이루어지고 있었다(Shaw & Segal, 1988). 인지심리학에서 이루어진 많은 연구 성과는 모델링, 문제해결, 행동의 언어적 통제 그리고 자기통제를 비롯하여 행동치료에 영향을 미치게 되었다(Craighead, 1990). 정보처리적 또는 인지매개적 입장에서는 인간을 '능동적이고 선택적으로 정보를 찾는 존재인 동시에 정보를 창조하고 사용하는 존재'라고 가정한다(Shaw & Segal, 1988: 538). 과거의 비매개적 모델은 행동이 과거 경험이나 환경에 의해 통제됨을 강조했다.

인지심리학의 정보처리 모델을 잘 보여 주는 것은 모델링에 관한 Albert Bandura(1969)의 연구로서 관찰학습을 인지적으로 설명하였다. Bandura는 연구를 통해서 동작 재생, 유인가, 동기와 더불어 주의와 기억이라는 인지적 과정이 관찰학습의 주요한 요인이라는 것을 밝혀냈는데, 이는 그 이전에 결코 행동치료의 영역에서 다루지 않았던 인지적 과정을 강조한 것이다. Bandura의 연구는 "기대, 속말, 예측과 같은 내면적인 과정들처럼 지금까지 인간의 학습과 행동을 설명할 때 배제했던 개인의 내면적인 인지적 요인에 관한 연구가 중요하다는 것을 인정한 것이다."(Shaw &

Segal, 1988: 538)

  Donald Meichenbaum의 공헌 역시 인지심리학의 연구 성과를 적용한 것이다. Bandura의 연구와 마찬가지로, Meichenbaum의 자기지시훈련(Self-Instructional Training: SIT)(1974, 1975a, 1977)은 실험적 연구에 근거하여 시작되었다. 그는 '건강한 대화'를 하도록 조작적으로 조건 형성된 정신분열증 환자들이 훈련된 반응을 하기 전에 실험상황에서 주어진 지시내용을 큰 소리로 반복한다는 것을 알게 되었다. 그래서 그는 사람들에게 마음속으로 하는 '속말'을 하도록 가르쳐서 그들의 행동을 스스로 유도하게 할 수 있을 것이라고 생각했다. Meichenbaum의 이론은 언어에 관한 인지발달 심리학, 특히 Luria(1961)와 Vygotsky(1962)의 연구에 근거하고 있다. 이들의 연구에 따르면, 아동의 행동이 처음에는 성인의 언어적 통제에 따르지만 점차로 아동 자신의 통제하에 일어나는데, 그 통제과정이 처음에는 외현적 언어에 의해서 일어나고 나중에는 내현적 언어로 이루어진다고 한다. SIT가 처음 적용된 것은 충동적인 아동에게 자신의 행동을 통제하도록 가르치는 프로그램이었다. 이 프로그램의 첫 단계에서는 큰 소리로 자기지시를 하며 충동적 행동을 조절하는 모델의 행동을 아동에게 모방하게 하고, 나중에는 그러한 자기지시를 조용하게 속삭이면서 하게 하며, 마지막에는 자기지시를 속말로 되풀이하게 했다(Arnkoff & Glass,

1992: Dobson & Block, 1988; Meyers & Craighead, 1984).
그 이후로 SIT는 아동기 장애뿐만 아니라 불안, 공격성 및
통증의 조절 그리고 사회적 기술훈련을 비롯한 성인기 장애
에도 광범위하게 적용되었다.

　인지심리학에 근거하고 있으며 인지행동치료의 태동에
영향을 준 세 번째 요인은 문제해결에 관한 것으로서, 특히
D'Zurilla와 Goldfried(1971)의 공헌이 컸다. 이들에 따르
면, 우리가 '이상행동'이라고 여기는 것은 사실은 비효과적
인 행동으로서 특정한 문제를 해결하는 능력의 미숙에 의한
것이며 정서적 고통을 유발하게 된다. 이들은 문제를 해결
해 나가는 단계를 밝혀내고 사람들이 각 단계에 익숙해지도
록 가르치는 방법을 고안하였다. 또한 문제해결치료의 발전
에는 정상인과 임상환자가 문제해결기술에 있어서 어떻게
다른지를 밝힌 Spivak과 동료들(Spivak, Platt, & Shure,
1976)도 기여를 했다. 문제해결훈련은 중요한 치료방법으로
계속 활용되었으며 인지적 치료의 한 주요한 유형이 되었다
(Mahoney, 1988). 문제해결훈련은 수없이 많이 적용되었으
며 최근에는 우울한 사람(Nezu, Nezu, & Perri, 1989)과 자
살하려는 사람(Weishaar & Beck, 1990)이 지니고 있는 문제
해결능력의 결함을 밝히는 데에 관심이 집중되어 있다.

　Arnold Lazarus의 치료 역시 인지적 매개이론에 기초하
고 있으며 인지심리학에 근거한 것이다(Dobson & Block,

1988). Lazarus와 동료들은 1960년대 후반과 1970년대 초반에 인지적 과정이 불안에 미치는 역할을 밝히는 연구를 수행하였다. 불안에 인지적 요인이 개입한다는 것은 불안의 원인을 설명하는 행동주의 모델에 도전하는 것으로서 인지적 혁명을 촉진하였다. 같은 시기에, Goldfried(1971)는 체계적 둔감화가 매개 모델에 의해서 설명될 수 있다고 제안하였다. 대처기술을 훈련시킬 때, 내담자들로 하여금 두려운 심상을 끝내지 말고 그러한 심상을 지속적으로 떠올리며 긴장이완을 하도록 가르치곤 했다. 이러한 Goldfried의 방법은 그 당시 둔감화의 원리에 대한 대표적 이론이었던 Wolpe(1958)의 역조건형성 모델에 정면으로 도전하는 것이었다.

자기통제방략의 발달

인지심리학의 전반적 영향에 더해서, 인지적 혁명을 촉발한 두 번째 요인은 자기통제방략의 발달과 더불어 내면적 또는 외부적 요인이 이러한 자기통제반응에 어떤 역할을 하는지에 관한 논쟁이었다. 자기통제방법에 대한 인지적 설명은 Homme(1965)가 내현행위(coverants)를 마음을 움직이는 요인으로 정의하면서부터 나타나기 시작했다(Meyers & Craighead, 1984; Mahoney & Arnkoff, 1978). Homme는 생각을 변화시키는 조작적인 방법을 제안했었지만, 그의 연구는 이후에 인지의 수정을 통해서 행동을 변화시키려는 자기통제방법의 개발을 촉진하였다.

나아가서 Kanfer(1970, 1971; Kanfer & Karoly, 1972)는 내면적으로 통제가 일어나는 원리를 설명했는데, 자기통제가 자기관찰, 자기평가, 자기강화로 이루어진다는 그의 주장은 지금도 받아들여지고 있다. 같은 시기에, 스탠포드 대학의 Bandura와 Mischel은 자기통제가 모델링과 만족지연에 미치는 효과를 평가하기 위해서 임상적 실험연구를 수행하고 있었다(Bandura, 1971; Mischel, 1974). 1970년대에 자기통제방략은 과식이나 금연과 같은 다양한 문제에 적용되었다.

내면적 또는 외부적 요인이 자기통제반응에 어떤 역할을 하느냐는 문제에 관해서 Bandura는 개인(그들의 인지적 과정을 포함해서)과 환경은 상호작용하며 서로에게 영향을 미친다는 상호적 결정론을 제시하였다. 그의 혁신적 저술인 『사회적 학습이론』(1977b)과 상호적 결정론의 주장은 환경적 요인에 의해서만 행동을 설명하려는 것과 상당히 다른 것이기 때문에 패러다임의 전환을 촉진하는 데에 크게 기여하였다. 또한 Bandura는 학습이 직접적인 강화보다 대리적 경험을 통해 이루어진다고 생각했다. 이러한 대리적 학습에는 강화에 대한 기대라는 인지적 개념이 중심적인 역할을 하고 있다. Wessler(1986: 5)가 지적한 바 있듯이, "이처럼 강조점에 대한 중대한 변화가 일어나면서 인지는 인간행동을 설명하는 과학적인 행동주의이론 내에서 그 입지를 구축하게 되었다."

『사회적 학습이론』이 출간될 즈음에, Beck은 『인지치료와 정서장애』(1976)를 발간하여 단극성 우울증의 치료에 있어서 인지치료와 약물치료의 효과를 비교한 첫 임상연구와 함께 그의 이론을 소개하였다(Rush et al., 1977). Beck이 스탠포드 대학을 방문했을 때 서로 만난 적이 있었지만, Beck과 Bandura는 각기 독립적으로 연구를 진행했기 때문에 Bandura는 Beck의 경력에 있어서 나중에야 영향을 주게 되었으며 인지행동치료의 전반적 발전에 영향을 주었다.

Meichenbaum과 Ellis의 영향

Beck이 정신의학 내에서 그의 심리치료이론을 개발하는 동안, 두 심리학자, 즉 Albert Ellis와 Donald Meichenbaum은 행동과 정서의 변화에 있어서 인지가 중요하다는 가정하에 유사한 치료법을 개발하고 있었다. 이러한 세 명의 치료법은 서로 다르긴 하지만 다음과 같은 공통적 가정에 근거하고 있다: (1) 내담자와 치료자의 협동적 관계, (2) 심리적 고통은, 적어도 부분적으로, 인지적 과정의 문제에 기인한다는 가정, (3) 정서와 행동의 변화를 유발하기 위해서 인지의 변화가 중요하다는 점, (4) 특정한 목표에 초점을 맞추는 시간제한적인 교육적 치료(Dobson & Block, 1988; Kendall & Bemis, 1983).

자기지시훈련(SIT)에 더해서, Meichenbaum은 여러 가지 구성요소로 이루어진 대처기술치료인 스트레스 면역훈련(Stress Inoculation Training)을 개발했다. 이 훈련에서는 내담자에게 긴장이완, 문제해결, 자기지시와 같은 기술을 가르치고 나서 그러한 기술을 사용해야 하는 어려운 상황에 내담자를 노출시킨다(Meichenbaum, 1975a, 1985). 이 훈련은 다양한 상황의 대처기술치료로 사용되고 있다.

Meichenbaum이 임상적 실험연구와 인지심리학에 근거하여 SIT를 개발하는 동안, Beck과 마찬가지로 Ellis는 정신분석적 수련에 대한 반발로서 그의 임상적 경험에 근거하여 인지적 치료인 합리적 정서치료(Rational-Emotive Therapy: RET)를 개발하였다. Arnkoff와 Glass(1992)에 따르면, 1960년대 후반과 1970년대 초반은 여러 치료자들이 기존의 모델에 대해 불만스러워하고 있었기 때문에 인지적 치료가 태동할 수 있는 좋은 시기였다고 한다. 행동치료자들은 내면적 현상과 개인적 사건을 무시하는 비매개적 모델이 적용에 한계가 있다는 것을 알게 되었다. Beck과 Ellis처럼 정신분석수련을 받은 많은 치료자들은 정신병리와 장기적 심리치료에 대한 분석적 모델에 불만을 지니고 있었다.

Ellis는 RET의 많은 부분을 행동치료뿐만 아니라 철학에
그 근거를 두었다(Ellis, 1989). Beck과 Ellis는 모두 그리스
스토아철학의 영향을 받았다. 또한 Ellis는 Popper,
Reichenbach, Kant 그리고 Russell의 저술에도 영향을
받았다. 신(新)프로이트 학파에 속하는 Karen Horney(1950)
와 Alfred Adler(1927)도 RET(Dryden & Ellis, 1988)와 인
지치료의 형성에 도움이 되었다. Ellis에 따르면, 자기자신
에게 말하는 것의 중요성을 역설한 Carnegie(1948),
Coue(1922), DuBois(1905) 그리고 Peale(1960)과 같은 저
술가들의 '생각 관리' 프로그램도 여러 인지적 치료와 특히
RET의 개발에 중요한 역할을 했다고 한다(A. Ellis, 1989;
Arnkoff & Glass, 1992).

Ellis의 연구는 Beck보다 여러 해 앞서 있었다. 그는 1955년
에 '심리치료 기법의 새로운 접근' 이라는 논문을 발표하였고,
1961년에는 『합리적 삶을 위한 지침서(*Guide to Rational
Living*)』를, 1962년에는 그의 주요 저서인 『심리치료에서의
이성과 감정(*Reason and Emotion in Psychotherapy*)』을 발
간하였다.

RET와 인지치료의 유사점과 차이점은 여러 문헌에서 다
양하게 논의되었다(Beck & Weishaar, 1989a; Ellis, Young,
& Lockwood, 1987; Weishaar & Beck, 1986). 두 치료법은
모두 심리적 장애에 있어서 부적응적인 인지적 과정의 역할

을 강조할 뿐만 아니라 이러한 인지적 과정의 수정을 목표로 하는 치료가 필요함을 강조하고 있다. Ellis는, 심리학적인 문헌을 통해서, 고통을 만들어 내는 것은 사건 그 자체가 아니라 그 사건에 대한 사람들의 해석이라고 주장한 최초의 사람이 되었다(Ellis, 1962). 생물학적인 성향과 관련되어 있는 '비합리적 사고'(Dryden & Ellis, 1986)는 부적응적인 행동의 이면에 존재하는 추진동력으로 간주되었다. Ellis는 초기의 저술에서 정신병리의 기저에 있는 수많은 구체적인 비합리적 신념들을 찾아내었다. RET에서는, 태도변화를 위해서 이러한 신념들을 논리적으로 논박한다. Ellis는 최근에 다음과 같이 말한 바 있다: "RET에서 내가 실제로 치료하는 과정은 대부분 적극적이고 직접적인 인지적 논박으로 이루어져 있으며 이와 관련된 정서적·행동적 숙제가 주어지곤 하지만, 주된 강조점은 내담자가 깊이 있는—그리고 바람직하게는 의식적인—철학적·신념적 변화를 이루도록 돕는 것이다."(Ellis, 1989: 8)

RET의 인기는 연구의 뒷받침 없이도 높아졌다. Ellis는 혼자의 힘으로 저술과 워크숍을 통해 그의 치료를 널리 알렸다. 그는 인지행동치료의 기초를 다진 선구자(또는 그가 말한 바 있듯이, 할아버지)로 인정받고 있다. Beck에 따르면, 행동이 무의식적인 동기에 의해 유발되며 이러한 동기는 치료자에 의해서 해석되어야 한다는 생각에 도전하면서, 신념과 가정이 정신분석가들이 생각하는 것보다 훨씬 더 쉽게 환자에 의해서 포착될 수 있다는 생각을 최초로 널리 알린 사람이 Ellis다. Ellis는 '지금-여기'의 문제해결에 초점을 맞춤으로써 심리치료의 초점을 현재의 사건(내적·외적인 사건 모두)으로 전환시켰다.

RET와 인지치료는 여러 가지 차이점을 지니고 있다. 인지치료는 특정한 혼잣말보다는 좀 더 근본적인 신념이나 인지도식을 수정하는 데에 초점을 맞춘다(Meyers & Craighead, 1984). 즉, 인지치료는 성격의 구조적 측면을 변화시키는 데에 초점을 두고 있다. 게다가, Beck은 논리적 오류, 즉 '인지적 왜곡'에 초점을 맞춤으로써 개인이 정보를 지각하고 범주화하고 해석하는 인지적 과정의 변화를 유도한다. 따라서 치료의 목표는 역기능적 신념의 내용을 탐색하고 수정하는 것뿐만 아니라 인지적 과정에서 일어나는 이러한 편향적 오류를 바로잡는 것이다. 또한 인지치료는 모든 사람이 동일한 세트의 '비합리적 신념들'을 지니고 있다고 주장하기보다는 오히려 사고와 가정의 개인적 특수성을 강조한다. 인지치료자들과 합리적 정서치료자들의 치료방식은 아마도 유사한 점이 많겠지만, 인지치료는 주로 합리적인 논박만 하기보다 신념의 실증적 검증을 중시한다. Ellis는 비합리적 사고가 생물학적인 기초를 지닌 것이라고 주장하고 있다. 즉, 대부분의 사람들을 그렇게 생각하게 만드는 어떤 경향성이 있다는 것이다. 반면에, Beck은 심리적 장애의 발생에 있어서 생활사건의 영향이 크다는 점을 강조한다(Beck, 1967). Beck은 신념에 관해 이야기할 때 '비합리적'이라는 용어를 즐겨 사용하지 않는데, 개인의 인생에서 이러한 신념들이 형성된 그 시기에는 이러한 신념들이, 비록 지금은 도움이 되지 않지만, 적절한 것이었기 때문이다.

인지치료와 합리적 정서치료 간의 논쟁은 계속되고 있다. 왜냐하면 최근에 Ellis는 다양한 심리적 장애와 특히 우울증의 기저에 한 가지 유형의 강제적이고 절대주의적이며 당위적인 사고가 존재한다고 발표한 바 있기 때문이다(Ellis, 1987, 1989: 14). Beck은 이러한 가설을 실증적 자료를 통해서 반박했다(Brown & Beck, 1989). 게다가 Beck과 Ellis는 인지적 심리치료에 관해 현재 이루어지고 있는 '합리주의자' 대 '구성주의자' 논쟁에 관련되어 있는데, 각자 자신의 치료법이 구성주의적이라고 주장하고 있으며 Beck은 George Kelly의 개인적 구성개념이론이 인지치료에 영향을 미쳤다고 강조하고 있다.

인지적 혁명의 세력 갈등

1970년대 초반에 인지적 치료에 관한 논문과 책이 발간되면서, 인간행동을 이해하기 위한 인지적 과정에 대한 관심이 급격하게 증가했다. Mahoney(1974)의 기념비적 저술인

『인지와 행동수정(*Cognition and Behavior Modification*)』
은 인지적 모델과 치료의 학문적 근거를 제공해 주었다. 그
러나 인지적 치료를 선호하는 열기는 급진적인 행동주의자
측의 강력한 반발에 부딪히게 되었는데, 그들은 사고 역시
행동일 뿐이라는 견해를 내세우거나(Wolpe, 1976b) 사고는
추측될 수 있을 뿐이며 입증될 수 없는 것이기 때문에 행동
치료의 영역에 속하지 않는다고 주장하였다(Skinner, 1977).
그 이후에도 행동치료의 철학적 · 정치적 측면에서 인지의
위상에 관한 논쟁이 지속되었다(Thyer, 1992; Wolpe, 1985).

　　1970년대 중반에, 행동치료 내에서 인지적 치료의 수용여
부를 놓고 뜨거운 논쟁이 벌어졌다. Mahoney는 『인지와
행동수정』을 발간하고 나서 일부의 동료 행동치료자들로부
터 그러한 방향의 활동을 중단하라는 경고를 받기도 했다
(Arnkoff & Glass, 1992). 인지와 '인지적 행동수정'에 관한
책을 읽는 것이 일부의 심리학과 대학원에서 금지되기도 했
다(Mahoney, 1985b; Mahoney & Gabriel, 1990). 행동치료
학회(AABT)에서는 위원회를 구성하여 인지적 요인에 관한
발표를 연례 학술회의에서 허용해야 하는지, 인지적 관심을
지닌 연구자들이 학술회의 조직위원회의 좌장을 맡을 수 있
는지, 그리고 인지주의자들을 AABT에서 완전히 퇴출시키
는 것이 좋은지를 논의하기도 했다(Mahoney, 1984). AABT
내에 인지행동치료에 대해 특별한 관심을 지닌 집단(Special

Interest Group)이 구성된 것을 계기로, 조건형성 이론가 집단은 AABT를 탈퇴하여 중서부 행동분석학회(Midwest Association for Behavior Analysis)에 합세하였으며 그 명칭을 행동적 분석학회(Association for Behavioral Analysis)로 개정하였다(Mahoney, 1988).

인지적 운동에 대한 가장 강렬한 반대자 중의 한 사람은 Joseph Wolpe였는데, 그는 논문 'Behavior Therapy and Its Malcontents'의 1부와 2부(1976a, 1976b)에서 Ellis, Meichenbaum 그리고 Isaac Marks뿐만 아니라 과거 그의 제자였던 Arnold Lazarus와 같은 행동치료 비판자들이 행동치료의 원리를 잘못 이해하고 있다고 주장했다. Wolpe는 다음과 같은 주장을 하였다: "인지적 행동은 행동의 한 하위유형으로서 동일한 원리에 의해 획득과 소거가 일어난다. 그 내용이 얼마나 복잡하든지 간에, 강화물이 내적이든 외적이든 또는 물질적이든 사회적이든 얼마나 미묘한 것이든 간에 그 원리는 마찬가지다. 따라서 인지적 치료는 행동치료의 한 하위유형이다."(Wolpe, 1976b: 114). 이렇게 인지적 치료를 행동치료의 일부로 포함시키려는 견해에도 불구하고, 인지적 모델들은 급진적인 행동주의 이론가들에 의해서 환영받지 못했으며 오히려 이단자로 취급되었다(Mahoney, 1988).

이처럼 혼란스러운 시기에, Donald Meichenbaum이

AABT 뉴스레터에 기고한 칼럼이 너무 인지적이라는 이유로 제외되었다. 그는 1975년에 *Cognitive Behavior Modification*이라는 이름으로 독자적인 뉴스레터를 발행하기 시작했다. 그 뉴스레터는 상호적인 의견교류를 위해서 처음에 100명의 임상가와 연구자에게만 발송되었으나 시간이 지나면서 구독자는 20여 개 나라의 300여 명으로 늘어났다(Arnkoff & Glass, 1992). 동시에, *Journal of Applied Behavioral Analysis*는 '인지적'이라는 단어를 사용한 논문을 게재하지 못하게 했다. 따라서 인지주의자들은 그들의 연구를 발표하는 데 어려움을 겪게 되었다. 인지적 입장을 선호하는 AABT 회원들은 AABT를 탈퇴하여 자신들의 학회를 만들 것인지에 대해 논의하였다. Meichenbaum, Goldfried, Beck과 Mahoney는 회동을 갖고 AABT에 잔류하기로 결정하였는데, 그 이유는 인지적 치료가 실증적 연구에 기초를 둔 것으로 여겨지는 것이 중요했기 때문이다. 그러나 그 회동의 논의결과와 Meichenbaum의 뉴스레터 사건이 계기가 되어 *Cognitive Therapy and Research*라는 학술지가 1977년에 창간되었는데, Beck은 첫 편집위원장으로 Mahoney를 임명하였다. 그 학술지의 창간호에, 단극성 우울증의 치료에 있어서 인지치료와 이미프라민의 효과를 비교하여 인지치료가 약물치료보다 우월한 것을 밝힌 Rush, Beck, Kovacs 및 Hollon의 논문이 발표되었다. 이러한 치료효과 연구는 이후의 연구에 대한 기폭제 역할을 했을 뿐만 아니라 인지치료의 신뢰도를 높이는 데에 기여하였다. 인지치료에 관한 연구가 활발하게 이루어짐에 따라 AABT 내에서 인지주의도 성장하게 되었으며, 그 결과 1990년에는 회원의 69%가 자신을 인지행동적 입장의 소유자로 여겼으며 행동주의적 입장을 지닌 회원은 27%에 불과했다(Craighead, 1990).

우울증의 인지치료 저술

Rush 등의 연구를 위해 만들기 시작했던 치료자용 훈련 지침서는 『우울증의 인지치료』라는 책으로 1979년에 발간되었다. 이 책은 이제 우울증의 연구와 치료 분야에서 고전이 되었다. 이 책은 또 다른 이유에서 중요한 의미를 지니는데, Donald Meichenbaum이 말한 바 있듯이 "이 책은 치료자가 자신이 치료과정에서 행하는 것을 공개적으로 알리는 전형(典型)이 되었다. Beck은 치료 팀을 운영하면서 치료자용 지침서를 자세하게 제시한 최초의 치료자였기" 때문이다. 비록 여러 명이 함께 저술한 것이지만 그 책은 "Beck의 생각이 중요한 역할을 했다. 그는 여러 장을 통합했으며, 정신병리에 있어서 정서의 역할을 포함해서, 그 책에 대한 자신의 이론적 구조를 직접 서술했다."고 Brian Shaw는 말하고 있다.

초기의 제자들은 Beck이 대단히 창의적이고, 혁신적이며, 낙관적인 교육자이자 연구자라고 말하고 있다. 연구실을 떠나 집에 있을 때에도, 그는 어떤 아이디어가 떠오르면 제자들에게 전화하여 의견을 나누곤 했다. (그는 지금도 인지치료센터와 그의 제자들에게 매일 전화를 한다.) Rush는 자신으로 하여금 연구 프로젝트를 지휘하도록 만드는 Beck의 재능에 대해서 언급한 바 있다. Rush의 지도교수 역할을 맡고 있던 Beck은 치료효과를 검증하는 연구에서 실제로 치료를 담당했던 수련의들에게 슈퍼비전을 해 주고 있었다. 한 번은 Beck이 불안해하며 Rush에게 "이 수련의들에게 치료를 철저하게 하라고 하는 게 좋겠네. 이들이 치료를 올바로 하는지 확인해 주기 바라네."라고 말했다. Rush는 "선생님은 수련의들에게 이보다 더 열심히 하라고 요구할 수 없습니다. 선생님은 회색 머리와 나비넥타이를 지닌 고참 교수입니다. 공연히 그들을 불안하고 괴롭게 만들면, 그들이 연구를 중단할지도 모릅니다. 선생님은 그저 선생님 연구실에 앉아 계시기만 하시고 연구에는 간섭하지 마세요. 일주일에 한 번만 오셔서 슈퍼비전이나 해 주세요. 그거면 족합니다."라고 말했다. Beck은 이에 동의했다. 이에 관해서 Rush는 다음과 같이 말하고 있다. "그는 현명하게도 나의 말을 잘 받아들였으며 연구과정에 더 이상 참견하지 않았다. 치료의

창시자가 모든 것을 걸고 자신의 치료법에 대한 효과를 검
증하면서 그 과정에 전혀 참견하지 않기는 매우 어려운 일
이다. 대단한 배짱과 결단이 없이는 그럴 수 없다."

우울증 치료에 관한 NIMH의 공동연구

1979년, Beck은 우울증에 대한 연구와 인지치료를 개발
한 공로를 인정받아 미국정신의학회로부터 정신의학 연구
를 위한 기초연구기금상(Foundations Fund Prize)을 받았
다. 같은 해에, 국립정신보건원(NIMH)은 우울증 치료에 관
한 공동연구를 계획하기 시작했다. 이 연구는 단극성 우울
증의 치료에 있어서 두 유형의 단기치료, 즉 대인관계적 심
리치료와 인지치료가 어떤 효과를 나타내는지 검증하기 위
한 것으로서 여러 치료기관에서 치료를 시행하고 그 효과를
평가하게 되어 있었다. Beck은 인지치료에 관한 연구를 하
기 위해서 세 가지 조건(인지치료 단독조건, 약물치료 단독조건,
두 치료의 병행조건)을 비교하는 연구를 설계하여 연구비를
신청한 적이 있었다. NIMH는 이 연구를 지원했지만 연구
비를 반으로 삭감하는 바람에 두 조건(인지치료 단독조건과 인
지치료-약물치료의 병행조건)만을 비교하는 연구로 축소되어
시행되었는데, 연구결과에서 두 조건의 치료효과가 동일하
다고 밝혀졌었다. Beck은 잘 훈련된 인지치료자들이 참여

하는 후속 연구를 하기 위해서 추가적인 연구비를 신청했었다. 그러나 NIMH는 여러 치료기관에서 치료가 시행되는 연구를 계획했으며, 예일대학의 Gerald Klerman과 Myrna Weissman이 정신역동적 이론에 근거하여 개발한 대인관계적 심리치료(Interpersonal Psychotherapy)를 추가하였다. 이러한 최초의 계획은 Beck의 참여 없이 이루어졌는데, 그는 여러 기관에서 치료가 시행되는 연구를 통해서는 분명한 결론을 얻기 어렵다는 회의적인 입장이었다. 약물치료를 여러 기관에서 시행해 본 그의 경험에 따르면, 기관마다 차이가 나타나서 분명한 결론을 얻기 어려웠다. 그럼에도, Beck은 일정한 기간 동안 그 계획에 참여하기로 동의했으며, 그와 Jeffrey Young 박사가 작은 연구비를 받아서 3개월 내에 인지치료자를 얼마나 잘 훈련시킬 수 있는지를 연구하였다.

Beck과 Young에 따르면, 이 연구에서 심리학자들과 정신과의사들은 처음에 치료를 잘하지 못했으나 점진적으로 향상되었다. 그러나 1년 후에 치료자들을 평가한 결과, 그들 대부분은 인지치료자로서의 유능성 평정에서 낮은 점수를 받았다. Beck과 Young은 다음과 같은 결론을 내렸다: (1) 치료자가 인지치료적으로 잘 무장되지 않으면, 단기간에 치료를 잘 할 수 없다. (2) 슈퍼비전이 1년 동안 지속되지 않으면, 퇴보가 일어난다. 그들은 동기가 높은 치료자라 할지라도 인지치료를 할 수 있는 적절한 기준에 도달하려면 최소한 1년이 걸린다고 주장했다. 이러한 결론은 모두 NIMH 공동연구에 의해 무시되었다. 치료자를 긴밀하게 슈퍼비전하는 계획은 NIMH 기획자들에 의해서 거부되었다. 이 공동연구의 계획안은 더 확장되었는데, Beck은 이 연구가 결국 부적절한 치료자로 인해서 제대로 수행될 수 없다고 주장했다. 연구 기획자들은 그들이 숙련된 인지치료자에 의해 시행되는 인지치료를 평가하려는 것이 아니라 '시장에서' 시행되고 있는 인지치료의 효과를 평가하려는 것이라고 응답했다. 이러한 반응에 실망한 Beck은 만약 심장 수술의 효과를 검증하려 한다면 그러한 수술을 미숙한 외과의사에게 맡겨서는 안 된다고 지적하면서 응수하였다. 각 치료조건에 동일한 수의 정신과의사를 배정하는 등의 다른 결정에 있어서도 문제가 있었다. 왜냐하면 그 당시에 인지치료의 훈련을 받은 정신과의사들이 거의 없었기 때문이다. 반면에, 대인관계적 심리치료는 정신분석적 치료에서 유래한 것이었기 때문에 연구에 참여할 수 있는 많은 숙련된 치료자들이 있었다. 연구를 위한 인지치료자를 훈련시키고 그 결과를 평가한 Young 박사에 따르면, 대인관계적 심리치료자들은 모두 처음부터 정신분석치료자여서 상당히 유능한 치료자로 평가되기 위해서 추가적으로 더 노력할 것이 별로 없었다. 그러나 인지치료자들은 대부분 새롭게 훈련을 받아야 했으며 숫자도 매우 적었기 때문에 한 명이라도 연구에서 탈락하면 안 되는 상황이었다. 게다가 Young에 따르면, 단기간에 인지치료를 가르치는 것은 그저 기법만을 적용하는 '기법적인 인지치료자'를 만들어 내는 것으로서 치료의 인간관계적 측면을 경시하는 것이었다. Young은 다음과 같이 말하고 있다: Beck 자신은 "그다지 기법에 집착하지 않았다. 그는 그렇게 구조화된 형식으로 치료하지 않는다. 인지치료의 그러한 측면이 무시된 것은 유감스러운 일이었다. 그가 치료하면서 나타내는 멋진 측면들은 지침서화된 치료로 변환하는 과정에서 상당부분 유실되었다."

Young은 Beck과 긴밀한 관계를 유지하면서 NIMH 연구에서 치료를 담당할 인지치료자의 훈련을 계획하였다. 그는 이 연구가 Beck에게 매우 중요한 것이었다고 회상하고 있다. "왜냐하면 인지치료가 인정받지 못하고 있던 때이므로 그는 이 연구를 통해서 인지치료가 수용될 수 있는 호기로 생각했기 때문이다. 만약 이 연구가 제대로 이루어지려면, 치료자들은 인지치료에 잘 숙련되어야 할 뿐만 아니라 인지치료에 전념하는 사람들이어야 한다고 Beck은 확고하게 주장했다. 그는 최고의 인지치료자들이 치료를 하기를 바랐다. 그러나 NIMH는 이 연구에서의 치료는 인지치료를 시행하는 보통의 치료자들이 하는 그런 치료여야 한다는 입장을 강하게 견지했다. 따라서 그러한 치료는 신참 치료자를 선발해서 그들에게 인지치료를 훈련시켜야 한다는 것이었다."

Beck과 Young은 이 연구에 참여할 치료자들에게 초기에 일대일 훈련을 시행하기도 했지만, 나중에 치료자 훈련에 관한 일을 그만두었다. 대신에 Brian Shaw가 인지치료의 훈련과 운영을 감독하기로 동의하였다. Jeffrey Young, Maria Kovacs 그리고 John Rush는 연구에서 시행된 치료의 녹화테이프를 평정했다. Beck은 그 연구가 올바로 시행되지 않고 있다고 믿었기 때문에 연구 참여를 사퇴했을 뿐만 아니라, Young에 따르면, 인지치료가 제대로 반영되지 않을 것이라고 예측했다고 한다. Young은 "내가 느끼기에 Beck은 '치료결과가 제대로 나타나지 않을 것'이라는 예상을 하고 있었으며 실제로 그런 결과가 나타났다."고 말하고 있다.

250명의 외래환자에 대한 NIMH 공동연구에서 이미프라민과 기본적 관리, 위약 투여와 기본적 관리, 대인관계적 치료 또는 인지치료 조건을 비교한 결과 평균점수와 호전율에 있어서 의미 있는 차이가 발견되지 않았다. 모든 치료조건에서 환자들은 호전을 보였다. 의미 있는 차이는 심한 우울증 환자집단에서만 나타났는데, 이 경우에 대인관계적 심리치료와 이미프라민 및 기본적 관리가 더 효과적이었다. 치료기관 간의 차이는 인지치료와 대인관계적 심리치료 모두에서 발견되었다(Elkin et al., 1989).

이러한 단순한 연구의 결과를 통해서 많은 사람들이 인지치료가 다른 연구에서 입증된 것처럼 효과적이지 않다고 여길 수 있다고 생각한 Beck에게 이러한 결과는 실망스러운 것이었다. Young은 이 공동연구를 '치료이기보다 치료자에 대한 검증'이라고 보고 있다. 다른 인지치료자들은 좀 더 희망적인 견해를 지니고 있다. Brian Shaw는 이 공동연구가 "기념비적인 연구라고 생각한다. 이 연구를 통해 시도하고자 한 점은 정말 좋았다고 본다. 내 생각에, 이 연구는 치료지침서를 사용하여 치료자들이 실제로 행하는 것을 규명하면서 치료자의 입장과 유능함과 같은 주제를 다룸으로써 치료효과 연구에 새로운 이정표를 세웠다." 그러나 Shaw는 "인지치료의 경우 불행하게도 많은 경험을 지닌 유능한 치료자를 확보하지 못했다. 치료자들이 실제로 시행한 치료는 희망했던 것에 훨씬 못 미쳤다. 치료자들은 훈련을 받고 실제적인 치료를 하는 동안 모두 (유능성 기준에 도달하기 위해) 애를 먹곤 했다."고 덧붙이고 있다. 치료기관의 차이는 각 기관마다 치료자, 환자 또는 교육자가 다르기 때문에 생긴 것일 수 있다고 Shaw는 설명하고 있다. 그는 특히 치료자의 차이가 중요했다고 생각하고 있다. Shaw가 보기에, 전체적인 결과는 "우리가 희망했던 것이나 과거의 연구에서 발견한 것에 비교했을 때 실망스러운 것"이었다. 그러나 일 년

후의 추적연구에서는 인지치료를 성공적으로 받은 환자들의 재발률이 가장 낮았다(Shea et al., 1992).

Steven Hollon은 이 공동연구가 '강력한 연구'였다고 생각하지만 "그 연구에서 인지치료가 제대로 반영되었다고 생각하지 않는다."고 덧붙이고 있다. "슈퍼비전은 신참 치료자에게 아주 드물게 시행되었다. 짧은 기간 훈련을 받은 인지치료자들은 그들이 원하는 만큼 잘 그리고 빨리 치료체계를 이해하기 어렵다. 이러한 점은 좀 더 심한 증상을 지닌 환자의 경우에 가장 분명하게 드러난다. 심한 우울증 환자의 경우에 인지치료의 효과가 미흡하게 나타난 것은 인지치료의 실제적인 한계이기보다 이러한 점이 반영된 것으로 생각한다."

Hollon과 그의 동료들은 인지치료와 약물치료를 각각 독립적으로 시행하고 이들의 조합효과를 조사하는 연구를 수행하였다(Evans et al., 1992; Hollon et al., 1992). 치료는 3개월간 지속되었고 2년간의 추적연구가 이루어졌다. 연구결과, 3개월간의 단기치료로 이루어진 약물치료와 인지치료는 심한 우울증 환자의 경우에도 치료효과가 서로 동등했다. 게다가, 치료를 통해 호전된 환자 중에서 인지치료를 받은 사람들이 약물치료를 받은 사람들보다 치료종결 이후의 재발률이 절반이나 낮았다.

전반적으로 볼 때, Hollon은 인지치료가 우울증에 대한 취약성을 오랜 기간 동안 감소시키는 것 같다고 생각하고 있다. 그는 다음과 같이 말하고 있다: "나는 인지치료가 단기적 치료효과에 있어서 약물치료와 같은 기존의 다른 치료법과 상당히 비슷하다고 생각한다. 그러나 장기적인 효과, 즉 재발의 예방, 증상악화의 방지 그리고 아마도 처음 증상이 발생하는 것의 예방이 인지치료의 주요한 공헌이라고 생각한다."

미국과 유럽에서의 인정

1982년에 Beck은 모교인 브라운 대학으로부터 명예 의학박사 학위를 받았으며, 또한 *American Psychologist*[역자 주]가 임상 및 상담심리학자를 대상으로 한 조사에서 '10명의 가장 영향력 있는 심리치료자' 의 한 명으로 인정되었다.

같은 해에 Beck은 로마에서 열린 유럽 행동치료학회(EABT)에 참석했다. 이 학회에서 그는 영국의 연구자인 David M. Clark 박사를 만났다. "이전에 만난 적이 없었지만, 그는 나를 따뜻하게 맞아 주었고 저녁식사에 초대해 주었으며 내가 시행한 (우울증에 대한) 실험에 관해서 여러 시간 동안 이야기했다." 이 학회에서 Beck이 젊은 연구자들

역자 주 | 미국심리학회에서 발간하는 영향력 있는 소식지.

과 활발하게 대화를 나누었다는 점을 Clark은 예리하게 지적하고 있다. "Tim은 젊고 열정적인 연구자들을 찾아내어 그들을 격려하고 돕는 능력이 매우 뛰어났다." 주변의 많은 동료들도 Beck이 재능 있는 연구자와 임상가를 찾아내어 양성하는 능력이 남다르다고 말한다. Clark과 Beck은 계속 교신을 주고받았다. 1983년에 Clark은 옥스퍼드 대학의 종신교수로 지명되었으며 불안의 인지적 치료에 관한 연구를 수행하기 시작했다. 1984년에 그는 Beck과 좀 더 긴밀하게 공동연구를 하기 위해서 4개월간 필라델피아에 있는 인지치료센터를 방문하기도 했다.

1985년에 Beck은 Gary Emery와 Ruth Greenberg와 함께 『불안장애와 공포증: 인지적 관점(*Anxiety Disorders and Phobias: A Cognitive Perspective*)』을 발간했는데, 이 책은 진화론에 기초하여 불안장애에 대한 Beck의 이론적 모델과 여러 불안장애를 치료하는 실제적이고 치료적인 기법들을 제시하고 있다.

1987년에 Beck은 커플을 위한 인지치료 책인 『사랑만으로는 살 수 없다(*Love is Never Enough*)』(1988b)를 저술하기 위해서 안식년을 얻었다. 이 기간 동안 그는 영국에 가서 불안 및 공황장애에 대한 뛰어난 성과를 나타내고 있던 옥스퍼드 대학의 David M. Clark과 그의 동료들과 함께 수많은 워크숍을 시행했다. Beck은 영국에서 보낸 시간을 매우 즐

거뒀던 것으로 기억하고 있는데, Clark은 그 이유를 이렇게 추측하고 있다. "그는 미국에서 받은 것보다 훨씬 더 많은 인정을 유럽, 특히 영국에서 받았다. 그는 매우 따뜻한 환영을 받았으며, 모든 사람들이 그와 만나는 것을 기뻐했다. 또 다른 점이 있다면, 그는 매일 매일의 센터 운영으로부터 벗어나 자유롭게 그 자신의 생각을 발전시킬 수 있었다. 인지치료와 인지적 연구를 매우 좋아하는 많은 젊은이들의 집단이 있었는데, 그는 이들과 아이디어를 주고받으면서 많은 시간을 보냈다. 또한 그는 여러 번의 치료시범을 보였으며 병동에서도 그러한 훈련을 시행했는데, 아마도 이런 점에서 그가 필라델피아에서 하던 것보다 더 많은 실제적인 치료를 했을 것이라고 본다.

영국에서 그는 이 분야(인지적 치료)의 유명인사였다. RET는 유럽에서 많은 영향력을 가지고 있지 않았다. Beck은 비범한 직관력을 지닌 사람으로 여겨졌을 뿐만 아니라 사람들은 인지치료가 확고한 연구기반을 지니고 있기 때문에 이처럼 발전하게 되었다고 생각하고 있다. 그는 영국에서 많은 연구를 촉발하는 역할을 했다." 1987년에 Beck은 왕립 정신과의사 협회의 명예회원으로 선발되었다. 그는 영국에서 인지치료를 배우는 것이 정신과 수련의 일부가 되도록 노력하였다.

Beck은 영국의 경우 인지치료의 미래에 대해 매우 낙관하고 있다. "영국과 같은 다른 나라에서는 인지치료를 수련 프로그램에 도입하려는 움직임이 나타나고 있다. 수년 내에 그렇게 되리라고 생각한다. 영국의 젊은 정신과 의사들은 미국의 젊은 정신과 의사들처럼 정신역동이론에 세뇌되어 있지 않기 때문에, 좀 더 쉽게 인지치료를 받아들이는 것 같다. 정신의학과는 달리, 영국의 심리학에는 이미 인지행동적 입장이 널리 확산되어 있으며 임상심리학의 모든 수련프로그램은 매우 강력한 인지행동적 입장에서 이루어지고 있다."

1988년에 『사랑만으로는 살 수 없다』의 발간을 통해서, Beck은 인지치료를 커플 치료에 도입하여 일반대중을 위한 책을 펴냈다. 1990년에 인지치료자인 Frank Dattilio와 Christine Padesky 박사는 정신건강전문가들이 커플을 대상으로 인지치료 하는 법을 소개한 『커플을 위한 인지치료(Cognitive Therapy with Couples)』를 발간하였다. Chris Padesky와 Aaron Beck은 커플 치료를 비롯하여 인지치료를 다양한 상황에 적용한 25개 이상의 워크숍을 함께 진행하였다.

1989년에 Beck은 우울증과 불안장애에 대한 초기의 연구업적뿐만 아니라 인지치료에 관한 최근의 업적을 인정받아 브라운 대학으로부터 동창회 공로상을 받았다. 또한 그는 1989년에 특별한 의미가 있는 상을 받았는데, 그것은 미국심리학회로부터 '심리학의 응용을 위한 우수과학상'이었다. 시상내용의 일부를 소개하면 다음과 같다.

우울증에 대한 그의 선구자적 연구는 우울증을 이해하고, 평가하고, 진단하고, 치료하는 방식을 현저하게 바꿀 만큼 커다란 영향을 미쳤다. 그의 영향력 있는 책인『우울증의 인지치료』는 널리 인용되고 있으며 이 분야의 확고한 기본서가 되었다. 불안장애와 공포증, 성격장애 그리고 부부불화와 같은 다양한 문제에 그의 치료법을 체계적으로 확장함으로써, 그의 모델이 엄격한 실증적 근거 위에 있을 뿐만 아니라 광범위하게 적용될 수 있음을 보여 주었다. 그는 주로 약물에 의해 치료되었던 다양한 장애에 대해서 대안적인 심리학적 치료방법을 제시하였다(American Psychologist, 1990: 458).

Beck은 그의 업적이 심리학회에 의해 인정된 점에 대해서 매우 감격했는데, 그는 미국정신의학회와 미국심리학회 모두로부터 최고의 연구공로상을 받은 유일한 정신과의사다.

성격의 이론

1990년에 Beck은 과거의 제자들과 함께『성격장애의 인지치료(*Cognitive Therapy of Personality Disorders*)』를 발간하였다. 이 저술로 인하여 인지치료는 장기치료로 확장되었으며 과거보다 좀 더 구체적으로 기저의 인지도식에 초점을 맞추게 되었다. Beck에 따르면, 신념과 규칙은 인지도식의 내용인 반면, 인지도식은 경험과 행동을 조직하는 인지적 구조다(Beck, Freeman, & Associates, 1990). 인지도식은 행동으로부터 추론되거나 면접과 과거력 탐색을 통해서 평가될 수 있다. 성격장애의 경우, 인지도식은 인지적·정서적·행동적 요소가 확고하게 결합되어 있다. 따라서 치료적 개입은 세 가지 측면 모두에서 이루어져야 한다. 성격장애를 치료하는 경우, 인지의 논리성이나 합리성을 검토하고 정서적 발산을 장려하며 행동적 강화를 하는 것만으로는 충분하지 않다. Beck과 동료들에 따르면, 성격장애의 인지치료는 좀 더 단순한 장애를 치료하는 인지치료와는 다른 수정된 형태로 이루어져야 한다. 성격장애의 치료에서는 심상(imagery)을 활용하는 기법이 중시될 뿐만 아니라 과거경험을 떠올리게 하여 인지도식을 활성화함으로써 이를 좀 더 의식적으로 자각하게 하는 기법이 강조되었는데, 환자가 인지도식을 인지적으로 회피하는 경우에는 특히 그러하다. 이렇게 인지도식의 형성과정과 기능을 탐색할 뿐만 아니라 인지도식에 도전해야 할 필요성이 증가됨에 따라, 아동기의 경험을 다루는 것이 더 중요하게 되었다.

자살 연구

1991년에, Beck은 1970년대 초기에 시작했던 연구업적을 인정받아 미국자살연구재단으로부터 연구공로상을 받았다. 자살 연구는 우울증에 대한 그의 연구로부터 자연스럽게 나타난 파생물이었는데, 그는 절망감과 자살가능성의 관계를 관찰하면서 초기에 많은 연구논문을 썼다.

1970년대 초반에, Beck이 과거에 정신과 수련의로 지도했던 Harvey Resnik 박사는 그에게 자살연구팀을 구성하라고 권유했다. 그 연구팀의 업적이 지금도 연구에서 사용되고 있는 자살행동의 NIMH 삼원분류법이다(Beck et al., 1973). Maria Kovacs 박사는 자살에 관한 연구과제를 돕기 위해 처음으로 고용된 사람이며, 1970년대 이후로 Beck은 Robert Steer 박사와 공동연구를 하여 자살하려는 사람들의 인지적 특성을 밝히는 많은 논문을 발표하였다.

인지치료에 관한 연구를 통해서 (1) 자살행동의 분류법, (2) 자살하려는 사고와 의도, 절망감 그리고 자기개념을 평가하는 척도들, (3) 절망감을 핵심적인 심리적 요인으로 한 자살가능성에 대한 이론이 도출되었다. Beck의 연구결과 중에서 가장 중요한 것은, 자살사고를 지닌 사람들의 경우 이들이 입원을 하거나 외래치료자를 만났을 때 나타내는 절

망감의 정도가 결과적인 자살을 예언하는 지표라는 것이다
(Beck et al., 1990a; Beck et al., 1985).

현재의 관심

　Beck이 현재 지니고 있는 관심은 (1) 인지적 모델의 새로
운 적용, (2) 심리치료 통합, (3) 다윈이론, 동물행동학, 진화
론적 모델을 활용해 인지치료를 더 발전시키는 일이다.
Beck과 동료들은 최근에 인지적 모델을 적용해 입원환자와
약물남용자의 인지치료에 관한 책들을 발간하였다. Beck은
다른 연구자들로 하여금 환자집단뿐 아니라 비임상적 집단
모두에게 인지적 모델을 적용하도록 계속 권장하고 있다.
　인지치료가 성격장애의 치료로 확장됨에 따라, 인지치료
는 장기화되어 가고 있으며 체험적 또는 정서적 기법과 더
불어 치료관계에 대한 정신역동적 입장까지 통합해 가고 있
다. 이러한 변화는 심리치료 통합의 가능성에 힘을 실어 주
는 것이다. Beck은 인지치료를 통합적 치료로 보고 있는데,
왜냐하면 인지치료는 하나의 일관성 있는 이론하에서 다양
한 치료적 기법들을 혼합적으로 사용하고 있기 때문이다.
　마지막으로, Beck은 인간 행동과 더불어 인간의 삶에 있
어서 인지의 역할을 설명하기 위해서 사회심리학과 인지심
리학뿐만 아니라 진화이론과 영장류의 동물행동학에 관심

을 갖고 있다. 그는 이러한 분야가 일반적인 심리치료 연구에서 발견하기 어려운 정보를 제공할 것으로 믿고 있다. 이처럼 그는 인지적 모델의 새로운 적용을 모색하는 동시에 그의 모델을 발전시키기 위해 다양한 분야의 자료를 통합하고 있다.

개인적 자질

가족과 동료들에 따르면, Beck은 야심이 많은 사람이라기보다 창의적인 사람이다. Beck의 통찰력 있는 생각들은 이러한 창의성에 기인한 것이다. Beck과 Steven Hollon 두 사람은 Beck이 회의적인 Hollon에게 어떻게 창의적인 생각을 제시했는지를 이야기하면서 Hollon이 Beck의 생각을 몇 %나 옳다고 믿었는지에 관해 이야기를 나눈 적이 있다. 이에 관해 Hollon은 다음과 같이 말하고 있다: "나에게 흥미로웠던 점은 그가 항상 어떤 새로운 아이디어들을 제시할 것이라는 점이다. 처음 그러한 아이디어를 들을 때는 다소 독특하고 이상하며 특이한 것으로 들린다. 나는 그가 현재의 생각과 잘 맞지 않은 분명히 잘못된 생각을 하는 것이라고 생각한다. 그러나 6개월 정도가 지나서, 그의 아이디어에 관해서 더 많이 생각해 볼수록, 나는 그 생각이 옳다는 것을 깨닫게 된다. 사람들이 그러한 아이디어에 구체적인 관심을 보이기 시작할 즈음에, 그의 아이디어는 대다수의 사람들에게도 설득력을 갖게 된다. 그는 이런 식으로 새롭고 흥미로운 창의적 아이디어를 끊임없이 제시하면서 임상적 연구를 발전시켜 왔다."

David M. Clark은 인지치료의 이론적 입장과 Beck의 성격적 특성 간에 유사성이 있다고 보고 있다. 구체적으로 말하면, Beck은 세상을 다른 사람의 관점에서 바라보는 능력이 매우 뛰어나다. "연구를 할 때나 인지치료의 사회적 인정을 위해 정치적인 노력을 할 때, 그는 자신이 제시하는 것을 다른 사람들이 어떻게 생각할지에 대해서 심사숙고했다. 이러한 특성은 그가 치료자로서 다른 사람들과 상호작용할 때도 매우 뚜렷하게 나타났다. 이러한 능력은 그에게 큰 도움이 되었을 것이다."

연구비가 늘 부족할 뿐만 아니라 예측할 수 없는 반전과 혼란으로 가득 찬 학문적 세계에서, Beck은 자신의 불리한 점을 유리한 점으로 여기는 능력을 통해서 학문적 업적을 키워왔다. 그는 반대나 비판에 부딪혔던 대부분의 경우에 이를 좌절이라기보다 도전으로 생각했다. 특히, 활발한 의견교환이 이루어질 때 그러했다. 예를 들어, 청중 중에서 어떤 사람이 반대의견을 제시한다면, "이것은 내가 이 주제에 대해서 직접 설명할 수 있는 기회를 얻은 셈이다. 적어도 청중들은 내가 말하는 것과 비판자가 말하는 것을 비교하여 평가할 수 있게 된다." 그는 자신의 의견을 비판자에게 제시할 수 없는 상황에 있을 때에 더 좌절감을 느낀다. 예컨대, "어떤 사람이 자신이 발간하는 잡지를 통해서 나의 이론에 관한 편향된 공격을 계속한다면, 그는 내가 어찌할 수 없는 영향력을 휘두르는 것이다." 좌절감을 느끼게 되는 다른 경우는 인지치료를 곡해하거나 일부의 정신건강전문가들이 인지치료의 효과를 지지하는 실증적 증거를 받아들이지 않는 경우다. 그가 고통스러워하는 경우는 인지치료를 단순히 거부하는 것이 아니라 치료에 관한 편협한 관점을 드러내는 경우다. 그에게 있어서 가장 큰 좌절은, 상황을 어찌할 수 없었기 때문에, NIMH의 공동연구에 제대로 대응하지 못한 것이었다.

Beck의 독립성과 목표지향성은 그가 과학적 목표를 추구하는 데에 분명히 도움이 되었다. 어떤 이들은 그에게 도움이 된 다른 측면을 이야기하기도 한다. Michael Mahoney는 다음과 같이 말하고 있다: "나는 그가 약간 복잡한 의미에서 매우 강한 사람이라고 생각한다. 이 말은 그가 좌절을 잘 견디며 성실한 사람이라는 의미다. 어떤 증거나 이론이나 논리가 옳다고 믿으면, 그는 다수의 사람들로부터 따돌림당하는 것을 두려워하지 않는다. 또한 따뜻하고 인간미 넘치는 다정함도 그의 장점이라고 생각한다. 그는 어려움을 잘 이겨낼 수 있도록 지원해 주는 친구관계와 가족관계를 지니고 있는 것 같다. 그는 내가 어려움을 겪고 있을 때 좋은 친구가 되어 주었다. 그에게도 나와 비슷한 일이 있었던 듯했으며, 사회적 연결망이나 친구와 가족을 통해서 현명하게 잘 극복했던 것 같았다."

Aaron T. Beck의 심리치료이론은 그의 부모가 지녔던 실용주의와 지적인 호기심이 권위에 대한 반발심과 결합되어 학문과 연구라는 수용가능한 형태로 표출된 것이다. Beck에 따르면, 그가 아이였을 때에도 교사들은 그가 특이한 생각을 통해서 반항하고 있다는 말을 했다고 한다. Beck은 우울증의 경험과 특히 불안의 경험을 통해서 이러한 증상에 대한 체험적인 이해를 하게 되었다. 자기관찰과 임상적 관찰을 통해서, 그는 증상의 발달과정에서 지각, 평가, 해석의 역할에 주목하고 되었고 이를 이론적으로 설명할 수 있었다. 환자집단을 사용하여 가설을 검증함으로써 그의 이론은 생명력을 갖게 되었으며 심리학에서의 인지적 운동은 신뢰를 얻게 되었다.

Beck은 정신분석이론의 많은 부분을 거부했지만, 인간의 내면적 세계와 개인이 사건에 부여하는 의미가 중요하다고 생각했다. Beck은 인간이 경험을 어떻게 구성해 가는지에 관한 그의 관심을 적극적이고 실용주의적인 자세와 결합하여, 내담자가 치료자와의 협동적인 관계 속에서 자신의 신념을 탐색하고 검증함으로써 자신을 다스리게 되는 치료방법을 개발하게 된 것이다. 인지치료의 이러한 측면은 상담과 심리치료에 대한 Beck의 이론적 · 실제적 공헌을 살펴보게 되면 좀 더 분명해질 것이다.

2 이론적 공헌

개 관

Beck의 인지치료는 하나의 심리치료 체계로서, (1) 심리치료의 토대가 된 광범위한 정신병리이론, (2) 그러한 이론을 지지하는 지식체계와 실증적 연구결과들, (3) 인지치료의 효과를 입증하는 연구결과들을 제시하고 있다(Beck, 1976, 1991a). 즉, 인지치료는 이론적 모델과 더불어 그러한 모델로부터 논리적으로 도출된 치료기법을 제시하고 있다. 이는 그 자체로 심리치료에 대한 하나의 공헌인데, 왜냐하면 이론과 기법은 상호의존적이어서 다른 하나가 없이는 존재할 수 없기 때문이다. 심리치료의 역사를 보면, 치료기법들이 이론적 근거도 없이 제시되거나 또는 반대로, 이론은 지나칠 만큼 정교하지만 인간의 행동을 변화시킬 수 있는 방법에 대한 안내지침조차 제시하지 않는 경우가 많았다. Beck은 "나의 공헌이 있다면 그 많은 부분은 이론적 모델에 관한 것이다. 치료기법은 이론을 적용한 것일 뿐이다."라고 말하고 있다. 인지치료가 매력적인 이유 중 하나는 치료적 기법들을 잘 갖추고 있다는 점이었다. 그러나 이러한 기법들을 이론적 근거 없이 적용하는 것은 소위 '기법적인 인지적 치료(technical cognitive therapy)'라고 불리는 것을 의미하는데, 이것은 인지치료가 효과적이기 위해서 필수적인 기본적 측면, 특히 치료적 관계를 무시한 것이다.

Beck의 이론적 공헌은 (1) 현상학적 관점과 정보처리 모델에 근거하여 인간의 행동을 설명한 점, (2) 인지적 · 행동적 · 정서적 변화를 유발하는 방법들을 개발한 점, (3) 검증 가능한 심리치료이론을 제시한 점이다. Beck은 환자를 협력적인 동반자 또는 공동 연구자로 여기고 치료하면서 이러한 공헌을 이루었을 뿐만 아니라 자신의 이론과 일치하는 기본적인 연구가 실험 사회심리학과 인지심리학에서 이루어지던 시기에 이러한 공헌들을 이루어냈다(Hollon & Garber, 1990). 그는 인간의 행동을 '정상적인 것'과 '병적인 것'으로 구분하지 않고 연속적인 것으로 보았으며, 진화론적 이론체계를 적용하여 증상을 포함한 모든 행동을 적응이라는 맥락 속에서 이해하고자 했다(Beck, 1976, 1991a).

현상학적 관점

Beck의 가장 큰 이론적 공헌은 개인적인 내면적 경험을 과학적 연구의 영역으로 다시 가져왔다는 점일 것이다. 이 것은 정신분석학자들이 주장하는 동기 모델과 행동주의자 들이 주장하는 조건형성 모델을 모두 이론적으로 개편하는 일이었다. 이것은 주된 이론적 초점을 행동주의의 환경적 결정론으로부터 내면적 결정론, 즉 현상학적 접근으로 전환 시킨 것이다. 정신분석 모델과 달리, 이러한 결정론은 생물 학적 추동이나 무의식적 동기에 근거하기보다 개인이 자신 의 경험을 어떻게 구성하는지에 바탕을 두고 있다. 이러한 견해는 환자의 신념이 자각될 수 있다고 가정하고 있는데, 이러한 가정은 Kelly(1955)에 의해서 제기되고 Albert Ellis(1962)에 의해 널리 알려지게 되었다. 게다가, 해석보다 질문을 사용하여 이러한 신념들을 직접적으로 포착함으로 써 환자의 관점을 충분히 이해할 수 있게 되었다.

Brian Shaw는 이 점에 대해서 다음과 같이 말하고 있다. "무의식이나 방어기제와 같은 개념에 의존하지 않고서도 환 자로부터 직접 얻을 수 있는 자료나 정보를 통해서 연구가 가능하다. 우리는 환자에게 실제로 일어나고 있는 것을 구 체적인 자기보고를 통해서 알 수 있으며, 그러한 것에 대해서 치료적인 개입을 할 수 있다. 이러한 방법은 단순성이라는 커다란 장점을 지니고 있다."

John Rush의 지적에 따르면, Beck은 자신의 이론에 환자의 행동을 끼워 맞추기보다 환자의 행동에 맞는 이론을 발전시켜 나갔다. "그는 현실에 맞도록 이론을 변화시키려는 경향이 강했다."고 Rush는 말한다. Beck은 연구를 하면서 자료에 근거하여 이론을 개발했으며 결과적으로 실용적이고 실증적인 치료법을 만들어 냈다.

정보처리 모델

심리적 기능과 정신병리에 대한 Beck의 이론은 정보처리 모델에 근거한다. 인간은 항상 환경으로부터 단서를 포착해 삶을 향상시키는 방식으로 반응한다. 따라서 우리는 환경에 적응하기 위해 대응방법을 모색할 뿐만 아니라 사건을 지각하고 해석하며 그에 의미를 부여한다. 이러한 인지적 평가에 의해서 정서적·행동적 반응은 많은 영향을 받는다.

정보처리 패러다임은 위계적으로 이루어져 있는 인지적 구조뿐만 아니라 적절한 정보를 선택적으로 받아들이거나 걸러 내는 인지적 기제를 가정하고 있다. 정보처리과정은 융통성이 있어서 처음의 인상이나 일차적인 평가내용을 재확인하여 검증하거나 명료화한다.

인지적 구조

인지적 구조는 자각가능성과 안정성에 있어서 서로 다른 여러 수준의 사고와 심상으로 구성되어 있다. 가장 자각하기 쉬운 인지는 의도적인 사고(voluntary thoughts)로서 의식의 흐름에 나타나게 된다. 자각하기가 좀 더 어려운 것으로서 인지적 이론에서 중요한 것은 자동적 사고(automatic thoughts)인데, 이것은 의식적인 자각 없이 생겨나고 억제하기가 어려우며 특히 고통스러울 때에 그러하다. 더 깊은 수준에는 개인의 가정과 가치관(assumptions and values)이 있으며, 자각하기 가장 어려운 깊은 수준에는 인지도식(schema)이 있다. 인지도식은 구조화 원리(organizing principles)라고 할 수 있는데(Safran et al., 1986), 개인이 지니는 세계관, 자기에 관한 신념 그리고 타인과의 관계 등은 이러한 원리에 근거하고 있다. 또한 인지도식은 핵심신념들의 연결망으로 이루어진 인지적 구조로 정의되기도 하고(Segal, 1988), 암묵적인 신념을 의미하는 것으로 여겨지기도 한다(Beck, 1987a). 인지적 모델에 따르면, 이러한 신념들은 그것과 관련된 특정한 생활사건에 의해서 촉발되어 활성화될 때까지 드러나지 않은 채 잠복한 상태로 존재한다.

정신병리의 모델

일단 촉발되어 활성화되면, 인지도식은 매우 활발한 상태가 되어 강렬한 감정을 수반하게 된다. 자동적 사고는 인지 도식의 내용이 표현된 것으로서 우리의 의식에 확산된다. 인지적 왜곡은 환경적 정보를 편향적으로 선택하고 통합하는 것으로서 인지도식을 지속시키고 강화하는 기능을 한다. 이렇게 인지도식이 활성화되면, 사고는 더 경직되고 판단은 더 당위적인 성향을 띠게 된다. 아울러 기억과 회상의 어려움과 같은 인지적 결함으로 인해 추론과정이 방해를 받게 된다.

인지도식은 어린 시절의 학습경험에 의해 형성된다. 인지도식은 매우 개인적인 것이지만, 같은 장애를 지닌 경우에는 공통적인 면이 있다. 예컨대, 우울증을 유발하는 인지도식은 흔히 결핍, 패배, 상실, 무가치의 주제를 포함한다. 불안장애에 공통적인 인지도식은 위험이나 위협의 주제를 반영한다. 정신병리에 대한 Beck의 이론은 우울증의 모델을 설명하면서 다시 다루어질 것이다.

연속성 가설

Beck의 이론에 따르면, 대부분의 정신장애는 정상적인 심리적 반응이 과장된 것이다(Beck, 1976). 이것이 그가 연속성 가설(continuity hypothesis)이라고 명명한 것인데, 정상적 반응과 정신장애에서 나타나는 과도한 반응 간에는 그 내용에 있어서 연속성이 있기 때문이다. 우울증의 경우, 패배와 결핍에 대한 느낌이 만연되어 있으며 그 결과 슬픔이 증가한다. 조증의 경우, 팽창감과 목표 지향적 활동이 늘어나면서 유쾌한 감정이 증가한다. 불안의 경우, 위험에 취약하다는 느낌이 확대되면서 회피하거나 자신을 방어하려는 욕구가 증가하게 된다(Beck, 1991a).

이러한 이론적 견해는 여러 가지 시사점을 지니고 있다. 첫째, 심리적 장애에 대한 낙인을 없애 주며 그러한 장애를 상식적으로 이해가 가능한 것으로 만들어 준다. 둘째, 진화론적 의미에서 다양한 장애의 기능적 의미를 이해할 수 있게 해 주는데, 왜냐하면 이러한 장애들이 적응적 행동과 연결되어 있기 때문이다. 셋째, 우울하지 않은 대다수의 사람들이 나타내는 긍정적인 편견과 같이 '정상적인 일상적 행동에서 나타나는 미묘한 편향'(Beck, 1991a: 370)을 좀 더 분명하게 인식할 수 있게 해 준다(Alloy & Abramson, 1979; DeMonbreun & Craighead, 1977).

정신분석과 구별되는 이론적 차이점

Beck이 정보처리 모델을 인간 적응과 정신병리를 이해하는 기반으로 삼은 것은 그 당시의 두 가지 입장, 즉 정신분석이론과 행동수정이론과의 결별을 의미한다. 정신분석과 달리, 인지치료는 개인의 의식적 또는 전(前)의식적 경험을 의미 있는 것으로 중요하게 여긴다. 즉, 인간을 여러 층의 무의식적인 동기를 지닌 모호한 존재로 보기보다 자신의 경험을 신뢰롭게 전달하는 존재로 간주한다. 인지치료자는 내담자가 경험한 것을 해석하려 하기보다 전달된 그대로 받아들인다.

에릭슨식의 치료자인 Michael Yapko 박사는 Beck에게 Freud의 무의식과 Beck의 자동적 사고가 개념적으로 어떻게 다른지를 물은 바 있다. 이에 Beck은 다음과 같이 응답했다.

Freud는 무의식에 관해서 독특한 생각을 하고 있다. 즉, 우리가 의식하는 생각과 감정의 저변에는 금기시되는 추동, 소망, 동기들로 이루어진 가마솥이 있다는 것이다. 그리고 그 사이에는 억압이라는 두꺼운 콘크리트 벽이 있다는 것이다. Freud에 따르면, '무의식' 은 의식적인 마음과 완전히 괴리되어 있으며 억압과 방어기제를 통해 계속 격리가 일어나는 유리된 마음의 구역이다. 나의 생각은 의식이 연속적인 것이라는 것이다. 어떤 것은 다른 것보다 더 의식적이거나 덜 의식적일 수 있다. 차를 운전하면서 우리는 자신의 모든 움직임을 의식하지 못하지만, 만약 주의를 기울이면 우리의 행동을 자각하게 된다. 자동적 사고는 의식의 주변에서 일어나는 일시적인 신호들이다. 사람들이 자동적 사고를 자각하기 위해서는 의식의 주변부에 주의를 집중하는 훈련을 받기만 하면 된다. 자동적 사고는 정서와 정신병리의 측면에서 보면 뇌를 통과하는 가장 의미 있는 전달내용이다. 이러한 일시적인 신호들은 우리 의식의 전면에 나타날 필요는 없는 것이다. 그러나 정신병리 상태에서는 이러한 내면적인 전달체계가 우세해진다는 것이 흥미로운 일이다(Yapko, 1991: 10).

Freud의 이론과 차이가 있음에도 불구하고, Beck은 그의 정신분석적 수련의 가치에 대해서 다음과 같이 이야기하고 있다.

내가 종종 심리학자로 여겨지고 있지만, 나는 심리학 교육을 받지 않았다. 그러나 의과대학을 다닐 때 배운 전통적인 정신의학은 많은 부분이 현상학, 즉 환자의 내면에서 실제로 일어나는 것에 초점이 맞추어졌었다. 내가 의과대학 시절에 정신의학을 통해 정신장애의 현상적 측면에 관해 배운 것은 요즘과 다름없는 훌륭한 것이었다. 정신과 수련을 받으면서 나에게 두 번째로 도움이 된 것은 정신분석을 받은 것이다. 정신분석을 받으면서 나는 많은 물음을 제기하고 의미를 탐색하기 시작했다. 그 결과, 나의 이론을 개발하는 과정에서 가장 중요했던 의미는 깊은 잠재의식적인 것이 아니라 의식 가능한 것이었다(Diffily, 1991: 25).

정신과의사인 John Rush 역시 인지치료와 정신분석의 차이점을 다음과 같이 설명하고 있다: "무의식적 동기의 관점에서 생각하듯이, 환자들이 정신병리라는 결과가 일어나기를 소망한다는 것은 사실이 아니다. 환자들은 불쾌한 기분을 느끼고 싶어 하지 않는다. 다만 그들은 기분을 좋게 하는 방법을 모르고 있을 뿐이다. 이러한 이해방식은 환자의 책임을 가볍게 해 준다고 생각한다. 당신이 스스로 고통을 받고 다른 사람에게 문제를 야기하고자 원하기 때문에 당신이 괴로움을 느끼는 것은 아니다. 당신이 고통을 겪게 된 것은 당신이 과거에 배운 바에 따라 사건을 해석하는 잘못된 방식 때문이며, 당신은 이러한 방식을 분명히 변화시킬 수 있다. 만약 당신이 이러한 사고방식을 변화시킨다면, 당신의 행동이 변화될 수 있으며 그 행동의 결과 역시 달라질 것이다. 따라서 환자는 비난을 받지 않아도 될 뿐만 아니라 자신이 선택할 수 있다는 자유로움을 느끼게 된다. 이러한 치료방식은 환자와 치료자 모두에게 커다란 희망을 주게 된다."

행동치료와 구별되는 이론적 차이점

선택의 자유가 있다는 생각은 급진적인 행동주의의 견해와 상반되는 것이다. Joseph Wolpe(1980: 198)는 "우리가 상당히 자유로운 존재라고 생각하는 것은 물질적 세계에서 일어나는 무자비한 인과관계의 지배하에 있지 않다는 점에서 기쁜 일이지만, 이러한 자유는 유감스럽게도 착각일 뿐이다."라는 의견을 피력하고 있다. 그러나 Beck에 따르면, (1) 인간은 자유의지를 지니고 있어서 선택을 할 수 있다. (2) 인간은 선택에 대한 책임을 지는 존재다. (3) 인간은 변화하려는 의지를 지닌다. 개인의 자유에 대한 이러한 견해는 환원주의적이거나 환경적인 결정론과는 이론적으로 다른 견해다.

인지치료와 행동치료의 차이는 이미 1장에서 논의되었고 4장에서 좀 더 자세하게 소개될 것이다. 인지치료는 개인의 내면적 세계, 즉 개인이 어떻게 지각하고 정보를 구성하는지, 그리고 이러한 인지적 구성이 정서와 행동에 어떤 영향을 미치는지에 초점을 맞추고 있다. 인지치료에서는 인간을 환경과 매우 긴밀하게 상호작용하면서 환경을 평가하는 존재로 본다.

인지치료에서는 행동적 기법이 사용되기도 하는데, 이는 인지적 변화를 위한 것이다. 또한 새로운 행동이 잘 유지되려면 인지적 변화가 필수적이며, 행동의 변화를 통해서 인지적 변화가 촉진된다고 본다.

인지치료에서는 인간의 기능을 설명할 때 여러 측면들, 즉 정서적·행동적·인지적 측면들을 통합하려고 한다. 인지치료는 이러한 심리적 구조를 이해하고 변화시키기 위한 주된 수단으로서 인지적 측면을 강조하지만, 모든 측면이 고려되어야 한다고 주장한다.

"인지적 치료가 출현하기까지, 우리는 통찰력 있는 사람, 즉 정신분석가이거나 아니면 행동주의자나 인본주의자여야 했으며 다른 입장과는 교류할 수도 없었다. 사고와 감정과 행동패턴 간의 관계를 탐구하려는 노력이 전혀 존중되지 않았다."라고 Michael Mahoney는 이야기하고 있다.

다른 인지적 치료들과 구별되는 차이점

Meichenbaum이나 Ellis와 마찬가지로, Beck은 사람들이 자기자신에게 말하는 속말이 중요하다고 생각했다. 이러한 내면적 대화는 항상 일어나는 것이며 감정이나 행동과 서로 영향을 주고받는다는 생각은, 이러한 대화가 자각될 수 있고 수정될 수 있다는 점 외에도 여러 가지 이유에서 중요하다. 인지적 이론에 있어서 Beck이 특별히 기여한 점은 (1) 인지적 구조라는 개념을 도입하고 상당히 심층적인 인지적 구조를 수정하는 것이 중요하다고 역설한 점, (2) 인지적 왜곡이 정신병리를 유발하고 모든 수준의 인지적 과정에 영향을 미치는 원리들을 제시한 점이다.

Beck의 모델에 따르면, 정신병리 상태에서는 인지적 과정의 변화가 일어난다. 이것은 단지 비현실적인 생각을 한다는 것이 아니라, 인지적 과정의 역학적 변화가 일어난다는 것이다. 그래서 Beck은 인지적 결손(cognitive deficits)이라는 개념을 도입했는데, 이는 활성화된 인지도식에 의해서 지각, 회상, 추론, 장기기억과 같은 정상적인 인지적 기능이 변한다는 것을 의미한다.

이처럼 인지적 기능에 변화가 일어난다는 점은 우울증의 경우 많은 연구에서 수없이 보고되었다(Blackburn et al., 1990; Bradley & Mathews, 1988; D. M. Clark & Teasdale, 1982; DeMonbreun & Craighead, 1977; Dunbar & Lishman, 1984; Gilson, 1983; Krantz & Hammen, 1979; Powell & Hemsley, 1984). 자살하려는 환자들은 문제해결 능력의 감소, 인지적 경직성 그리고 행동의 결과를 예측하는 능력의 감퇴와 같은 인지적 결손을 나타낸다고 보고되었다(Weishaar & Beck, 1992). 높은 불안상태에서는 자기자신에 관한 추론을 할 때 고도의 인지적 능력을 활용하지 못하는 것으로 나타났다. 불안한 사람들은 집중력, 체계적 사고, 회상에 있어서 어려움을 나타낸다(Beck, Emery, & Greenberg, 1984). 따라서 인지적 모델은 인지도식의 활성화에 의해서 정보처리과정이 어떻게 왜곡되는지에 초점을 맞추고 있다. Beck은 역기능적 신념이 "비합리적이기 때문이 아니라 정상적인 인지적 과정을 방해하기 때문에" 문제가 된다고 주장한다(Beck & Weishaar, 1989a: 288). 이처럼

Beck은 부정적인 편향된 신념의 기능적 측면에 초점을 두고 있는데, 이러한 견해는 신념을 현실과 양립되지 않는 것으로 보는 RET의 철학적 입장과 다른 것이다.

또한 Beck은 심리치료이론에 있어서 다른 인지적 치료자들과 구별되는 공헌을 했다. 그러한 공헌은 (1) 피상적 인지에 초점을 맞추기보다 구조적인 변화를 강조한 점, (2) 변화기제를 설명한 점, (3) 치료적 관계의 협동적 속성을 강조한 점이다.

구조적 변화

Beck이 인지도식이라는 개념을 도입한 것은 인지적 심리치료에 있어서 그의 특별한 공헌으로 여겨지고 있다. Freud나 Kelly와 달리, Beck은 인지가 위계적 구조를 지닌 것으로 보고 있다. Beck의 모델에서, 인지도식은 깊은 수준의 인지적 구조이며, 관련된 생활사건에 의해서 활성화될 때까지 그 내용은 잠복되어 있어서 개인에게 의식되지 않는다. 이러한 깊은 수준의 인지적 구조를 변화시키는 것에 Beck이 초점을 맞춘 것은, 내면적 대화나 Beck의 용어에 따르면 자동적 사고에만 초점을 맞추는 다른 인지적 이론가들의 업적을 뛰어넘는 것이다. 또한 Beck의 인지적 모델에 따르면, 치료자에 의해 대안적 해석이 제공되는 것보다 내담자가 스스로 대안적인 해석을 발견하는 것이 중요하다. 내담자는 자신의 신념을 검토하고 보다 적응적인 대안을 발견하는 훈련을 받게 되는데, 이렇게 스스로 발견한 대안적 신념일수록 더 의미 있고 신뢰할 수 있는 것이 된다.

마지막으로, 인지치료에서는 기저 가정을 수정하고 인지도식 수준의 구조적 변화를 유도함으로써 다양한 자동적 사고가 변화된다고 가정된다. 이러한 변화는 새로운 신념과 일치하는 행동과 함께 인지적 변화가 일어날 경우에 더 쉽게 일어나게 된다.

변화의 기제

Beck의 모델에 따르면, 변화는 철학적 논쟁이나 치료자에 의한 설득에 의해서가 아니라 환자의 신념을 검토하고 실증적으로 검증함으로써 이루어진다. 환자들은 인지치료에서 배운 기술을 사용하여 자기자신을 치료하는 치료자가 된다. 이러한 기술들은 (1) 자신의 해석에 대한 지지 또는 반증 증거를 조사하는 일, (2) 대안적 설명이나 행동을 찾아내는 일, (3) 더 적응적인 사고방식과 일치하는 행동을 하는 것이다. 내담자들은 사건에 대해서 새로운 의미와 해석을 찾아내게 되며, 치료자는 대안적 신념을 제시하지 않는다.

인지치료가 성격장애를 다루기 전까지, 모든 인지와 행동 패턴은 실증적 검증, 논리적 대화, 행동실험, 점진적인 단계의 연습을 통해서 변화될 수 있다고 가정되었다(Young,

1990). 그러나 성격장애를 치료할 때는 새로운 학습이 이루어지기 위해서 정서적인 각성이 중요한 것으로 여겨지고 있다. 따라서 인지치료를 통해 좀 더 어려운 장애를 치료하는 경우에는, 구조적인 변화를 위해서 체험적인 기법을 더 많이 사용한다(Beck, Freeman, & Associates, 1990).

치료관계

Kelly를 비롯한 다른 사람들과 마찬가지로, Beck은 내담자의 협동적 역할을 중시한다. 이러한 견해는 내담자가 자신의 치료에 적극적인 역할을 할 수 있음을 의미하며 자가치료의 중요성을 강조하는 것으로서 다음과 같은 이론적 가정에 근거하고 있다: (1) 개인의 내면적인 대화는 내성을 통해 자각될 수 있다. (2) 이러한 신념은 매우 개인적인 의미를 지니는데, 이러한 의미는 고전적인 정신분석이론과는 무관한 것이다. (3) 이러한 의미는 치료자에 의해 해석되기보다는 내담자에 의해서 도출될 수 있다.

이러한 협동적 관계 속에서, Beck은 환자의 신념을 지지되거나 기각되어야 하는 가설인 것처럼 검토하고 검증하고자 했다. 다른 사람들과 달리, Beck은 내담자를 '검증 가능한 현실을 함께 연구하는 동료'로 생각했다(Wessler, 1986: 5).

우울증의 이론에 대한 공헌

우울증에 대한 Beck의 모델

우울증에 대한 Beck의 모델에 따르면, 비내인성 단극성 우울증(nonendogenous unipolar depression)을 나타내는 사람은 부정적인 생활사건에 의해 우울증이 촉발되는 인지적 취약성을 지닌다(Kovacs & Beck, 1978). 이러한 인지적 취약성은 부정적인 부적응적 인지도식, 즉 역기능적 신념으로 이루어지며 어린 시절의 학습경험에 의해 형성된 인지적 구조라고 가정되고 있다. 이러한 인지도식은 개인에게 자각되지 않은 채 잠복되어 있다가 이러한 도식과 관련성을 지닌 중요한 생활사건에 의해 촉발되어 활성화된다. 우울증의 경우, 인지도식은 흔히 상실, 결핍, 무가치함, 패배의 주제를 담고 있으며 성격적 요인과도 관련되어 있다.

우울유발적 인지도식(depressogenic schema)이 촉발되면, 편향되고 왜곡된 정보처리가 이루어지고 그로 인해서 부정적인 기대, 슬픔, 자기비난, 무감동이 유발된다. 비관주의, 절망감, 무감동으로 인해서 개인은 활동성이 떨어지고 위험을 회피하며 사회적 접촉을 기피하게 된다. 업무수행의 부진은 실패와 무가치함의 징표로 해석되고, 자기자신에 대한 부정적인 인지도식을 강화하게 된다.

1987년에, Beck은 우울증에 대한 자신의 이론을 개정하면서 우울증의 원인, 진화론적 의미 그리고 초기 이론에서 충분히 설명하지 못한 개념들을 설명하는 6개의 세부적인 모델로 제시하였다(Beck, 1987a). 이러한 정교한 모델들은 모든 유형의 우울증과 그 원인들을 설명하는 것이 아니라 비내인성 단극성 우울증에 대한 최초의 모델을 보다 구체적으로 발전시킨 것이다. 그 결과 인지이론은 성격 양식, 역기능적 신념, 부정적인 생활사건으로 비내인성 우울증을 설명하고 있다(Haaga, Dyck, & Ernst, 1991).

인지의 일차성 우울증에 있어서 인지의 일차성(primacy of cognition)을 강조함으로써 우울증의 모델을 기분상태에 관한 것에서부터 인지적인 것으로 변화시켰다. Beck의 이론에 따르면, 우울증 상태에서는 정상적인 정보처리에 역기능적 현상이 나타날 뿐만 아니라 특수한 생활사건에 의해 촉발되는 특정한 신념과 태도가 나타나는데, 이러한 인지적 현상이 다른 증상을 초래하게 된다. 우울증 상태에서는 정보처리에 부정적인 인지적 변화가 생겨서 적절한 긍정적 정보는 차단되는 반면 부정적인 자기관련 정보들이 선택되어 주의를 끌고 중요한 의미를 갖게 된다(Beck, 1967).

인지적 취약성의 개념은 증상 재발과의 관련성 속에서 연구되었지만, Beck의 이론에서 인지를 우울증과 다른 정신장애의 원인이라고 주장하는 것은 아니다. Beck은 인지도식의 활성화를 우울증의 원인이 아니라 우울증이 발전하는 기제로 보았다. 우울증의 원인은 유전적, 생물학적, 발달적, 성격적, 환경적 그리고 인지적 요인들의 복합적인 상호작용일 것이다(Beck, 1967).

그럼에도 불구하고, 일단 우울해지면 사람들은 다양한 우울증 유형의 원인에 상관없이 공통적인 인지적 특징을 나타낸다. 이러한 특징은 인지적 왜곡, 인지적 결손 그리고 인지삼제라고 알려진 자신, 세상 그리고 미래에 대한 부정적인 견해를 의미한다.

우울증에 대한 인지적 취약성　　우울증 유발을 쉽게 하는 생물학적 취약성이 있듯이, 인지적인 취약성이 존재한다. 구체적으로 말하면, 이러한 취약성은 자신, 개인의 주변세계 그리고 미래에 대한 부정적 견해를 포함하는 인지도식을 뜻한다. 이러한 신념들은 절대적이고, 인생경험을 통해 학습된 것이며, 강렬한 감정과 연결되어 있다. "나는 무가치하다." "나는 사랑받을 수 없는 사람이다." "나는 무기력하다."는 믿음이 우울유발적 신념의 예라고 할 수 있다.

우울증에 대한 자신의 이론을 개정하면서, Beck(1983, 1987a)은 특수한 유형의 스트레스 생활사건에 대해서 예민한 반응을 나타내는 특정한 유형의 사람들이 있다고 가정했다. Beck의 클리닉을 방문한 외래환자를 대상으로 시행한 연구에서 두 가지 유형의 성격양식, 즉 사회적 의존성(sociotropy)과 자율성(autonomy)이 있다는 것을 발견했는데, 이러한 성격양식은 우울증의 발생과정에서 각기 다른 유형의 환경적 요인에 민감하게 반응하는 것으로 추정되었다(Beck, Epstein, & Harrison, 1983). 사회적 의존성은 긍정적인 사회적 상호작용에 의존하여 심리적 만족을 구하는 특성을 의미한다. 이러한 유형의 환자들은 사회적 유대의 붕괴에 의해서 우울증이 촉발되는 것으로 나타났다(Beck, 1983). 이러한 결과는 사회적 유대의 붕괴가 우울증의 핵심이라고 주장한 Bowlby(1977, 1979)의 견해와 일치하는 것이다. 그러나 다른 집단의 환자들은 두 번째의 성격양식인 자율성을 지닌 것으로 나타났다. 자율성은 성취, 이동성, 타인의 통제로부터의 자유를 추구하며 고독을 좋아하는 성향을 의미한다. 자율성이 높은 사람들은 목표 추구가 좌절되었을 때 우울해지는 것으로 나타났다(Beck, 1983). 이러한 두 가지 성격 양식은 한 차원의 양쪽 극단을 나타내는 것이지 이분법적이거나 서로 배타적인 것은 아니다.

Beck이 이렇게 우울증에 대한 자신의 이론을 정교화한 것은 애착에 대한 Bowlby(1977, 1979)의 연구와 사회적 유대의 붕괴가 우울증의 촉발요인이 될 수 있다는 점을 반영하기 위해서였다. 또한 Beck(1987a)에 따르면, 우울증의 이론에 성격양식을 포함하게 된 것은 인지치료가 우울증의 원인이 될 수 있는 개인의 사회적 환경을 소홀하게 여긴다는 비판을 극복하기 위한 것이라고 한다.

우울증에서의 인지적 결손　　우울증 상태에서는 인지도식의 활성화로 인해서 정상적인 인지적 처리과정에 변화가 나타나 지각, 회상, 추론, 장기기억과 같은 여러 가지 기능이 손상된다. 인지적 경직성으로 초래되는 문제해결능력의 저하는 문제 상황에서 해결책을 생각해 내는 능력을 억제한다 (Nezu, Nezu, & Perri, 1989; Weishaar & Beck, 1990).

인지적 왜곡　　우울증에 대한 Beck의 이론에 따르면, 우울한 사람들의 생각은 인지적 왜곡이라고 부르는 논리적 오류로 가득 차 있다(Beck, 1976). 정보처리 모델의 관점에서 보면, 인지적 왜곡은 정보를 부정적으로 편향되게 해석하는 기제다. 이러한 인지적 왜곡은, 정보처리에 영향을 미쳐서 환자의 부적응적인 핵심신념을 지지해 주기 때문에, '인지도식을 지속시키는 역할'을 하는 것으로 정의된다(Young, 1990). 인지적 왜곡에는 과잉일반화, 이분법적 사고, 선택적 추상화, 의미확대나 의미축소, 임의적 추론 그리고 개인화 등이 있다.

　4장에서 논의되겠지만, 우울한 사람의 인지가 우울하지

않은 사람들의 인지에 비해서 더 많이 왜곡되어 있는지에 대해서는 논란의 여지가 있다. 우울한 사람의 인지는 부정적으로 편향되어 있는 반면, 우울하지 않은 사람의 인지는 긍정적으로 편향되어 있을 수도 있다. 또는 우울한 사람의 인지는 우울하지 않은 사람의 인지에 비해서 더 비관적일 수 있지만, 그렇다고 해서 그들의 인지가 반드시 현실을 왜곡한 것이라고 할 수는 없다.

인지삼제 Beck은 우울상태에서 활성화되는 우울유발적 프로그램을 설명하기 위해서 인지삼제(cognitive triad)라는 용어를 만들어 냈다. 인지삼제는 자신을 실패자로 보고, 세상을 위협적이고 적대적인 것으로 인식하며, 미래를 절망적인 것으로 본다는 것을 의미한다. 이것은 Bandura(1977a, 1986)의 연구와도 부분적으로 관련성이 있는 것인데, 그가 주장한 자기 효능감(self-efficacy)과 결과 효능감(outcome efficacy)의 개념은 사람들이 자신의 능력과 강화가능성에 대해서 지니고 있는 기대에 관한 것이기 때문이다.

Haaga 등(1991)은 세상에 대한 부정적 견해가 일반적인 세상에 대한 것이 아니라 개인적인 세계에 대한 부정적 견해라고 주장한다. 따라서 인지삼제는 실제로 자기자신과 더불어 자신에 관한 두 가지 요소, 즉 세상과의 관계 속에서의 자기, 그리고 미래의 관계에서의 자기에 관한 견해로 이루어져 있다. 인지삼제의 두 가지 측면, 즉 자기자신에 대한 부정적 견해와 미래에 대한 부정적 견해는 자살 위험과 연관되어 있는 것으로 밝혀졌다(Weishaar & Beck, 1992).

자살 연구에 대한 이론적 공헌

Beck은 우울증 연구의 자연스러운 연장으로서 자살과 관련된 인지적 요인을 조사하였다. 그 결과 절망감(hope-lessness), 즉 미래에 대한 극단적인 부정적 견해가 자살을 하게 만드는 핵심적인 심리적 요인이라는 것을 발견하게 되었다. 그와 자살 연구를 함께 수행한 Maria Kovacs 박사는 절망감을 인지적인 개념으로 설명한 것이 Beck의 가장 중요한 이론적 공헌이라고 여기고 있다.

절망감은 미래에 대한 부정적인 생각들을 통합하는 지속적인 인지도식으로 정의된다. 이러한 개념적 변화는 치료과정에서 절망감의 기원을 알아내고, 문제 상황을 해결할 수 없는 것으로 생각하게 만드는 인지적 왜곡을 감소시킴으로써 문제 상황을 정확하게 이해하며, 구체적인 문제해결을 시도할 수 있게 해 주었다. 또한 절망감을 인지적인 개념으로 이해하는 것은 내담자에게 설명해 주는 유용한 도구가 될 수 있다. 즉, 절망감은 현실을 반영하는 것이 아니라 현실을 대하는 하나의 태도인 것이다. 절망감은 우울증이 완화되면 감소하며, 따라서 현실적인 것이라고 할 수 없다.

Beck이 강한 절망감과 자살 의도의 관계를 규명한 것은 자살 연구에 대한 중요한 공헌이며 자살 위험을 평가하고 예측하는 데에 도움이 되는 중요한 임상적 발견이다. Beck은 입원환자(Beck et al., 1985)와 외래환자(Beck et al., 1990a)에 대한 종단적 연구를 통해서 절망감과 자살 위험의 관계를 구체적으로 밝혔다. Beck 절망감 척도(Beck et al., 1974)에서 9점 이상의 점수를 나타낸 사람은 5~10년 기간 동안에 실제로 자살을 할 위험이 높았다. 절망감 척도는 자살가능성을 실제보다 높게 평가하는 경우가 있지만 임상적으로 유용한 도구다. 이밖에도, 자신에 대한 부정적인 견해를 의미하는 낮은 자기개념이 자살 위험을 높인다는 것이 밝혀졌다(Beck & Stewart, 1989).

인지적 주제

다양한 증후군에서 나타나는 인지적 편향을 설명하면서, Beck과 동료들은 성격장애를 포함한 다양한 심리장애의 인지적 특성과 주제들을 구체적으로 정리하여 제시하였다(Beck, 1976; Beck et al., 1979; Beck, Freeman, & Associates, 1990; Beck & Weishaar, 1989a, 1989b). 사람마다 각기 독특한 인지를 지니지만, 같은 장애를 지닌 사람들은 공통적인 주제에 대해서 정보를 왜곡하는 경향이 있다. 이러한 인지내용의 주제를 장애별로 제시한 것은 환자를 이해하고 핵심적인 인지적 과정에 초점을 맞추어 치료하는 데에 유용하다.

인지적 특수성

Beck은 인지치료를 다양한 장애에 적용하면서 인지적 특수성(cognitive specificity)이라는 개념을 제시하였다. 즉, "장애마다 각기 다른 특수한 인지적 특성과 그에 적절한 치료방략이 있으며 이에 맞추어 인지치료의 일반적 원리가 적용되어야 한다."(Beck, 1991a: 368)

인지적 특수성 가설, 즉 각 장애는 나름대로 독특한 인지적 내용을 지닌다는 가설은 우울한 환자와 불안한 환자의 인지를 비교함으로써 주로 연구되었다. 인지 평정목록(Cognitions Checklist)을 사용하여 조사한 결과, 우울한 환자들은 상실-패배의 하위척도에서 높은 점수를 얻은 반면, 불안한 환자들은 위험의 하위척도에서 높은 점수를 나타냈다(Beck et al., 1987). 다른 연구(Beck et al., 1986)에서, 우울한 환자들은 불안한 환자와 비교했을 때 자신이 지닌 문제에 대해서 부정적인 결과가 나타날 가능성을 높게 예측한 반면, 긍정적 결과가 나타날 가능성은 낮게 평가했다. 나아가서 Greenberg와 Beck(1989)이 자기보고와 회상에 근거하여 조사한 바에 따르면, 우울한 환자들은 (상실과 같은) 우울한 내용의 인지를 보고한 반면, 불안한 환자들은 (위험과 같은) 불안한 내용의 인지를 보고하였다. 게다가 우울과 불

안의 인지적 내용을 측정하기 위해 고안된 여러 인지적 척
도들을 요인분석한 결과, 우울 요인과 불안 요인으로 나누
어지는 것으로 나타났다(Clark, Beck, & Brown, 1989).

Beck의 우울증 이론이 지니는 치료적 의미

인지의 구조적 특성은 심리치료에 대한 여러 가지 시사점
을 제공한다. Beck의 이론에 따르면, 인지에는 핵심적인 것
과 그로부터 파생된 주변적인 것이 있다. 인지도식에 담겨
있는 핵심적인 인지는 매우 중요한 것으로서 치료적 변화가
지속되기 위해서는 이를 포착하여 수정해야 한다.

인지치료의 예술적 측면은 어떤 인지를 선택하여 다루어
주는 것이 가장 유익할 것인지를 결정하는 것이다. 이는 모
든 생각들이 다 똑같이 중요한 것은 아니라는 것을 의미한
다. 그 중요성은 그러한 생각이 인지적 구조에서 어떤 위치
에 있는지를 반영하기 때문이다(Beck et al., 1979). David
M. Clark에 따르면, "인지치료의 가장 큰 문제점 중의 하나
는 정서적 장애를 겪고 있는 사람이 치료를 받으러 올 때 매
우 많은 수의 부정적 사고를 지니고 있는데, 이들 중 상당수
는 장애와 무관한 것이라는 점이다. 인지치료의 예술적 측
면은 어떤 생각이 주된 영향을 미쳐서 장애를 유발하고 있
는지 알아내는 것이다. Tim이 실제로 치료하는 것을 보면,
그는 환자를 치료하기 위해 애를 쓰고 있는 것처럼 보이지

않는다. 내가 보기에, 그는 많은 감정이 연결되어 있는 어떤 생각을 포착할 때까지 그저 이런저런 주제들로 옮겨 가며 탐색을 한다. 일단 감정과 관련된 영역을 찾아내면, 그는 그러한 영역으로 파들어 간다."

Beck의 이론에 따르면, 감정과 연관된 생각이 그렇지 않은 생각에 비해서 심층적인 신념과 가정을 더 잘 반영한다. 여러 상황과 시간에 걸쳐 공통적으로 떠오르는 주제 역시 기저가정을 반영하는 것으로 본다.

치료적으로 중요한 다른 인지들은 자기-인지도식(self-schema; Markus, 1977), 즉 자기와 관련된 정보, 미래에 대한 기대나 예측, 행동을 포함한 사건들의 원인에 대한 인과적 귀인이나 추론(Hollon & Kriss, 1984; Shaw & Segal, 1988)과 관련된 것이다. 부부치료 연구에서는, 기대와 인과적 귀인이 다른 인지들보다 더 중요한 것으로 여겨지고 있다.

우울증에 대한 다른 인지적 모델인 Seligman의 학습된 무기력 개정 모델(Abramson, Seligman, & Teasdale, 1978; Peterson & Seligman, 1985)은 인과적 귀인에 근거하고 있다. 우울증의 학습된 무기력 이론에 따르면, 통제할 수 없는 부정적인 사건에 직면하여 그 원인을 내부적, 안정적, 전반적 요인에 귀인할 경우 우울증이 유발될 수 있다. 이후에 '절망감 우울증(hopelessness depression)'이라는 특수한 유형의 우울증을 대상으로 한 개정 이론에서도, 독특한 추론양식이 부정적인 사건에 대한 안정적·전반적 귀인, 자기 자신에 대한 부정적 추론 그리고 부정적 사건의 결과에 대한 부정적 추론에 영향을 미친다고 주장하였다(Abramson, Metalsky, & Alloy, 1989). 이러한 귀인이나 설명 양식은 우울증 상태를 유발하는 인지적 취약성이 될 수 있다(Peterson & Seligman, 1985).

Safran 등(1986)은 치료시간에 제시되는 자동적 사고 중에서 어떤 것이 핵심적 인지인지, 즉 그들의 용어로는 상위의 인지(higher order cognitions)인지를 평가할 수 있도록 핵심적 인지과정에 대한 개념적 이론체계를 제시했다. 그들에 따르면, 자기지각에 영향을 미치는 사고나 신념은 다른 유형의 인지보다 더 핵심적인 것이다. 아울러 사회의존적 성격과 자율적 성격에 대한 Beck(1983)의 구분을 주목하면서, 이와 동일한 것으로서 그들은 사람들이 흔히 추구하는 주제인 사랑스러움(lovability)과 유능함(competence)을 강조하였다. 그들은 여러 상황에서 일관성 있게 나타나는 주제를 찾아내고 감정을 수반하는 인지에 주목하는 Beck(Beck et al., 1979)의 치료방침을 따르고 있다. 또한 그들이 지적한 바에 따르면, Ellis는 비합리적 신념에 도전함으로써 핵심적 인지를 수정하려고 했지만 RET에서는 각 환자마다 독특한 핵심적 인지를 다루지 않고 있다. Beck의 인지치료에서는 이러한 인지적 구조의 매우 개인적인 내용을 탐색한다.

우울증의 인지적 모델에 대한 경험적 검증

치료효과의 검증

우울증에 대한 Beck 모델의 검증은 두 가지 영역, 즉 (1) 치료의 임상적 효과와 (2) 이론적 타당성으로 나누어진다. 단극성 비정신병적 우울증에 대한 인지치료의 치료적 효과는 잘 입증되어 있다. 28개의 치료효과 연구에 대한 메타분석(Dobson, 1989)에서는 인지치료의 치료효과가 항우울제의 약물치료를 비롯한 다른 치료법보다 우월하거나 동등한 것으로 밝혀졌다. 인지치료의 경험적 연구를 개관한 Hollon과 Najavits(1988)에 따르면, 인지치료만을 시행하는 것은 급성 증상의 감소에 있어서 삼환계 항우울제 치료와 유사하며, 인지치료와 약물치료를 함께 시행한 것은 이들 중 한 가지 치료만 하는 것보다 치료효과가 우월하다고 주장한다.

인지치료의 강점은 재발방지에 있어서 가장 뚜렷하다. 6개의 연구에서 인지치료는 우울증의 재발을 예방하는 데에 약물치료보다 우월했다(Evans et al., 1992; Hollon & Najavits, 1988; Shea et al., 1992). 인지치료의 효과가 다른 치료법과 동등하다고 밝혀진 NIMH 공동연구에서도, 일년간의 추적

단계에서는 인지치료의 지속적인 치료효과가 우월했다 (Shea et al., 1992). Hollon과 Najavits(1988: 651)는 "치료의 종결단계까지 진행된 인지치료는 그 치료효과가 매우 강력하다."고 결론 짓고 있다.

이론적 원리의 검증

단극성 우울증의 치료에 있어서 인지치료가 효과적이라고 입증되었지만, 그 치료 기제는 아직 분명하지 않다. 인지치료는 효과적이지만, 어떻게 그러한 치료효과가 나타나는지는 아무도 모른다. 인지치료는 기존의 신념과 정보처리 방식을 변화시키는 것으로 생각되고 있다. 이론적으로는, 이러한 변화가 외현적인 증상을 감소시킨다. 훈련을 통해서 개인의 신념을 포착하여 변화시키는 것(Beck et al., 1979; Hollon & Najavits, 1988)과 좀 더 의식적인 정보처리를 하도록 하는 것(Hollon & Garber, 1990)이 치료적 변화를 가져오는 것으로 추정되고 있다. Beck과 동료들 (Hollon & Beck, 1979; Hollon & Garber, 1990)은 실증적인 가설검증 과정이 신념과 정보처리방식을 변화시키는 가장 강력한 도구라고 주장한다. 즉, 언어적 검증과 행동적 실험을 통해서 내담자가 구체적인 정보를 얻음으로써 변화가 일어나게 된다.

모델의 기술적 측면에 대한 지지

Haaga, Dyck 및 Ernst(1991)는 우울증에 대한 Beck의 이론을 경험적으로 검증한 많은 연구들을 개관한 바 있다. 이들은 특히 우울증을 유발하는 충분조건을 설명하는 Beck의 스트레스-취약성 모델에 관한 연구결과들을 요약하였다. 이 모델은 현상적인 측면뿐만 아니라 여러 연구자들이 제기해 온 원인적 측면을 포괄하고 있다. Haaga 등(1991)은 우울증의 모든 하위유형에서 부정적 사고가 증가되어 있지만, 그렇다고 모든 사고가 부정적인 것은 아니라고 결론내리고 있다. 인지삼제의 개념은 지지되었지만, 세 요소가 개념적으로 중복되는 단일한 차원인지 불분명하며 모든 요소가 우울증의 필수조건인지도 분명하지 않다. 인지삼제의 한 요소만 상승해도 충분히 우울증이 유발될 수도 있다. 우울한 사고가 엄격한 의미에 있어서 자동적인 것인지, 즉 자각 없이 유발되며 억제하기 어려운 것인지도 불분명하다. 침울함을 느끼는 준(準)임상집단의 연구에서는 그러한 사고과정이 자동적이라는 것이 시사되었지만, 우울증 환자를 대상으로 한 연구가 필요하다. Haaga 등(1991)에 따르면, 부정적 인지가 심각할수록 비인지적 증상도 심각하며 이러한 정적 상관은 통계적인 인공적 결과에 의한 것이 아니다. 마지막으로, 이들은 우울증에는 인지적 편향, 즉 체계적이고 일관성 있게 부정적으로 판단을 내리는 경향성이 분명히 있다고 결론내리고 있다. 그러나 일관성 있게 세상을 비현실적으로 보는 인지적 왜곡이 있다는 증거는 그다지 많지 않다. 우울한 사람들이 인지적 왜곡을 가장 뚜렷하게 나타내는 경우는 매우 긍정적인 피드백임에도 이를 평가 절하하는 경우다.

우울증 상태에서 나타나는 여러 가지 인지적 변화는 임상환자를 대상으로 입증되었다. 이러한 인지적 변화는 (1) 부정적인 자동적 사고의 증가, (2) 성공에 대한 부정적 기대, (3) 자기관련 정보에 대해 부정적으로 편향된 회상, (4) 현저하게 높은 수준의 역기능적 태도, (5) 실패경험에 대한 내부적, 안정적, 전반적 귀인 경향이다(Shaw & Segal, 1988).

모델의 원인적 측면에 대한 지지

Beck은 그의 모델이 우울증의 원인에 관한 것이라고 주장하지는 않지만, 인지적 취약성을 우울증의 소인으로 생각한 점이나 성격양식이 특정한 유형의 스트레스 사건과 상호작용한다는 설명은 원인적 측면을 다루고 있는 셈이다. Haaga 등(1991)에 따르면, 역기능적 신념으로 정의되고 측정된 인지적 취약성은 우울증이 회복되면 정상적인 수준으로 되돌아가는 신념들이었다고 한다. 따라서 역기능적 신념은 상태의존적인 특성이라고 결론내리고 있다. 그러나 인지적 취약성의 가설을 폐기하기에는 아직 이르다고 주장하고 있다.

이와 마찬가지로, 성격양식과 부정적인 생활사건의 상호 작용을 통해 우울증의 재발을 예측할 수 있다는 가설은 초기 연구에서 일관성 있게 지지되지 않았다. 사회적 의존성과 자율성이 생활사건과 상호작용한다는 가설은 방법론적인 문제 때문에 아직 직접적으로 검증되지 않고 있다. 그러나 간접적이긴 하지만 현존하는 연구들에서는, '성격유형'이 우울증을 유발하는 사건의 유형과 관련성을 지닌다는 가설에 대해서 혼합적인 결과가 나타나고 있다. Hammon과 동료들(1989)은 우울증에 있어서 생활사건과 성격유형이 연관성을 지닌다고 보고하였다. 과거의 연구보다 좀 더 세련된 방식으로 이루어진 연구(Hammen, Ellicott, & Gitlin, 1989)를 통해서, 그들은 사회적 의존성-자율성 척도 (Sociotropy-Autonomy Scale; Beck, Epstein, & Harrison, 1983)에서 높은 자율성 점수를 얻은 사람들의 경우에만 이러한 연관성이 나타난다는 것을 발견하였다. Segal, Shaw 및 Vella(1989)는 우울증이 재발한 피험자에 있어서 사회적 의존성이 높은 경우에만 이와 관련된 생활사건이 영향을 미친다는 것을 발견하였다. 이러한 연구들은 생활사건의 유형과 우울증의 유형 간에 관련성이 있다는 것을 검증했다는 점에서 의미를 지닌다. 좀 더 일반적으로 말하면, 이러한 연구들은 성격차원이라고 넓게 정의된 인지적 취약성이 우울증을 유발하는 생활 스트레스와 연관성을 지닌다는 점을 다루기 시작한 연구들이다.

마지막으로, Haaga 등(1991)은 우울증의 발생에 관한 Beck의 가설을 검증하기 위해서 그가 제시한 모든 요인들을 종단적 연구방법으로 통합하여 검증한 연구는 아직 존재하지 않는다고 결론내리고 있다. 이러한 연구를 위해서는 우울증 경험이 없는 피험자를 대상으로 하여 그들의 성격양식, 즉 역기능적 신념과 더불어 스트레스 사건을 측정하고 추적단계에서 그들의 우울증 상태를 확인해야 한다. 현시점에서, 우울증에 대한 Beck 모델은 원인적 측면보다 기술적 측면을 지지하는 연구결과가 더 많은 상태다.

인지의 일차성에 대한 지지

Beck이 정신병리에 있어서 인지의 역할을 강조한 것은 이론적 설명을 위한 것이지 인과적이고 시간적인 우선성을 의미하는 것이 아니라는 주장(Alford & Carr, 1992)이 최근에 제기되었지만, 우울증에 있어서 인지의 매개적 역할은 여러 연구에서 지지되고 있다. Rush와 그의 동료들(Rush et al., 1981)의 연구에 따르면, 인지치료를 받은 환자들은 신체생리적 증상의 호전이 일어나기 전에 자신과 미래에 대한 신념의 변화를 경험하는 반면, 약물치료를 받은 환자들은 그러하지 않았다. 후속연구(Rush et al., 1982)에서도 약물치료를 받는 경우보다 인지치료를 받는 과정에서 절망감 척도의 점수가 더 현저하게 감소한다는 것이 발견되었다. Rush, Weissenberger와 Eaves(1986)는 정서가 변화하기 전에 인지가 먼저 변화한다는 것을 발견하였다. Teasdale과 Fennel(1982)은 활성화된 부정적인 사고의 감소가 우울한 사람의 경우에 부정적 정서를 가장 현저하게 감소시킨다는 것을 발견하였다. Blackburn과 Bishop(1983)은 인지치료를 받고 나면, 약물치료를 함께 받았든 그렇지 않든, 약물치료만 받은 경우보다 인지적 내용과 과정에서 더 현저한 변화가 나타난다는 것을 발견했다. 그러나 이러한 연구결과와 달리, Simons, Garfield와 Murphy(1984)의 연구에서는 인지치료를 받은 피험자들이 자동적 사고나 기저 신념의 변화에 있어서 약물치료를 받은 피험자들과 별다른 차이를 나타내지 않았다.

심리치료에 관한 연구와 설명에 대한 공헌

Beck의 업적은 임상적 관찰과 가설 검증의 반복적 과정을 통해 이루어졌다. 그는 이론을 바로 임상 장면에 적용하였으며, 임상적 관찰의 결과를 반영하여 이론을 정교하게 발전시켰다.

Beck이 새로운 심리치료를 창안하고 발전시키기 위해서 연구에 근거한 점은 많은 치료자에게 영향을 미친 공헌 중의 하나다. Michael Mahoney 박사에 따르면, "Beck은 처음에는 개인적으로 그리고 나중에는 그의 공동연구자와 제자들과 함께 인지적 과정을 다루는 심리치료 연구를 하면서 연구의 중요성과 존중심을 한 단계 높였다. 그 이전에는 연구에 대한 이러한 존중심이 없었다."고 한다. 이와 같은 맥락에서 Albert Ellis 박사도 Beck의 철저한 연구를 인지적 심리치료 분야에 대한 주요한 공헌이라고 언급한 바 있다. Donald Meichenbaum 박사는 Beck이 환자집단을 연구에 사용함으로써 우울증의 인지적 이론뿐만 아니라 심리치료 연구 전반에 대한 신뢰와 정당성을 확보하는 데에 기여했다고 평가하고 있다. 루이스빌 대학에서 입원환자를 대상으로 한 인지치료 프로그램을 처음으로 개발한 Jesse Wright 박사는 인지치료의 학문적 엄밀성이 심리치료에 대한 중요한 공헌이라고 믿고 있다. 그는 "적어도 나의 관점에서 볼 때, 인지치료는 생리학, 생화학, 약물학과 같은 엄밀한 과학적 배경을 지니고 있으며 그러한 학문분야와 밀접한 관계를 지니고 있는 정신의학에서 무언가 새로운 것을 찾고 있던 사람들에게는 혁명적인 것이었다."고 말하고 있다.

Beck은 우울증에 대한 치료지침서를 통해서 실제로 심리치료에서 시행되는 것을 제시함으로써 치료를 구체적으로 설명하는 모범을 보였으며, 그 이후로 다른 연구자들과 임상가들이 이를 따르려 하고 있다. 우울증에 대한 Beck의 치료지침서가 자신이 시행하는 심리치료의 핵심을 반영하지 못한다고 주장하는 사람들도 있지만, 많은 치료자들에게 있어서 이러한 지침서는 교육, 검증 그리고 활용의 측면에서 유용한 것이다.

평가척도

이론을 발전시키는 과정에서, Beck은 우울증과 그 밖의 다른 장애를 평가하고 치료하기 위해서 수많은 개념들을 구체적으로 정의하였다. Beck 우울척도(BDI)(Beck et al., 1961; Beck & Steer, 1987)는 신체생리적 증상뿐만 아니라 그와 함께 나타나는 비관주의, 실패감, 죄책감과 같은 우울증의 심리적 증상 항목을 포함하고 있다. BDI에 관한 연구에 따르면, 자살 소망은 신체생리적 증상보다 오히려 부정적인 태도와 더 밀접하게 연관되어 있다(Beck, Lester, & Albert, 1973). 이러한 연구결과는 심리치료가 약물치료보다 자살 위험을 줄이는 데에 더 효과적일 수 있다는 점을 시사했다. BDI는 수많은 연구에서 사용되었으며 그 타당도와 신뢰도가 잘 입증되어 있다(Beck & Steer, 1987).

일반적인 병원상황에서 다양한 이질적 집단을 대상으로 시행된 연구들에 따르면, BDI는 자살 의도와 상관관계를 지니는 것으로 밝혀졌다. 자살사고를 지닌 우울증 입원환자나 외래환자와 같은 좀 더 동질적인 집단을 대상으로 시행된 연구에서, Beck 절망감 척도(Beck Hopelessness Scale: BHS) (Beck et al., 1974)와 Beck 자기개념검사(Beck Self-Concept Test: BST; Beck et al., 1990b)는 자살 의도와 더 높은 상관관계를 보였다. 자살 연구를 위해서 개발된 척도 중에는, 최근의 자살시도에서 정말 죽으려고 한 의도의 심각도를 측정하는 자살의도척도(Suicide Intent Scale: SIS; Beck, Schuyle & Herman, 1974)와 현재 자살에 관해 생각하고 있는 정도를 평가하는 자살사고척도(Scale for Suicide Ideation: SSI; Beck, Kovacs & Weissman, 1979)가 있다. Beck의 자기개념검사(Beck et al., 1990b) 역시 자살의도와 관련되어 있는 것으로 밝혀졌다(Beck & Stewart, 1989).

BDI와 Beck 자기개념검사 외에도, 역기능적 태도척도 (Dysfunctional Attitude Scale: DAS; Weissman, 1979; Weissman & Beck, 1978)와 사회적 의존성-자율성 척도 (Sociotropy-Autonomy Scale; Beck, Epstein, & Harrison, 1983)가 우울증의 연구에 사용되고 있다. 역기능적 태도척도는 우울증에 대한 인지적 취약성을 평가하는 도구로서 많은 연구에서 사용되었다(Segal, 1988; Shaw & Segal, 1988). 그러나 인지도식의 잠복성이라는 개념과 역기능적 신념의 안정성이나 변화라는 의미를 구체적으로 정의하기 어렵기 때문에, 이 척도의 유용성에 대해서는 분명한 합의가 이루어지지 않고 있다. 성격 차원을 측정하기 위해서 고안된 사회적 의존성-자율성 척도는 특히 증상의 발달에 있어서 스트레스 생활사건과 성격 차원이 어떤 관계를 지니는지 연구하기 위한 것이다.

불안의 이론에 대한 공헌

Beck의 인지이론은 우울증의 영역에서 유명세를 얻게 되었다. 그러나 인지적 모델은 지속적으로 다른 장애의 영역에도 적용되었다. Beck은 정신병리가 잘못된 정보처리에 기인한다는 그의 생각을 적용하여 불안장애에 대한 인지 모델을 개발하였다. 우울증에서 현저하게 나타나는 인지적 주제는 결핍, 패배, 상실인 반면, 불안장애에서 만연하는 주제는 위협이다. 불안장애는, 정상적인 불안반응과 동일한 연속선상에서 나타나는 것이지만, 지각된 위험에 대한 과장된 반응이다. 진화론적 관점을 취하고 있는 Beck은 불안장애가 동물행동에서 나타나는 투쟁, 도피 또는 동결 반응에 기인하는 것으로서 수천 년의 세월이 흐르면서 주된 위험의 속성이 신체적인 것에서 심리사회적인 것으로 변화됨에 따라 나타난 부적응적 현상이라고 제안하였다. 불안장애는 위협에 대한 극단적인 반응이라고 간주되었다(Beck, Emery, & Greenberg, 1985). 불안상태에서의 중심적 인지는 위험에 대한 비현실적 지각, 통제 상실에 대한 파국적 해석, 인간관계가 부정적으로 변화될 것이라는 지각으로 구성된다(D. M. Clark & Beck, 1988). 우울증의 경우처럼, 불안장애에도 취약성 요인으로 작용하는 역기능적 신념이나 인지도식이 존재한다. 아울러 그러한 기저의 신념은 인지적 왜곡을 통해서 지지받게 되는데, 이러한 인지적 왜곡은 두려워하는 사건의 발생가능성에 대한 과대평가, 두려운 사건의 심각성에 대한 과대평가, 그러한 사건에 대처하는 자기 능력의 과소평가 그리고 도움을 받을 수 있는 사람과 환경적 요인에 대한 과소평가로 이루어진다(Beck, 1976). Beck은 인지적 왜곡이 어떻게 불안반응에 기여하는지를 설명하기 위해서 Richard Lazarus(1966)의 스트레스 모델을 받아들이고 있는데, 상황에 대한 평가와 재평가가 이루어지는 시점에서 왜곡된 또는 편향된 사고를 통해서 위험정도나 대처능력을 잘못 해석하게 된다는 것이다.

Beck의 불안 모델은 생리적 반응을 포함한 사건들에 대해서 개인이 지니는 신념과 해석이 중요하다고 강조한 점에서 이론적인 공헌을 했다. 즉, 불안을 증가시키고 공황발작을 촉발시키는 요인은 환자가 자신의 신체반응을 임박한 위험의 징후라고 파국적인 오해석을 하는 것이다(Beck, Emery, & Greenberg, 1985; Clark, 1986, 1988). 반복적인 공황발작에 대한 인지적 이론에 따르면, 다음과 같은 연쇄적 과정이 일어난다: (경미한 불안, 신체운동, 흥분상태, 카페인과 같은) 다양한 요인들이 경미한 신체감각을 유발하는데, 이러한 감각은 파국적인 방식으로 해석된다. 따라서 불안이 현저하게 증가되고 이는 다시 신체감각을 증가시키는 악순환을 초래함으로써 공황발작에 이르게 된다. 신체감각이 임박한 위험의 징후로 해석되기 때문에, 스트레스로 인한 과잉호흡도 이러한 악순환을 초래할 수 있다(Salkovskis & Clark, 1991).

불안상태에서의 사고내용

Beck에 따르면, 사람들은 불안상태에서 특정한 사고내용을 지니며(Beck, Laude, & Bohnert, 1974) 흔히 자신의 증상에 대해서 매우 특수한 해석을 한다. 예를 들어, 공황장애의 경우 빠른 심장박동을 심장마비의 초기증세로, 비현실감은 정신이상의 전조증상으로, 호흡곤란은 피할 수 없는 질식의 징조로 해석할 수 있다. 다른 불안장애의 경우에도 그마다 특징적인 사고내용을 지닌다. 예컨대, 사회공포증은 다른 사람으로부터 부정적인 평가를 받는 것에 대한 두려움과 관련되며(Clark & Beck, 1988), 단순공포증은 특정한 대상이나 상황에 대한 위험을 과장되게 지각하는 것과 관련된다.

불안의 진화론적 의미

불안장애와 공포증을 설명하는 Beck의 이론은 많은 부분 진화론에 의거하고 있다. 그는 진화론적 모델을 적용하여 불안반응에서 나타나는 생리적 각성의 적응적 중요성을 설명하고 있다. 즉, 이러한 생리적 각성은 동물로 하여금 투쟁 또는 도피를 위한 준비를 하게 한다. 영장류로서의 생리적 반응체계를 지니지만 심리사회적 단서에 민감한 인간의 경우에는, 신체적 위험이든 사회적 위협이든 그러한 의미를 지닌 환경적 위협에 예민한 반응을 하게 된다. 인지는 이러한 불안반응 과정에서 다양한 역할을 하게 되는데, 왜냐하면 위협 단서를 지각하고, 그것을 위험의 징후로 해석하며, 위협에 대처할 수 있는 자원을 평가하고, 관련된 위험부담을 평가하기 때문이다. 불안에 대한 Beck의 모델은, 특히 공황과 관련된 불안의 경우, 신체적 반응에 대한 해석이 어떻게 불안을 증가시키는지에 초점을 맞추고 있는데 개인은 자신의 신체적 반응을 내면적 재앙의 징후로 해석하게 된다.

Richard Lazarus의 영향

Beck은 자신의 이론을 구성하는 데에 있어서 Richard Lazarus(1966)의 영향을 받았다고 인정하고 있다. Lazarus는 인간행동에 있어서 인지의 역할을 강조했을 뿐만 아니라 '일차적 평가'와 '이차적 평가'라는 개념을 제시하였다. 스트레스 상황에서 개인이 나타내는 반응을 설명하면서, Lazarus는 개인이 처음에는 직면한 위협의 정도에 대해서 '일차적 평가'를 하며 이어서 스트레스 제공자에 대응하기 위해 자신이 사용할 수 있는 자원에 대한 '이차적 평가'를 한다고 주장하고 있다. 그리고 개인은 이러한 자원을 고려하여 스트레스 제공자에 대해서 재평가를 하게 된다. Beck은 "평가에 대한 Lazarus의 생각은 나에게 많은 영향을 미쳤다. 그러한 생각은 내가 생각하던 것과 일치하는 것이었다."라고 말하고 있다. Beck은 불안장애에 관한 그의 이론에서 일차적 평가와 이차적 평가라는 개념을 적용하여 개인이 상황의 위험성 정도와 위험에 대처할 수 있는 자신의 능력을 어떻게 평가하는지를 설명하고 있는데, 불안한 사람이 어떻게 위협을 과도평가하고 대처자원을 과소평가하는지를 모두 제시하고 있다(Beck, 1976; Beck, Emery, & Greenberg, 1985).

불안장애에 대한 인지치료의 효과

인지치료에 의한 범불안장애의 치료효과(Butler et al., 1991)와 특히 공황장애의 치료효과는 연구를 통해 잘 입증되어 있다. 공황장애의 인지 모델에 근거한 치료(Beck, 1987b, 1988a; D. M. Clark, 1986)에서는 12~16주의 치료를 통해 공황발작이 거의 사라졌다(Sokol, Beck, & Clark, 1989; Sokol et al., 1989). 노출치료를 하지 않고 순전히 인지적 치료만을 시행한 이후의 연구에서도 공황발작이 현저하게 감소하였다(Salkovskis, Clark, & Hackman, 1990). 우울중에 비해서 불안장애에 대한 인지치료의 효과를 다룬 연구는 상대적으로 적은 편이지만, 초기의 연구들에서는 긍정적인 결과가 나타났다.

불안장애에 대한 인지이론의 검증

불안장애에 대한 인지적 치료의 바탕이 되는 이론에 대해서도 현재 검증이 이루어지고 있다. Clark과 Beck(1988: 145)은 인지적 모델을 검증하기 위해서 4개의 가설을 명료하게 제시한 바 있는데, 그 가설들은 다음과 같다: (1) 불안한 사람들은 위험 지각과 관련된 생각들을 특징적으로 많이 지닌다. (2) 개인이 위험에 관한 생각을 자주 하고 신뢰할수록 불안이 높아질 것이다. (3) 위험에 관한 생각이 일시적으로 상승하게 되면, 불안 프로그램이 촉발되거나 지속적으로 활성화될 것이다. (4) 위험에 관한 생각의 빈도나 믿음의 정도를 감소시키면 환자의 불안 수준도 저하될 것이다.

Clark과 Beck(1988)의 문헌연구에 따르면, 불안한 환자가 지니는 사고의 특성을 조사한 6개의 연구가 있는데, 이들 모두에서 위험과 관련된 사고가 발견되었다. 두 번째 가설 역시 불안 수준이 불안한 생각에 대한 믿음의 정도와 상관관계를 지닌다고 밝혀짐으로써 지지되었다. Clark과 Beck이 제시한 세 번째 가설을 지지하는 증거가 상당수 있다. Beck, Laude와 Bohnert(1974), Last와 Blanchard

(1982)는 공포증을 비롯한 다른 불안장애 환자들이 극도의 불안을 경험하기 전에 위험에 관한 생각을 보고한다고 밝혔는데, 이러한 결과는 그러한 생각이 불안 고조에 기여한다는 것을 시사한다. 마지막으로 Clark과 Beck에 따르면, 우울한 환자의 경우에는 부정적인 생각의 빈도와 믿음의 정도를 실험적으로 조작한 연구가 시행된 반면, 불안장애의 경우에는 이와 유사한 실험이 수행되지 않았다고 한다.

Clark과 Beck의 문헌연구 이후로, 공황장애의 연구를 통해서 인지가 불안장애에 있어서 중요한 역할을 한다는 지지 근거가 많이 축적되었다. 광장공포증을 지닌 공황장애 환자를 대상으로 한 연구에서는 모든 피험자들이 신체적 질병, 죽음, 정신병, 자기통제의 상실, 사회적 망신과 관련된 재난적 인지를 지닌다는 것이 확인되었다(Robinson & Birchwood, 1991). 특정한 인지(예: "나에게 심장마비가 나타나고 있다")와 신체적 증상(가슴의 답답함) 간의 밀접한 관계가 발견되었는데, 이는 공황발작이 신체적 증상에 대한 재난적 오해석에 기인한다는 인지적 모델과 일치하는 것이다.

Ehlers와 그녀의 동료들(1988)은 심장박동률에 대한 잘못된 피드백을 주어 공황발작을 유도했는데, 이는 인지가 매개적인 역할을 하여 불안을 감소시킬 수 있다는 것을 시사하는 증거라고 할 수 있다. 추후의 연구(Ehlers, 1991)에서 공황장애 환자들은 불안과 관련된 신체감각에 대해서 현저한 공포를 나타낸 반면, 드물게 공황을 경험하거나 다른 불안장애를 지닌 환자들의 경우에는 이러한 공포가 경미했다. 불안장애 환자들은 일반인의 통제집단에 비해서 증상에 대한 민감성이 높고 대처능력이 낮다고 보고하는 특징이 있었다.

커플 치료에 대한 이론적 공헌

Beck은 커플을 위한 자가치료서로 저술한 『사랑만으로는 살 수 없다(*Love Is Never Enough*)』(1988b)에서 어려움을 겪는 관계에도 인지가 중요한 역할을 한다고 설명하고 있다. 이를 통해서 관계의 문제가 의사소통을 비롯한 잘못된 행동적 패턴뿐만 아니라 역기능적 신념에 의해서 유발될 수 있다는 여러 증거들을 뒷받침하고 있다. 관계문제를 지닌 사람들은 일반적인 인간관계와 더불어 특히 자신의 인간관계와 상대방에 대해서 비현실적이고 비합리적인 기대와 기준을 지닌다(Beck, 1988b). 상대방이 문제의 원인이라는 귀인, 즉 비난도 어려움을 겪는 연인들에게서 나타나는 공통적인 인지적 특성이다(Epstein & Baucom, 1989).

우울과 불안에 공통적으로 작용하는 인지적 기제가 관계문제에도 영향을 미친다. 구체적으로 설명하면, 인지도식은 생활사건에 의해 촉발되어 정보처리를 왜곡하며 정서적 고통을 유발한다. 상대방의 특성에 대한 과잉일반화, 임의적 추론, 독심술과 같은 인지적 왜곡은 커플에게서 흔히 나타나는 현상이다.

『사랑만으로는 살 수 없다』는 환자를 대상으로 한 실험적 연구보다 치료적 경험에 근거한 것인 반면, 다른 많은 인지행동적 연구자들은 갈등을 유발하는 인지적 요인과 그러한 갈등을 감소시키는 치료적 기법을 탐색하기 위해서 부부갈등에 초점을 맞추고 있다(이에 관한 개관은 Epstein과 Baucom, 1989를 참고하기 바란다.). Epstein과 Baucom(1989: 492)에 따르면, "인지행동적 접근은 배우자들이 자신의 부부관계에 관한 정보를 어떻게 잘못 처리하는지에 초점을 맞추고 있는데, 이들은 사건에 대해서 잘못된 결론을 내리거나 사건을 비합리적인 기준에 의해 평가할 수 있다."

Beck의 책은 임상가보다 일반대중을 위해서 저술된 것이다. 그러나 Frank Dattilio와 Christine Padesky 박사는 치료자를 위한 지침서로서 『커플을 위한 인지치료(*Cognitive Therapy with Couples*)』를 발간했다. Dattilio와 Padesky는 커플을 위한 인지치료에는 세 개의 주된 목표가 있다고 제시하고 있는데, 그 목표는 다음과 같다: (1) 관계에서 나타나는 비현실적인 기대의 수정, (2) 관계의 상호작용 과정에서 나타나는 잘못된 귀인의 수정, (3) 파괴적 상호작용을 감소시키기 위한 자기지시적인 기법의 사용.

지금까지, 인지적 기법과 행동적 기법의 치료효과를 비교한 연구들에서 이러한 기법들은 효과에 있어서 별다른 차이가 없는 것으로 밝혀졌다(Baucom, 1989; Baucom & Lester, 1986; Baucom, Sayers, & Sher, 1990; Emmelkamp et al., 1988; Huber & Milstein, 1985; Margolin & Weiss, 1978). 인지적 재구성법과 행동적 부부치료(Behavior Marital Therapy)는 단독적으로 시행되더라도 모두 성공적으로 인지적 변화를 촉진시켰다(Emmelkamp et al., 1988; Epstein, Pretzer, & Fleming, 1982). 또한 인지적 재구성법은 커플의 경우 행동을 변화시키는 데에 효과적이었다(Emmelkamp et al., 1988; Baucom, 1985).

성격장애 이론에 대한 공헌

진화적 방략

Beck은 『성격장애의 인지치료』(Beck, Freeman, & Associates, 1990)에서도 진화론과 정보처리 모델을 적용하여 그의 이론을 제시하였다. 성격장애에 대한 Beck의 모델에 따르면, 우리가 지니는 전형적인 성격패턴은 인류의 진화과정에서 생존과 번식을 성공적으로 이끄는 '방략'이라고 할 수 있다. 현시대에 나타나는 성격장애는 이러한 원초적 방략이 과장되어 표현된 것이라고 할 수 있다. 정보처리는 인지도식에 자리 잡고 있는 기저 신념의 영향을 받게 되며 개인이 상황을 어떻게 평가할 것인지를 결정한다. Beck 등(1990: 22)에 따르면, "이러한 평가로부터 정서적·동기적 각성상태를 거쳐 마침내는 선택, 즉 적절한 방략의 행동화로 이어지는 심리적 연쇄과정이 일어난다." 이러한 인지·정서적·동기적 과정에 강력한 영향을 미치는 핵심적인 구조(인지도식)가 성격의 기본 단위로 간주되고 있다.

인지도식 개념의 정교화

Beck은 성격장애에 대한 이론에서 인지도식의 개념을 좀 더 정교하게 발전시켰다. Bartlett(1932)와 Piaget(1926, 1936/1952) 같은 이론가들이 주장했듯이, 인지도식은 사건에 대한 의미를 부여하고 통합하는 구조다. Beck이 주장하는 인지도식의 개념은 Kelly(1955)의 개인적 구성개념과 비슷하다. Beck은 인지도식이 광범위성(좁고 구체적인가 아니면 광범위한가의 정도), 유연성이나 경직성(변화나 수정 가능성), 밀도(인지적 구조 속에서의 상대적인 특출함)와 같은 구조적 특성을 지니는 것으로 설명하고 있다. 또한 Beck은 인지도식의 활동성, 즉 활성화 수준에 대해서도 설명하고 있다. 인지도식은 잠복해 있는 상태에서는 정보처리에 관여하지 않지만, 일단 활성화되면 모든 인지적 과정에 영향을 미친다.

정신병리 상태에서는, 매우 개인적인 특이한 인지도식이 활성화되어 적응적이고 적절한 인지도식의 작동을 억제할 수 있다(Beck, 1964, 1967; Beck, Emery, & Greenberg, 1985). 성격장애의 경우, 이러한 특이한 심리도식은 우울증이나 불안장애의 경우보다 훨씬 더 지속적인 영향을 미치게 된다.

"성격장애를 지닌 사람은 다른 사람들보다 더 다양한 상황에서 동일한 반복적인 행동을 나타낸다. 성격장애자들이 지니는 전형적인 부적응적 인지도식은 다양한 대부분의 상황에서 촉발되고, 반복적인 속성을 지니며, 다른 사람들이 지닌 인지도식보다 조절하거나 수정하기가 어렵다…. 요컨대, 다른 사람들과 비교했을 때 이들이 지니는 역기능적 태도와 행동은 과잉일반화되어 있고, 경직되어 있으며, 거부하기 어렵고, 변화에 저항적이다."(Beck, Freeman, & Associates, 1990: 29)

인지적 프로파일

연속성 가설(continuity hypothesis)에 따르면, 성격장애자가 지니는 신념과 태도는 성격장애자가 아닌 사람의 신념이 과장된 것이다.

정상인의 경우와 마찬가지로, 이러한 신념과 태도는 외현적 행동과 밀접한 관계를 지닌다. 각 성격장애는 한 세트의 독특한 신념, 태도, 감정 및 방략으로 구성되며, 이러한 인지적 프로파일을 통해 성격장애의 진단이 이루어진다. 예컨대, 의존성 성격의 기본적 신념은 "나는 무력하다."이며 그

대응적 방략은 다른 사람에게 애착하는 것이다. 성격장애를 고착시키는 역기능적 신념은 개인의 유전적 소인과 더불어 타인이나 특수한 외상사건으로 인한 부정적인 경험의 상호 작용에 의해서 생겨난다.

진화론적 측면에서 보면, 행동적 방략은 생존과 번식에 도움이 되도록 설계되어 있다. 발달적 측면에서 보면, 이러한 방략은 개인의 성장과정에서 보상이나 공포, 즉 강화의 결과로 형성된 것이다.

성격장애의 인지치료에서는 개인별 사례개념화가 매우 중요하다. 치료자는 내담자의 자기관, 타인관, 기본적 신념, 외현적 방략이나 행동들 그리고 이러한 신념과 방략이 초래하는 결과와 효과를 잘 이해해야 한다(Beck, Freeman, & Associates, 1990).

우울증 및 불안장애의 인지치료와 다른 점

성격장애의 인지치료는 Beck이 처음에 제시한 심리치료 모델과 여러 가지 점에서 다르다. 첫째, 협동적 관계를 형성하기가 어렵다. 그래서 Beck 등(1990)은 협동적 관계형성을 방해할 수 있는 19가지 장애물을 열거하고 있다. 그러한 장애물은 인지도식이 치료관계에서 활성화되어 나타난 것으로서 각별한 주의를 기울여야 한다. 둘째, 성격장애의 경우, 특히 어린 시절에 외상경험이 있는 경우에는 인지도식의 기원을 좀 더 자세하게 탐색한다. 즉, 인지도식이 형성되고 지속되어 온 과정을 이해하기 위해서 어린 아동기의 경험에 좀 더 많은 주의를 기울여야 한다. 셋째, 성격장애 환자의 신념은 매우 경직되어 있기 때문에, 논리적 토론과 행동적 실험만으로는 변화시키기 어렵다. 성격장애의 인지치료에서는 인지도식을 촉발시켜 수정하기 위해서 역할 바꾸기를 비롯한 역할연습, 심상법, 아동기 경험 떠올리기와 같은 기법들을 더 많이 사용한다.

성격장애의 전통적 치료법과 다른 점

James Pretzer는 성격장애의 인지치료에 관해 해박한 지식을 지니고 있으며 많은 저술을 해 왔다(Pretzer, 1983, 1985, 1989, 1990; Pretzer & Fleming, 1989). 그는 인지치료를 정신역동치료와 다음과 같이 비교하고 있다. "내가 대상관계 이론가에 대해서 갖는 불만 중의 하나는, 그들이 지닌 통찰이 아무리 멋진 것이라 할지라도, 사용하는 용어가 너무 모호해서 그들이 말하는 것이 무엇이며 실제적 생활 속에서 그것에 관해 무엇을 할 수 있는지를 정확하게 이해하기 어렵는 것이다. 반면에 인지적 접근은 이해하기 쉬우며 다양한 장애의 치료에 적용하기 좋은 이론적 체계를 제공하고 있다. 인지적 관점을 지니면, 어떤 일이 일어나고 있는지를 상당히 정확하게 이해할 수 있을 뿐만 아니라 치료를 위해 무엇을 해야 하며 어떤 순서로 개입하는 것이 가장 효과적인지에 대해서 매우 분명한 시사점을 얻을 수 있다. 우리는 경계선 성격장애 환자를 치료하면서 그들과의 관계에서 다양하고 복잡한 문제를 여전히 겪게 되겠지만, 우리가 어디로 향하고 있으며 무엇을 성취하고자 하는지에 대한 분명한 생각을 지니고 있다면 그러한 바다에서 항해하기가 훨씬 쉬울 것이다."

『성격장애의 인지치료』(Beck, Freeman, & Associates, 1990)는 주로 이론적·임상적 자료에 근거하고 있는데, 그 이유는 성격장애에 대한 인지행동적 치료의 효과를 검증하는 잘 통제된 연구가 드물기 때문이다. 그러나 사례연구의 결과들은 유망한 것으로 나타나고 있다. 여러 인지치료자들에 따르면, 인지치료의 강점 중의 하나는 내담자의 문제를 내담자별로 개념화하여 이해할 수 있다는 것이다. 게다가, 치료를 할 때 통일성과 일관성을 지닌 정신병리이론에 근거하여 다양한 치료기법을 적용할 수 있는 치료적 융통성이 있다는 점이다.

이론적 방향

Beck은 자신의 이론을 발전시키면서 인지심리학, 사회심리학, 진화론적 생물학 분야의 저술로부터 많은 도움을 받았다(Beck, 1991b). 현재의 인지치료는 심리학과 생물학 두 분야의 관점에서 이론적 측면을 통합하고 있으며, Beck은 앞으로 인지치료의 이론적 발전을 위해서 이러한 분야에 더욱 의존해야 할 것으로 예측하고 있다. 예컨대, 미래에는 다학문적인 노력을 통해서 인지도식이 어떻게 형성되고, 인지적 변화가 어떻게 일어나며, 인지 · 정서 · 행동이 어떻게 상호적으로 변화를 촉진하는지를 연구해야 할 것이다.

Beck은 물리적 · 사회적 환경에 대한 적응이라는 관점에서 인간의 심리적 기능을 이해하기 위해서 관련된 학문분야뿐만 아니라 다양한 심리치료에 바탕을 두어 왔다. 성공적으로 적응하기 위해서, 인간은 환경적 정보를 지각하고 통합하여 대응해야 한다. Beck의 인지치료는 내담자로 하여금 자신의 지각내용을 검토하고, 자신이 지닌 신념과 가정을 검증하며, 심사숙고하고 적응적인 결론과 해결책에 도달하도록 돕는다. 이러한 치료과정은 협동적인 치료적 관계 속에서 내담자가 상당한 주도권을 지니고 자기자신, 세상, 타인과의 관계에 대한 자신의 생각을 검토하면서 진행된다. 이러한 실제적인 치료과정에 대한 Beck의 공헌은 다음 장에서 소개될 것이다.

3 실제적 공헌

개 관

Beck의 인지치료로 인하여 심리치료가 시행되는 방식이 여러 가지 점에서 변화되었다. 이러한 변화는 심리치료가 어떤 것이어야 하며 어떻게 진행되어야 하는지에 지속적인 영향을 미칠 것 같다. 인지적 치료로 인해서 이미 여러 심리치료법들이 현재의 경험과 의식적 내용을 중시하는 경향이 증가되고 있다.

Beck은 전통적인 정신분석에서 벗어나서 치료자의 역할, 치료적 관계의 속성, 치료가 수행되는 방식 그리고 치료의 목표를 변화시켰다. 행동치료자들과 마찬가지로, Beck은 구조화된 단기적 치료를 통해 도움을 줄 수 있다는 것을 입

증하였다. 그러나 사례를 이해하는 방식과 전반적인 치료목
표에 있어서 그는 행동치료자들과 다르다. Beck은 다음과
같이 말하고 있다.

나는 다양한 심리치료의 '공통적인 치료적 요인' 은, 그것
이 치료적 관계, 감정발산 또는 설명이나 해석을 통해 나타
난 것이든 간에, 기본적으로 인지적 변화에 의한 것이라고
믿는다. 우리는 치료적 동맹을 여러 치료법들이 공유하는
'공통적인 치료적 요인' 으로 여기고 있다. 그러나 우리는 신
념체계의 변화, 현실검증력의 강화 그리고 대처방략의 개선
에 초점을 맞춤으로써 좀 더 강력한 치료를 할 수 있다(Beck,
1991b: 12).

Beck은 우울증과 불안장애를 치유하는 현재-중심적이
고 문제-초점적이며 구조화된 단기치료를 창안했다. 성격
장애의 치료에서는 치료가 좀 더 장기화되고 아동기 경험을
좀 더 중요시하는 경향이 있는데, 왜냐하면 어린 시절에 형
성된 부적응적인 인지도식은 여러 심리적 영역에서 중요한
역할을 하기 때문이다.

Beck이 심리치료에 끼친 실제적 공헌, 즉 혁신적인 치료
적 접근과 기법을 (1) 심리치료과정의 혁신, (2) 치료적 절차
및 형식의 혁신으로 나누어 살펴보기로 한다.

심리치료과정의 혁신

인지치료는 적극적이고 구조화된 형태의 심리치료다. 각 사례에 대한 인지적 개념화를 통해 치료방략이 정해지며, 치료과정은 구체적인 치료원리에 따라 진행된다. 면담시간에 치료자는 내담자와의 치료적 관계를 증진시키는 동시에 치료회기 사이에 해야 할 과제뿐만 아니라 면담시간 중에 해결해야 할 구체적인 과제에 초점을 맞추게 된다. 인지적 사례개념화, 협동적 경험주의·소크라테스식 대화법·인도된 발견이라는 기본적인 치료지침들(Beck, 1976; Beck et al., 1979) 그리고 치료의 형식은 인지치료가 단기적 치료를 지향하는 것과 마찬가지로 심리치료과정에 대한 혁신이라고 할 수 있다.

사례개념화

사례개념화는 정서장애의 인지적 모델에 근거하여 이루어진다(Beck, 1976). 이것은 귀납적인 접근방법인데, 왜냐하면 치료자가 진단명이나 문제 유형에 근거하여 미리 내담자를 일반화하여 이해하기보다는 내담자의 고통을 유발하는 인지적 과정과 내용을 먼저 이해하기 때문이다. Beck에 따르면, "나는 각각의 문제에 초점을 맞춘 구체적인 개입을 하지 않는 대신, 사례개념화의 바탕 위에서 치료이론을 여러 가지 방법으로 사례에 적용한다. 예를 들어, 자기주장훈련을 하는 경우 단지 환자의 자기주장 부족을 개선하기 위해 그러한 기법을 적용하기보다는 그 환자로 하여금 평가받는 것에 대해서 심한 두려움을 지니게 만드는 좀 더 전반적인 문제의 이해 위에서 이를 적용한다. 인지치료자는 다양한 수준에서 도움이 되는 것이면 어떤 기법이든 사용한다."

인지적 모델에 따르면, 행동과 감정은 기저의 인지도식에 영향을 받으며, 어떤 외현적 행동이든 여러 인지도식에 기인한 것이라고 할 수 있다. 예를 들면, 신체적 증상에 집착하는 사람은 상해, 질병, 결함 등에 대한 취약성과 관련된 인지도식을 지닐 수 있다. 자신의 몸 어딘가에 종양이 있다고 믿는 한 남자는 가혹한 평가기준과 관련된 인지도식을 지니고 있었다. 그는 자신이 하는 일마다 비판적인 아버지에 의해 주입된 기준에 미치지 못했기 때문에 처벌받아 마땅하며 그 결과 종양이 생긴 것이라고 느꼈다. 따라서 치료자는 그러한 장애에 독특한 사고내용뿐만 아니라 그러한 내담자가 지니고 있는 독특한 신념을 이해해야 한다.

어떤 사람의 인지적 사고내용을 이해하는 것은 치료적 방식을 선택하는 데에 도움이 된다. 예를 들어, 이러한 이해를 통해서 치료자는 그 사람에게 선택권을 주어야 할지 여부를 결정할 수 있다. 선택권을 주는 것은 통제받는 것을 원하지 않는 내담자에게는 도움이 되겠지만, 보살핌이나 안내를 잘 받지 못하고 있다고 느끼는 사람에게는 치료자가 좀 더 지도적인 태도를 보이는 것이 유대감을 증진시킬 수 있다. 사례개념화는 인지치료에서 매우 중요하며 이에 관해서 Jacqueline Persons 박사는 『인지치료의 실제: 사례 개념화 접근법 (*Cognitive Therapy in Practice : A case Formulation Approach*)』(1989)을 저술한 바 있다.

치료자는 인지치료와 특정한 치료기법을 적용하는 이론적 근거로서 내담자에게 인지적 모델을 설명해 준다(Clark & Beck, 1988). 치료 절차와 방략은 이론적 모델의 근거 위에서 적용되며, 두 내담자에게 같은 방법을 적용하는 것은 그러한 방법이 내담자의 인지체계에 적절한지에 따라서 매우 다른 치료효과를 나타낼 수도 있다. 예를 들어, 역기능적 사고의 일일기록표([그림 2])를 사용하는 것은 감정을 촉발하는 사건을 잘 기억하지 못하는 사람이나 자신의 마음을 스쳐 지나가는 것에 대해 좀 더 구체적으로 알고자 하는 사람에게는 도움이 된다. 그러나 Persons(1990)는 대인관계 상황에 직접 참여하지 않으면서 그러한 상황에 관한 자동적 사고만을 기록했던 한 젊은 여성 내담자의 사례를 기술한 바 있다. 즉, 이 내담자는 이러한 기록을 일종의 회피 방법으로 사용했던 것이다.

Pretzer(1989, 1990)는 경계선 성격장애 환자에 대한 인지적 개념화의 예를 제시한 바 있다. 경계선 성격장애 환자의 사고내용은 이 장애를 지닌 사람들이 특징적으로 나타내는 심한 기분변화와 변덕스러운 행동을 기저 신념의 측면에서 이해하는 데 도움이 된다. 인지적 개념화에 따르면, 경계선 성격장애 환자는 지속적인 갈등을 유발하는 세 가지의 기본적 신념을 지니고 있다. (물론 각 환자들은 그들의 과거경험에 따라 다른 추가적 신념을 지니게 된다.) 그러한 신념들은 다음과 같다. (1) 세상은 위험하고 적대적이다. (2) 나는 무력하고 취약하다. (3) 나는 본질적으로 수용되기 어려운 사람이다. 또한 경계선 성격장애 환자의 인지는 이분법적이고 흑백논리적인 사고를 특징적으로 나타낸다. 이러한 신념과 인지적 왜곡이 결합됨으로써 사건에 대해 극단적인 해석을 하게 되고 그 결과 심한 정서적 불안정성을 나타내게 된다. 예를 들어, 만약 어떤 사람이 무력하고 취약하다면, 그는 누군가에게 의존하려고 할 것이다. 그러나 자신이 본질적으로 수용되기 어려운 존재라는 신념 때문에 타인에게 의존하기가 두려워진다. 왜냐하면 의존했다가 수용받지 못하게 될 경우, 거부당하거나 버림받거나 공격을 받을 수 있기 때문이다. 게다가, 그는 다른 사람들이 전혀 신뢰할 수 없는 사람으로 돌변하는 경험을 하게 된다. 이러한 점으로 인해서 불안정한 대인관계가 나타나게 된다.

상황	감정	자동적 사고	합리적 반응	결과
1. 불쾌한 감정을 유발한 실제 사건을 기술하거나 기록하시오. 2. 불쾌한 감정을 유발한 생각의 흐름, 상상, 기억을 기술하시오.	1. 슬픔, 불안, 분노 등의 감정을 구체적으로 기술하시오. 2. 감정의 강도를 1~100% 로 평정하시오.	1. 감정에 선행했던 자동적 사고를 기술하시오. 2. 사고의 확신 정도를 0~100%로 평정하시오.	1. 자동적 사고에 대한 합리적 반응을 기록하시오. 2. 합리적 반응의 확신 정도를 0~100%로 평정하시오.	1. 자동적 사고의 확신 정도를 0~100%로 재 평정하시오. 2. 결과적 감정을 구체적으로 기술하고 0~100% 로 평정하시오.
일시				

설명: 당신이 불쾌한 감정을 경험했을 때 그 감정을 유발한 상황을 기록하시오. (만약 당신이 어떤 생각이나 상상이나 상상을 하고 있을 때 그러한 불쾌감정이 경험되었다면 그 내용을 기록하시오.) 그리고 나서 그 감정과 연관된 자동적 사고를 기록하시오. 그 사고 내용을 확신하는 정도에 따라 0~100의 숫자(0 = '전혀 확신 안 됨' , 100 = '절대 확신한다')로 평정하시오. 감정의 강도 역시 1~100의 숫자(1 = 매우 미약함, 100 = 매우 강함)로 평정하시오.

[그림 2] 역기능적 사고의 일일기록표(Beck et al., 1979)

협동적 경험주의

협동적 경험주의(collaborative empiricism)는 환자를 한 명의 과학자로 간주한다는 것을 의미한다(참고: Kelly, 1955). 즉, 문제를 이해하기 위해서 관련된 인지를 찾아내고 그러한 인지의 타당성을 검토하고 검증하는 작업을 치료자와 함께 할 수 있는 과학자를 말한다. 인지치료에서, 치료자와 내담자는 모두 능동적인 태도를 취한다. 치료자는 내담자가 먼저 말하기를 기다리지 않으며, 양자는 모두 상담의 의제를 제기할 수 있다. 해석을 하기보다는 질문이 주요한 치료적 도구가 된다. 환자 역시 마찬가지로 능동적이어야 하며, 치료가 진행됨에 따라 환자는 행동 실험과 문제해결과 같은 일에서 좀 더 주도적인 역할을 맡게 된다.

Bernard Shulman은 인지치료자의 자세를 정신분석가의 자세와 비교하면서 다음과 같이 설명하고 있다.

일반적으로, 고전적 정신분석적 치료에서 치료자는 상대적으로 수동적인 태도를 취하면서 환자가 무의식적 소망과 그에 대한 방어를 나타내는 행동을 하도록 기다린 다음에야 그러한 것들을 해석한다. 그러나 인지치료자는 이런 식으로 치료하지 않는다. Adler와 그의 추종자들, Perls와 게슈탈트 치료자, Albert Ellis, Aaron Beck 그리고 Viktor Frankl 은 결코 이런 식으로 치료하지 않았다. 그들은 능동적인 치

료자였으며, 내담자의 사고체계나 지각내용을 열심히 변화
시키려 했다(Shulman, 1988: 98).

Jeffrey Young은 인지치료자의 능동적 자세를 인지치료
의 특징적인 속성으로 여기고 있다. "치료자는 매우 능동적
인 자세로 치료방략을 계획하고 기법을 적용한다. 치료자의
능동적 자세, 즉 치료자의 전략적 태도는 전통적인 심리치
료와 매우 다른 점이다. 사실 내가 다른 치료적 입장을 지닌
사람들에게 이러한 치료방법을 가르치는 경우, 그들이 가장
숙달하기 어려워하는 것은 계속 어떤 가설을 만들고, 이를
수정하고, 계획하고, 시행에 옮기기 위해서 치료자가 매우
많은 부담을 지닌다는 점이다."

협동(collaboration)   내담자를 공동연구자로 간주하는 것
으로서 Beck의 현상학적 접근을 반영하고 있다. 내담자가
문제에 대해서 인식하고 있는 것은 숨겨진 추동이나 무의식
적 동기를 위장하는 연막이 아니라 진정한 것으로 여겨진
다. 문제를 이해하고 검토하는 일은 치료자의 이론이나 섣
부른 판단보다 내담자의 경험에 근거하여 이루어진다. 이러
한 접근방법은 안내와 훈련을 통해서 내담자가 인지를 자각
할 수 있기 때문에 많은 정보를 제공한다. 치료 모델 자체도
분명하고 이해하기 쉽기 때문에 이를 내담자에게 설명해 주

고, 내담자를 능동적인 주체로 참여시키는데, 그 결과로서 내담자는 치료과정에 대한 통제감을 갖게 된다. 내담자는 치료 모델과 필요한 기술을 배우기 때문에, 자신을 스스로 치료할 수 있다는 자신감을 발달시키게 된다. 그러한 자신감은 재발을 방지하게 된다. 인지치료의 협동적 속성은 또한 치료과정을 탈신비화하는 것인데, 왜냐하면 내담자가 스스로 목표를 설정하고, 추상적인 개념을 치료회기 사이의 과제를 통해서 구체적으로 이해하게 되며, 치료의 난관과 진전에 대한 의견을 치료자와 함께 주고받기 때문이다. "Beck은 정신분석치료와 달리 신비스럽지 않은 치료 방식을 도입하였다. 그는 내담자와 다른 치료자들이 이해하기 쉬운 언어를 사용하고 있으며, 과학자들이 사용하는 것이지만 모든 사람이 조금만 훈련을 받으면 사용할 수 있는 상식적이고 실용적인 방법을 제시하였다."고 Michael Mahoney는 평하고 있다.

또한 David M. Clark은 다음과 같이 언급하고 있다. "치료에서 다루어야 할 자료는 언제나 개인이 지닌 생각이라는 입장이며, 일단 이러한 입장에 서게 되면 매우 잘못된 치료를 하거나 부적절한 치료적 행동을 하기는 어렵다. 아주 숙달된 치료자에 의해 시행되는 다른 치료법, 특히 정신역동적 치료의 경우에도, 치료자들은 매우 효과적인 치료를 할 수 있다. 그러나 그들은 자신이 잘못 치료하고 있을 때 환자로부터 피드백을 쉽게 얻을 수 없기 때문에 내담자를 잘못 인도할 수도 있다. 또한 치료자는 환자의 부정적인 태도를 다양한 방식으로 해석할 수 있기 때문에, 자신이 효과적인 치료를 하고 있지 못하면서도 유익한 치료를 하고 있다는 잘못된 생각을 계속 견지할 수 있다. 반면에, 인지치료자의 경우에는 그러한 일이 생길 수 없다. 나는 이 점이 매우 중요하다고 생각한다. 인지치료를 통해서 내담자에게 해를 끼치는 일을 하기는 어렵다."

신념의 실증적 검증　　내담자가 지니는 신념을 실증적으로 검증한다는 생각은 인지적 치료를 포함한 심리치료에 있어서 혁신적인 것이다. Hollon과 Najavits(1988)에 따르면, 인지치료에서는 실증적인 가설검증이 치료적 변화를 위한 기본적인 도구인 반면, 합리적 정서치료(A. Ellis, 1973, 1980)와 이로부터 파생된 치료(체계적인 합리적 재구성: Goldfried, DeCanteceo, & Weinberg, 1974)에서는 내담자의 합리성에 의존하고 있다. Meichenbaum의 자기지시훈련(Meichenbaum, 1974, 1975a, 1977)은 반복적 훈련을 통해서 인지적 변화를 유도한다. 환자는 치료자가 적응적이라고 생각하는 인지를 처음에는 큰 소리로, 다음에는 마음속으로 반복한다. Meichenbaum이 제시한 다른 인지적 치료인 스트레스 면역훈련(Meichenbaum, 1975b, 1985)에서는 기술훈련 적용단계에서 신념을 변화시키기 위해 합리성과 반복적 훈련을 조합하여 사용하며 나중에 이를 실제적으로 적용하는 연습을 한다.

협동적 관계 속에서 의식적인 자료를 다루는 것은 Beck이 처음 생각한 것은 아니지만, 그에 의해서 처음으로 실험적 방법이 치료에 도입되었다. Mahoney에 따르면, "Beck은 내담자에게 '자, 우리 함께 그러한 생각을 검증해 봅시다. 만약 …하다면, 어떤 일이 일어나는지 살펴봅시다.' 라고 말하곤 한다. 행동치료자들도 실험적 방법을 어느 정도 사용하고 있지만, 이 경우에는 탐색을 하기 위한 것이기보다는 훨씬 더 일방적인 처방의 일환으로 사용한다. 행동치료자들은 이미 개발되어 있는 치료기법들을 지니고 있으며 이러한 기법을 적절한 사람에게 적절한 방식으로 적용할 뿐이다. Beck은 훨씬 더 유연한 치료방법을 사용한다. 물론 그의 치료방법도 적용하는 방식과 몇 가지 전제조건이 있지만, 그는 과거에는 시도된 적이 없는 새로운 방식으로 내담자를 협력자이자 능동적인 주체로서 치료과정에 끌어들인다."

협동적 경험주의는 『우울증의 인지치료』(Beck et al., 1979: 79)에 잘 예시되어 있다. 이 책에서 제시된 사례에서, 한 환자는 다른 사람들이 자신을 좋아하는지 아니면 싫어하는지에 관해 지속적으로 생각하는 자동적 사고를 보고하였다. 치료자는 내담자의 보고에 근거하여 기본적 신념뿐만

아니라 논리적 모순을 확인할 수 있는 가설들을 만들어 낸
다. 그런 다음에 치료자는 환자에게 이러한 가설들을 다음
과 같이 확인한다. "당신은 만나는 사람들이 당신에 대해 어
떻게 느끼는지를 추측하면서 많은 시간을 보내고 있군요.
생활 속에서 일어나는 사건에 대해서 당신은 자신이 호감을
얻을 수 있는 사람인지의 여부에 관심이 집중되어 있는 것
같네요. 상점 판매원의 행동처럼 별로 중요하지 않은 무관
한 사건의 경우에도 당신은 자신이 사랑을 받을 수 있는 사
람인지를 보여 주는 것으로 해석하고 있군요. 맞습니까?"

치료자는 여러 가지 목적을 지니고 이러한 말을 한다. 그
러한 목적의 하나는 치료자가 제시하는 가설을 환자로 하여
금 생각해 보게 하는 것이다. 환자는 그러한 가설에 동의하
지 않는 경우도 있으며 때로는 치료자와 함께 새로운 가설
을 만들어 내기도 한다. 이런 일을 통해서 협동적 관계가 형
성된다. 또한 치료자는 내담자가 지각하고 해석한 내용을
일종의 가설로 제시하기 때문에, 환자는 자신의 생각이 현
실에 대한 개인적인 견해일 뿐 반드시 유일한 진실이 아닐
수 있다는 생각을 하게 된다. 그러나 치료자는 환자가 지니
는 생각의 타당성을 직접적으로 논박하지는 않는다.

이러한 협동적 태도를 통해서 환자의 해석 내용은 검증될
수 있는 여러 가지 가설의 형태로 만들어진다. 예를 들어, 가
설 1은 "다른 사람과 만났을 때 당신은 자동적으로 '그가 나

를 좋아한다, 그는 나를 싫어한다.'고 생각한다."는 것일 수 있다. 이러한 가설을 검증하기 위해서, 환자는 다른 사람들이 자신을 좋아하는지 아니면 싫어하는지를 얼마나 자주 궁금해하는지를 스스로 관찰해 보면 될 것이다. 가설 2는 "당신은 지금 우울한 상태이기 때문에, 당신의 예상이나 해석은 대부분 부정적일 것이다."일 수 있다. 이 가설에 대한 검증은 긍정적 해석과 부정적 해석을 헤아려 보는 것일 것이다. 가설 3은 "다른 사람들이 당신에게 어떤 편향된 반응을 할 이유가 없을 때에도, 당신은 당신에 대한 그들의 반응에서 부정적인 의미를 읽어 내는 경향이 있다."일 수 있다. 이 가설에 대한 검증은 다른 사람을 만날 때마다 "(1) 내가 이 사람과의 만남에서 상처를 입거나 거부당했다고 느끼는가? (2) 다른 사람이 나를 유심히 주목했다는 증거가 있는가? (3) 만약 그 사람이 나를 주목했다면, 그가 중립적이지 않은 어떤 반응을 했다는 증거가 있는가?"라고 자문해 보는 일일 것이다(Beck et al., 1979: 80). 이러한 가설들은 사실이 아니라 추측으로 다루어진다. 만약 이러한 가설들이 입증된다면, 이를 기초로 하여 환자의 기저 가정을 탐색하게 된다.

소크라테스식 대화

소크라테스식 대화(Socratic dialogue)는 인지치료자가 인지적 변화를 촉진하기 위해 질문을 하는 방식을 지칭하기 위해 Beck이 사용한 용어다. 내담자의 딜레마에 해결책을 제시하거나 그들의 지각 및 해석 내용을 논박하기보다, 인지치료자는 일련의 신중한 질문을 통해서 먼저 내담자가 어떤 결론을 내리고 있는지 이해한 다음 어떤 다른 대안이 가능한지를 살펴보게 함으로써 내담자가 스스로 자신의 해결책을 찾아내도록 돕는다. 이러한 질문을 하는 목적은 내담자가 자신의 생각을 평가하고 스스로 해결책을 얻도록 돕는 것이다. 이렇게 질문을 하게 되면, 내담자는 덜 위협적인 느낌을 갖게 되며 치료자가 제시한 해석내용에 동의해야 한다는 부담을 덜 갖게 된다. 만약 내담자가 덜 위협적인 느낌을 갖게 되면, 자신이 경험한 사건에 부여한 의미, 상상 내용, 두려워하는 것, 미래에 대한 예상과 같은 자료를 더 자세하게 이야기할 것이다. 소크라테스식 대화는 호기심에 의해 촉발되며 환자의 관점을 충분히 이해하려는 노력이다. 이러한 대화방식은 내담자가 자기모순에 빠지도록 '함정'을 파거나 그의 신념이 잘못되었다는 것을 직설적으로 폭로하는 것이 아니라 내담자가 자신의 생각을 어떻게 살펴보아야 하는지를 비판단적인 방식으로 보여 주는 것이다.

소크라테스식 대화를 통해서 치료자는 내담자가 주어진 질문에 근거하여 합리적인 결론에 도달하도록 돕는다. 이때 주어지는 질문들은 (1) 문제를 구체화하거나 명확하게 규정하고, (2) 생각, 시각적 심상, 신념을 포착하도록 도우며, (3) 사건들에 대해서 내담자가 부여한 의미를 재검토하고, (4) 특정한 사고와 행동의 결과를 평가하기 위한 것이다 (Beck & Young, 1985).

Gary Emery가 말한 바 있듯이, 소크라테스식 대화에서는 사고과정 자체에 주의의 초점이 맞추어진다. Ruth Greenberg에 따르면, "인지치료는 현재의 순간에 초점을 맞추며, 이제는 어떤 입장을 지닌 심리치료자든 이러한 질문법을 중요한 면담기술의 하나로 여기게 되었다. 치료자는 내담자에게 지금 현재 어떤 경험을 하고 있는지, 어떤 감정을 느끼는지, 마음에 어떤 것이 스쳐 지나가는지를 묻는다. 이러한 단순한 질문에 대한 대답 속에서, 치료자는 중요한 의미를 담고 있는 정보를 얻게 된다."

John Rush는 Beck이 치료하는 모습을 다음과 같이 묘사하고 있다. "그는 내담자의 말을 잘 경청한다. 흔히 인지치료자는 말을 많이 하는 경향이 있지만, 그는 한참 동안 말없이 경청한다. 그렇게 한동안 경청을 한 다음, 자신이 들은 바를 요약하고 나서 재빨리 초점을 약간 바꾸어, 내담자에게 그러한 요약이 정말 그들이 느끼고 생각하는 것이나 행동하는 것을 잘 반영하고 있는지 묻는다. 이처럼 그는 이야기를 주고받는 식의 면담을 하는데, 이러한 방식의 면담은 위협적이지 않으면서도 많은 정보를 얻게 해 준다. 그의 면담은 자연스러운 흐름 속에서 유연하게 이루어지며 내담자-중심적으로 진행된다.

　내가 보기에 그는 본격적인 대화의 발단을 찾고 있는 듯하다. 내담자는 한 가지 주제에 관해 이야기하고 나서 다른 주제로 옮겨가곤 하는데, 그러한 과정 속에서 그는 내담자에게 질문을 던지기 위한 단서를 찾고 있다. 그는 전혀 위협적이지 않은 여러 가지 질문을 하며, 난처한 개인적인 질문은 하지 않는다. 진정한 호기심으로 내담자가 생각하는 바를 이해하려고 노력한다. 질문을 던지면서 환자가 세상을 어떻게 바라보는지를 이해해 간다. 내담자도 자신의 관점으로부터 뒤로 물러나 자신에게 같은 질문을 던지게 된다. 이러한 생각이 정말 사실인가요? 당신의 사장이 정말 당신에게 화를 냈나요? 그렇게 강렬한 감정을 느끼는 것은 당신이 말한 사건에 비해서 좀 과하지는 않나요? 당신은 항상 그렇게 느끼나요? 아니면 이 경우에만 그런가요? 그가 이렇게 내담자의 관점에서 세상을 이해하려고 노력하면, 점차적으로 내담자는 스스로 자신에게 좀 더 객관적인 질문을 던지기 시작한다."

　소크라테스식 대화가 적용된 아래의 예는, 치료자가 하루 종일 침대에 누워 있기만 하는 우울한 환자에게 그러한 행동이 어떤 도움이 되는지를 살펴보면서 치료하는 모습을 보여 주고 있다(Beck et al., 1979: 70).

치료자: 회사에서 퇴근한 후 집에 가서 침대에 눕게 될 확률이 얼마나 되나요?

환　자: 거의 100%입니다.

치료자: 당신은 왜 침대에 눕게 되지요?

환　자: 내가 원하기 때문이죠.

치료자: 당신이 눕기를 원하는 이유는 뭔가요?

환　자: 기분이 나아지기 때문이죠.

치료자: 얼마나 오랫동안 기분이 나아지나요?

환　자: 몇 분 동안이요.

치료자: 그러면 그 다음에는 어떻게 되지요?

환　자: 글쎄요, 다시 기분이 우울해질 겁니다.

치료자: 그렇게 된다는 것을 어떻게 알 수 있지요?

환　자: 이런 일이 매번 일어나니까요.

치료자: 정말 그런가요? … 침대에 누워 있으면서 오랫동안 기분이 나아진 적은 없나요?

환　자: 그런 적은 없는 것 같은데요.

치료자: 침대에 눕고 싶은 충동에 따르지 않았을 때 기분이 나아진 적은 없나요?

환　자: 글쎄요, 내가 어떤 활동을 할 때 기분이 나아지긴 하지요.

치료자: 자, 침대에 눕고자 하는 당신의 충동으로 돌아갑시다. 침대에 눕는 이유가 무엇이었지요?

환　자: 기분이 나아지는 거지요.

치료자: 침대에 눕게 되는 다른 이유가 있나요?

환　자: 글쎄요, 나중에 내 기분이 다시 우울해질 것이라는 것을 알고 있지요.

치료자: 그렇다면 침대에 눕지 않고 무언가 생산적인 일을 하면 어떻게 되나요?

환　자: 무언가에 몰두해 있을 때 내 기분이 나아지죠.

치료자: 왜 그런가요?

환　자: 그건 우울한 기분을 잊게 해 주고 다른 것에 집중할 수 있기 때문이죠.

　이러한 대화는 충고나 지시를 해 주지 않고도 적절한 질문만을 통해서 환자가 어떤 유익한 결론에 도달하게 되는지를 보여 준다. 이 대화에서 치료자가 내담자로 하여금 주제의 양면(침대에 누워 있는 행위의 득실과 생산적인 활동의 이득)을 스스로 말하게 하고, 심지어 생산적인 활동을 해야 하는 이유에 대해서도 물음을 제기한 점을 주목하기 바란다. 이러한 대화는 어떤 결정을 할 때 관련된 생각들을 충분히 살펴볼 수 있게 해 준다.

인도된 발견

　인지적 치료과정의 세 번째 치료지침은 인도된 발견

(guided discovery)인데, 이는 일반적으로 치료자가 내담자로 하여금 다른 관점을 지니도록 설득하기보다 내담자가 자신의 논리적 오류나 잘못된 인식을 스스로 '발견' 하도록 인도하는 검토과정을 의미한다(Beck & Young, 1985). 또한 인도된 발견은 내담자로 하여금 자신이 현재 지니고 있는 생각과 신념에서 공통적으로 나타나는 주제를 찾아내고 이러한 주제가 과거 경험과 어떤 관련성을 지니고 있는지를 인식하도록 하는 과정을 의미하기도 한다(Beck & Weishaar, 1989a). 인도된 발견은 치료자가 내담자에게 그의 자동적 사고에서 나타나는 주제에 관해 자세히 이야기하게 하고, 심상법을 사용하여 중요한 인지를 촉발시키기도 하며, 그러한 신념이 견고하게 유지되는 이유를 찾기 위해서 인지도식의 형성과정을 살펴보는 언어적 활동이다.

다음에 소개된 대화는 사고와 감정 간의 연관성을 인식시키고 자동적 사고의 주제를 찾아내기 위해서 인도된 발견이 적용된 예다. 내담자는 완벽하기를 원하는 부모의 기대를 충족시키려고 애쓰는 과정에서 불안장애를 갖게 된 젊은 남자다(Beck & Weishaar, 1989a: 313).

치료자: 어떤 상황이 당신에게 가장 힘든가요?
환　자: 운동, 특히 수영을 잘하지 못할 때입니다. 저는 수영 팀에 속해 있거든요. 그리고 제가 실수를 하는

경우입니다. 심지어 같은 방 동료와 카드놀이를 할 때도 그래요. 여자친구에게 거부당할 때는 정말 괴로워요.

치료자: 당신이 수영을 잘하지 못할 때, 당신의 마음에 어떤 생각이 스쳐 지나가나요?

환　자: 사람들이 저를 무시한다고 생각되거나 제가 패배자라는 생각이 들어요.

치료자: 그러면 카드놀이를 하면서 실수를 할 때는 어떤가요?

환　자: 저의 지적인 능력을 의심합니다.

치료자: 그러면 여자친구가 당신을 거부한다면?

환　자: 그건 저에게 특별하게 좋은 점이 없다는 거지요. 저는 사람으로서 가치가 없는 거죠.

치료자: 당신은 이러한 생각들 간에 어떤 연관성이 있다고 생각하지 않습니까?

환　자: 글쎄요, 제 기분이 다른 사람들이 저에 대해 어떻게 생각하느냐에 의해 좌우된다고 생각해요. 그건 중요한 일입니다. 저는 따돌림을 당하기 싫거든요.

치료자: 따돌림을 당한다는 것은 당신에게 무엇을 의미하지요?

환　자: 그건 저에게 무언가 잘못된 것이 있다. 제가 실패자다라는 것을 의미하는 거죠.

치료자는 이러한 대화를 통해서 이 환자가 다음과 같은 신념을 지니고 있다는 가설을 만들 수 있다: 그는 자신의 가치가 다른 사람에 의해 결정된다고 생각한다. 만약 그가 특별하게 좋은 점을 지니지 않으면 실패자로 간주한다. 그는 사람들이 자신을 거부하게 만드는 근본적인 문제점이 있다고 생각한다.

인도된 발견은 이러한 가설을 입증하기 위해서 환자가 어린 시절에 중요한 타인으로부터 받은 메시지와 같은 과거의 증거와 더불어 그의 행동을 통해 그러한 신념이 어떻게 강화되고 있는지와 같은 현재의 증거를 찾는 과정들로 이루어진다.

면담의 형식

Beck은 인지치료가 다른 치료와 구별되는 중요한 특성이 면담의 형식에 있다고 기술한 바 있다(Beck, 1991b). 인지치료에서는 면담의 형식이 면담주제의 설정, 피드백, 과제부여로 구성된다. 면담주제(agenda)의 설정은 면담을 시작할 때 어떤 문제, 주제, 과제에 관해서 논의할 것인지를 결정하는 과정을 말한다. 치료자와 내담자는 모두 면담주제의 설정에 참여하며 여러 주제들의 우선순위를 함께 결정한다. 덜 구조화된 치료방식을 선호하는 치료자들은 이렇게 면담주제를 설정하는 것이 치료자가 면담에 대해 너무 많은 통제를 가하는 것이라고 보기도 한다. 그러나 면담주제를 내담자와 함께 분명하게 설정함으로써, 치료자는 논의할 주제를 선정하거나 특정한 주제의 논의에 어느 정도의 시간을 투여할 것인가의 측면에서 그 자신의 편향성을 감소시킬 수 있다. 게다가, 내담자는 이야기하고 싶은 내용들을 면담주제에 포함시키는 것을 배우게 될 뿐만 아니라 그들이 논의하고 싶은 주제를 이야기하지 못하거나 잊어버리는 일이 줄어들게 된다.

피드백(feedback)은 치료적 면담의 핵심적인 부분으로서, 이를 통해서 치료자는 내담자가 이해하고 인식하고 있는 바를 확인할 수 있다. 피드백을 통해서 치료자는 내담자에 관한 자신의 잘못된 이해를 바로잡을 수 있다. 또한 피드백 과정에서 내담자는 자신의 생각을 명료하게 제시하고, 치료자나 치료에 대한 어려움을 표현하며, 치료가 자신이 원하는 목표를 향해 진행되고 있는지를 확인할 수 있다. 치료자는 면담과정의 어느 때나 피드백을 요청할 수 있다. 특히, 면담의 마지막 부분에서 규칙적으로 피드백을 요청하는데, 이 경우에 치료자는 내담자에게 면담에서 다루어진 내용을 요약해 달라고 요청한다. 피드백은 협동적 관계를 형성하고 유지시킬 뿐만 아니라 자유로운 자기공개를 촉진하는 데 도움이 된다. 치료자가 내담자의 피드백을 잘 수용해 주고 그에 관해서 건설적인 반응을 해 주게 되면, 내담자는 자기수용을 배우게 될 뿐만 아니라 이러한 치료적 관계를 통해서 인간관계, 원인의 귀인, 다른 핵심적 주제에 대한 믿음과 신념을 탐색하는 좋은 기회를 갖게 된다.

　과제부여(homework assignment)는 다음 면담시간까지 해야 할 과제를 부여하는 것으로서 이를 통해서 내담자는 치료시간에 배운 것을 실생활에 적용할 수 있게 된다. 인지치료에서만 과제를 사용하는 것은 아니지만, 과제를 부여하는 목적이 행동치료의 경우와는 다르다. 행동치료의 경우처럼 어떤 기술을 습득하기 위한 연습의 목적을 지닐 뿐만 아니라 신념을 추상적으로 논의하는 것과는 달리 그러한 신념을 실생활에서 검증해 보게 하는 목적을 지닌다. 과제는 치료자와 내담자가 협동적으로 함께 결정하는데, 치료의 초기 단계에서는 치료자가 좀 더 적극적인 역할을 하게 된다. 과제부여는 내담자로 하여금 자료를 수집하고, 가설을 검증하며, 부적응적인 신념을 수정하도록 촉진하는 매우 효과적인 방법이다(Beck & Young, 1985). 과제부여를 통해서 치료의 초점이 주관적이고 추상적인 것으로부터 좀 더 구체적이고 객관적인 것으로 전환되며(Beck & Young, 1985), 내담자가 치료에서 배운 내용을 여러 상황에 적용해 보고 일반화하는 데에 도움이 되는 것(Shaw, 1988)으로 알려지고 있다. 과제부여에 관한 내담자의 생각을 자주 논의함으로써, 치료자는 내담자가 과제에 관해 왜곡된 생각을 지니고 있지는 않은지 확인하고, 내담자가 과제수행의 결과에서 의미를 발견하게 하며, 좀 더 적응적인 새로운 생각을 지니도록 강화한다.

단기치료 모델

심리치료의 진행과정에 있어서 인지치료가 혁신적인 점은 상당히 단기적인 치료라는 점이다. 행동치료도 단기적이지만, 환자의 내면적 세계에 초점을 맞추지는 않는다. 우울증에 대한 치료효과를 검증한 초기연구에서, 인지치료는 12주 동안 20회기에 걸쳐 이루어졌다. 단극성 우울증 환자의 경우에도 12~20회기의 치료를 통해서 마찬가지로 긍정적인 결과가 나타났다. Clark과 Beck(1988)에 따르면, 불안장애의 경우 일반적으로 5~20회기 사이에서 치료가 진행된다. 공황장애의 경우, 12회기 만에 현저하게 증상이 호전되었다(Salkovskis & Clark, 1991).

『인지치료와 정서장애』에서, Beck은 인지치료의 경우 "기본적으로 환자가 어느 정도 자각하고 있는 주제들을 중심으로 논의가 이루어지기 때문에" 정신분석처럼 많은 시간을 요하지 않는다고 설명하고 있다(Beck, 1976: 317). 이처럼 인지치료에서는 환자가 포착할 수 있는 자료를 다룬다. 또한 환자가 이해할 수 있는 방식으로 문제의 원인에 대한 설명이 제시되며, 치료회기 사이에 주어지는 과제를 통해서 이러한 설명이 구체화되고 검증될 수 있다. 인지치료는 환자가 치료회기 밖에서 하는 활동에 의해서 그 진전속도가 빨라진다. 정신분석에서는 치료적 관계가 변화를 초래하는 유일한 기제인 반면, 인지치료에서는 과제와 같은 매우 구체적인 기법들을 통해서 변화가 촉진된다(Goldfried, 1988; Shaw, 1988).

Arthur Freeman은 Beck의 공헌을 매우 신속하게 진행되는 역동 지향적(정신분석적 의미에서의 정신역동적인 것이 아니라) 치료를 창안한 것이라고 말하고 있다. Freeman에 따르면, Beck은 "수많은 이론과 모델에 기초하여 이들을 매우 효과적인 방법으로 통합하고 있다. Beck은 Horney와 Adler뿐만 아니라 '지금-여기'의 현재 경험을 중시하는 자아-지향적 치료와 환자로 하여금 논리적인 분석기술을 활용하도록 도와야 한다는 생각으로부터 도움을 받았다고 인정하고 있다. 인지치료는 내담자를 신속하게 도울 수 있는 방법을 제시했다는 점에 대해서 가장 큰 기여를 한 것으로 평가될 것이다."

인지치료가 개발 초기에 나타냈던 강점 중의 하나는 우울증과 불안장애를 매우 짧은 시간에 아주 성공적으로 치료했다는 점이었다. 그러나 인지치료가 성격장애와 만성적인 우울증인 기분부전장애로 확장되어 적용됨에 따라, 치료의 길이가 증가되었다. Jeffrey Young은 치료가 장기화되더라도 인지치료가 독특하게 지니는 여러 가지 특징을 다음과 같이 제시하고 있다: 치료자가 능동적이고 전략적인 태도를 취한다는 점, 환자의 자기지각에 초점을 맞추는 점, 무의식적인 주제뿐만 아니라 환자의 의식적인 지각내용을 위주로 치료하는 점, 정신분석에 비해 치료의 길이가 짧다는 점. Young에 따르면, "인지치료는 여전히 전통적인 치료에 비해서 훨씬 단기적이다. 심지어 1년 반이나 2년까지 치료기간이 길어진다 하더라도, 유사한 사례를 전형적인 정신분석으로 치료하는 경우보다 인지치료의 치료기간은 현저하게 짧다. 전형적으로 5년이 걸리는 치료를 1년 반이나 2년으로 단축시킬 수 있다면, 상당히 단기화된 치료인 셈이다. 또 다른 중요한 차이점은 정신분석치료의 경우 환자들이 장기간의 치료를 받고도 별 변화가 일어나지 않는 경우가 자주 있는 반면, 인지치료에서는 통찰을 지향하는 것이 아니라 변화를 지향하기 때문에 환자가 실제로 느낄 수 있는 가시적인 변화가 일어난다는 점이다. 우리는 통찰을 치료의 최종적인 증거로 생각하지 않는다. 치료의 증거는 환자의 적응기능, 행복감 그리고 환자가 원하는 것에 있어서 실제적인 변화가 있느냐는 것이다. 그러한 변화가 일어나지 않는다면, 우리는 치료가 실패한 것으로 간주한다."

치료절차에서의 혁신

인지치료의 기본적인 치료절차는 다음과 같다: (1) 내담자를 준비시키고 인지치료의 이론적 근거를 제시하기, (2) 생각에 대한 자기관찰 방법을 훈련시키기, (3) 행동적 기법을 적용하기, (4) 인지를 찾아내고 대응하기, (5) 신념과 가정을 검토하기, (6) 종결하기 및 재발 방지하기(Beck et al., 1979). 이러한 단계 별로 인지치료가 시행되는 방식에 있어서 어떤 점이 혁신적인지를 살펴보기로 한다.

이론적 근거

인지치료의 이론적 근거를 제시하는 것은 내담자에게 인지 모델을 설명하는 것으로 이루어진다. 이때 내담자의 직접적인 경험을 예로 들면서 신념, 심상, 지각과 같은 인지적 요인들이 내담자의 문제에 어떤 영향을 미치는지 설명한다. 치료자는 내담자에게 자신의 문제를 어떻게 이해하고 있는지 나름대로 설명해 보도록 요청하여 문제에 대한 내담자의 귀인, 설명, 생각들을 탐색하면서 이러한 신념의 강도, 대안적 관점을 갖게 될 가능성, 내담자가 사건에 부여하는 의미에 관해서 물어볼 수 있다. 이 경우 치료자는 내담자의 생각에 직접적으로 도전하지는 않지만, 핵심적인 인지를 알아내기 위해 노력한다.

인지적 모델은 특정한 사건에 대한 반응에 있어서 사고와 심상이 어떤 역할을 하는지를 보여 주면서 제시된다. Hollon과 Garber(1990)는 'A-B-C 모델'을 사용하여 A

라는 사건에 대한 C라는 정서적 반응이 B라는 해석에 의해 결정된다는 것을 보여 준다. 이것은 간단한 모델이지만, 지나친 단순화라고 볼 수는 없다. B에서 일어나는 인지적 매개과정은 복잡하며 개인에게 잘 자각되지 않는 경우가 많다. 인지적 모델은 초기 면담에서 제시되지만, 치료자는 본격적인 치료를 시작하기 전에 사례의 이해를 위해 많은 노력을 기울인다. 그러나 초기면담에서 내담자의 문제를 새로운 관점에서 보게 하거나 다른 가설을 제기하는 경우도 흔하며 내담자의 정보처리과정에 왜곡이 있을 수 있다는 점을 깨닫게 하기도 한다. 다른 해석이나 '대안적 가설'을 찾아내게 되면 내담자의 신념체계는 흔들리기 시작한다.

내담자에게 이론적 근거를 제시함으로써 얻게 되는 효과 중의 하나는 치료를 탈신비화할 뿐만 아니라 내담자로 하여금 그러한 치료적 근거를 이해하게 만들어 협동적 관계를 촉진하게 되는 점이다. 내담자는 치료목표를 설정하고 문제를 해결하기 위한 계획의 수립과정에 동참하게 된다. 치료방법에 대한 이론적 근거는 처음에 제시하는 반면, 개별적인 치료기법이나 과제부여의 이론적 근거는 치료과정을 진행하면서 제시한다. 이러한 방법은 거리를 두는 관망적인 치료적 자세와는 대조되는 것으로서 내담자와 치료자 간에 지속적인 피드백이 일어나게 한다.

Beck 등(1979: 73)은 치료자가 내담자에게 인지적 치료방법을 어떻게 설명해야 하는지 다음과 같이 제시하고 있다. "우울한 사람들은 자신의 경험에 관해서 생각하게 될 때, 자신이 겪은 사건들에 매우 부정적인 의미를 부여하는 경향이 있다. 이렇게 되면, 그 부정적인 생각들은 환자에게 사실적인 것으로 느껴진다. 이러한 부정적인 생각을 강하게 믿을수록, 환자는 더 고통스러움을 느끼게 된다."

인지치료는 환자가 이해하고 활용할 수 있는 치료법, 즉 교육 가능한 치료방법이다. 또한 치료 모델은 구체적인 치료방법을 제시하기 때문에 환자들은 인지치료를 실용적인 것으로 여기게 된다. 이처럼 인지치료는 교육적인 치료체계를 지니고 있고, 스스로에게 적용하는 자가치료를 장려하며, 환자 개인에게 적합한 치료법과 실험방법을 제시한다. 치료과정에 신비로운 점이 없기 때문에, 인지치료에서 치료자들은 자신이 얼마나 유능하게 치료를 잘 하고 있는지를 쉽게 판단할 수 있다고 Brian Shaw는 말하고 있다. 이 점은 치료효과의 연구에 있어서 중요한 시사점을 주고 있는데, 치료자가 의도한 치료를 과연 피험자가 받았는지의 여부를 검증할 수 있기 때문이다. 아울러 치료적인 시사점도 지니고 있는데, 치료자에 따라서 다소의 차이가 있기는 하지만 인지치료는 치료방법 자체에 변화를 유도하는 적극적인 요소가 담겨져 있기 때문이다. 게다가 인지치료에서는 변화기제와 치료적 관계를 구분할 수 있다. 인지치료자의 훈련과 평가를 위해서 인지치료 평정척도(Cognitive Therapy Rating Scale; Young & Beck, 1980)가 사용되고 있다.

Beck과 Young(1985: 20)은 치료효과에 영향을 미칠 수 있는 치료자의 특성을 제시한 바 있다. 이상적인 인지치료자는 (1) 따뜻함, 진솔함, 진실함, 솔직함과 같은 '일반적인' 치료적 태도를 지녀야 하고, (2) 환자의 관점에서 사건을 바라볼 수 있도록 숙달되어 있어서, 환자가 자신의 감정과 생각에 관해서 이야기를 할 때 이를 잘 경청하면서도 치료자는 자신의 개인적인 생각과 편향적 견해를 잘 유보할 수 있어야 하며, (3) 같은 사건에 대해서 보다 더 설득력 있는 해석을 논리적으로 도출해 내고 제시할 수 있어야 하는 동시에, 추구하는 목표를 지향하면서 여러 단계에 앞서 미리 치료방략을 계획해야 하고, (4) 치료과정에서 구조와 방향을 제시하는 등의 적극적인 역할을 담당할 수 있어야 한다. 따라서 인지치료에서는 치료자가 비지시적인 치료자들처럼 공감을 해 줄 수 있고, 현상학적 관점에서 내담자와 협동할 수 있으며, 내담자의 부적응적인 신념을 적극적이고 창의적으로 약화시키면서 동시에 내담자가 새로운 학습경험을 하도록 도울 수 있고, 일련의 기법들을 융통성 있게 적용하면서 치료를 이끌어 나갈 수 있어야 가장 효과적인 결과를 얻을 수 있다.

자기관찰

자기관찰(self-monitoring)의 훈련은 치료의 초기단계부터 시작된다. 내담자에게 자신을 고통스럽게 만드는 생각에 주의를 기울이도록 가르친다. Beck은 다음과 같이 말하고 있다: "나 자신이 자유연상을 많이 해 보고 환자를 치료해 본 경험에 따르면, 치료적으로 중요한 생각들은 환자가 '의식에 떠오르는 대로' 보고하는 것이 아니며 주의를 집중하기 전까지는 잘 자각되지 않는 것들이다. 사람들은 자기평가적인 생각을 말로 보고하지 않는 경향이 있지만, 자신을 괴롭히는 생각들을 어느 정도 인식하고 있다. 우리는 일련의 탐색과정이 매우 중요하다는 것을 알게 되었는데, 그것은 먼저 특정한 감정이나 때로는 특정한 유형의 행동을 포착하는 것이며, 다음에는 그 직전에 어떤 생각이 지나갔는지를 주목하는 것이다. 만약 이러한 방법을 사용하지 않거나 '지금 당신의 마음속에 무엇이 스쳐 지나가나요?'라는 질문을 하지 않는다면, 이러한 생각들은 포착되지도 인식되지도 않는다."

Michael Mahoney는 Beck이 제시한 치료적 혁신 중의 하나는 사람들이 생각하고 있는 것에 많은 관심을 기울이게 한 점이라고 말하고 있다. "그는 사람들로 하여금 자신의 생각을 탐색하고 생각의 흐름을 계속 살펴보게 만들었다. 특히, 정서반응을 단서로 하여 그러한 정서를 느낄 당시에 어떤 생각을 하고 있었는지를 살펴보게 만들었다."

일단 환자들이 자신의 생각·감정·행동 간의 연결고리를 알게 되고 그들의 생각을 수정하는 방법을 배우게 되면, 고통스러운 감정을 느낄 때마다 이러한 기술을 적용할 수 있게 된다. 환자들은 치료시간에 자신의 생각을 관찰하고 그러한 관찰내용을 치료자와 함께 확인하도록 장려된다. 약속시간을 연기해야만 하는 치료자의 예에서 이러한 과정을 살펴볼 수 있다(Beck et al., 1979: 152).

> 환　자: 괜찮습니다. 당신이 회의에 참석해야 한다는 것을 잘 알고 있습니다. 알다시피, 당신에게 한 가지 말하고 싶은 게 있는데요. 사실 당신이 나를 거부하고 있다는 생각을 했었습니다. 왜 그런 생각을 했는지는 나도 잘 모르겠어요. 당신이 면담약속을 취소할 수밖에 없는 상황이라는 것을 잘 알고 있는데도 말입니다.
>
> 치료자: 그런 생각을 하게 만든 어떤 근거가 없을까요?
>
> 환　자: 글쎄요, 솔직히 말해서, 나는 당신이 별도의 시간을 내서 나와 면담을 할 수도 있지 않을까 생각했었지요. 그리고 나는 당신이 다른 지역에 가 있다는 것을 잘 몰랐습니다.

이 사례에서, 환자와 치료자는 환자에게 어떤 생각이 떠올

랐을 때 이를 명료화하여 검증하고 있다. 이를 통해서 환자는 이러한 기술을 성공적으로 적용하는 경험을 얻게 되었다. 또한 이러한 과정에서 치료자는 환자의 관심사를 다루어 주고, 잘못된 생각을 바로잡아 주며, 치료관계에 관한 생각을 앞으로도 계속 관찰해 보도록 격려해 줄 수 있다.

행동적 기법

행동적 활성화 기법(behavioral activation strategy)은 특히 우울증이나 (공황장애, 공포증과 같은) 불안장애를 치료할 때 인지치료의 초기단계에서 흔히 사용된다. 우울증의 치료에서 이러한 기법을 적용하는 목적은 환자의 목표지향적이고 문제해결적인 행동을 증가시키는 것이다(Beck et al., 1979; Hollon & Garber, 1990). 공포증의 치료에서는 두려워하는 자극에 노출시킴으로써 평소에 인식하기 어려운 중요한 또는 '생생한' 인지를 포착할 수 있다(Beck, Emery, & Greenberg, 1985). 공황장애의 경우에는, 과잉호흡을 조절하기 위한 호흡통제법(Clark, Salkovskis, & Chalkley, 1985)과 같은 행동적 기법을 통해서 증상을 신속하게 통제할 수 있다. 인지치료에서는 이처럼 다양한 행동적 기법들이 인지적 변화를 촉진시키기 위해서 사용된다. 우울증 환자의 일상적 활동을 증가시킴으로써 무능함에 대한 신념이나 침대에 누워 있어야만 기분이 나아질 것이라는 예상을 직접적으로 부정하게 된다. 불안장애 환자의 경우에는 회피행동을 줄임으로써 두려운 상황에서만 촉발되며 치료의 목표가 되는 생각들을 인식할 수 있게 된다. 또한 두려운 상황에 대한 노출을 통해서 재난적인 생각에 도전을 할 수 있다. 치료가 점차로 진행됨에 따라, 환자 개개인이 지니고 있는 구체적인 바람을 충족시킬 수 있도록 설계된 행동적 실험을 통해서 기존의 부적응적 신념과 상반되는 자료를 얻을 수 있다.

Bandura(1977a)는 행동을 변화시킴으로써 인지를 가장 효과적으로 변화시킬 수 있다고 주장한 바 있다. 이러한 주장은 인지적 모델과 상치되는 것이 아니다. 왜냐하면 행동변화를 통해서 자기효능감에 대한 환자의 생각이 변화될 수 있어야 그러한 행동변화가 새로운 상황에서도 지속되고 확장될 수 있기 때문이다. 인지치료에서 변화시켜야 할 목표는 외현적 행동이 아니라 내담자의 생각이기 때문에, 치료자는 항상 내담자가 행동실험을 통해서 어떤 것을 배우게 되었는지를 확인한다. 예를 들어, 광장공포증 환자의 경우 집 밖을 두려움 없이 돌아다니게 된 것을 행운이나 다른 사람의 행동에 귀인시킬 수도 있다. 자기효능감은 성공적 경험에 대한 올바른 귀인을 통해서 향상되는 것이다.

인지의 포착

일반적으로 인지치료에서 환자가 포착하도록 학습되는

첫 번째 유형의 인지는 내성을 통해 가장 쉽게 인식할 수 있는 자동적 사고다. 많은 경우에, 내담자는 이러한 사고를 유발하기 위해서 문제 상황에 직면해야 한다. 이를 위해서 실제상황에 대한 노출, 심상법 또는 역할연습을 적용할 수 있다. 사건에 부여한 의미와 어떤 상황을 고통스럽게 만드는 기저 신념을 부각시키는 구체적인 질문을 내담자로 하여금 자신에게 제기하도록 가르친다. 인지를 포착하는 이러한 과정은 다음과 같은 점에서 심리치료에 대한 공헌이라고 할 수 있다: 특정한 유형의 사고가 중요하다는 것을 발견한 점, 내담자가 스스로 자기탐색을 하도록 훈련시키는 점 그리고 노출, 역할연습, 심상법을 사용하여 중요한 인지를 포착할 수 있게 한 점.

Clark과 Beck(1988)은 병행적으로 동시에 진행되는 두 가지 유형의 사고가 있음을 설명하고 있다. 그 첫째는 환자가 쉽게 보고할 수 있는 것으로서 그가 어떻게 생각하고 느끼는지를 묘사하는 것들이다. 이것은 상당히 피상적이고 의식적인 생각들이다. 두 번째 유형의 사고는 개인이 자신이나 상황에 대해서 평가한 것으로서 감정과 연관되어 있다. 첫 번째 사고의 예는 "나는 내가 말하는 것에 대해서 걱정하고 있다."다. 두 번째 사고의 예는 "모든 사람이 나를 보고 비웃을 것이다."다. 이러한 두 번째 유형의 사고는 나름대로의 운동력을 지니고 있어서 '자동적이고' 자발적으로 나타나며 검증되지 않은 채 진행되는 사고들로 이루어져 있다. 이러한 두 가지 유형의 사고가 구별되는 차이점은 흔히 환자들이 "나는 객관적으로 아무런 위험이 없다는 것을 알고 있다. 하지만 여전히 무언가 끔찍한 일이 생길 것 같은 느낌이 든다."라고 말한다는 점에서 나타난다. '느낌'에 관한 진술은 더 중요한 것이다.

자동적 사고는 더 깊은 수준의 신념과 가정들을 반영하고 있다. 자동적 사고는 일반적으로 신념보다 포착하기가 더 쉽지만 흔히 구체적으로 집어내기는 어렵다. 그 한 가지 이유는 상태-의존적 기억 때문이다. 환자들은 기억과 합치되는 감정을 경험할 때 그러한 기억을 더 잘 회상한다. 예를 들어, 우울한 감정을 느낄 때 부정적인 기억들이 더 잘 떠오른다(Clark & Teasdale, 1982). 또한 인지적 회피, 즉 괴로운 생각과 심상의 억제로 인해서 환자들은 자신이 지닌 인지의 정확한 내용뿐만 아니라 인지와 감정의 연결성을 쉽게 인식하지 못한다. 예를 들어, 환자들은 "불안을 느끼지만 왜 그런지 모르겠어요."라고 말하거나, 생생한 세부사항보다는 일반적인 막연한 용어로 설명하거나, 심상을 떠올리는 동안 자꾸 눈을 뜨거나, 충격적인 사건의 영향을 축소시켜 말한다. 이러한 경우에 인지치료자는 환자가 회피하려고 하는 인지를 유발시키는 질문을 부드럽게 계속 던지면서, 환자가 동의한다면 환자가 고통스러워하는 심상이나 주제로 되돌아가게 하거나 점진적으로 그러한 주제에 노출시킴으로써 인지적 회피를 감소시킨다. 환자가 인지를 포착하지 못하는 세 번째 이유는 인지적 회피를 하지 않더라도 종종 심상들이 매우 순간적이기 때문이며 특히 불안과 연관된 심상들이 그러하다. 뿐만 아니라 Clark과 Beck(1988)에 따르면, 매우 강한 불안을 유발하는 심상 중에는 기괴한 것들이 있는데, 그러한 심상들이 누구나 강한 불안을 느낄 때 경험하는 정상적인 것이라는 점을 치료자가 설명해 주지 않으면 환자들은 이를 자발적으로 보고하지 않는다.

　Beck과 그의 동료들(Beck et al., 1979; Beck, Emery, & Greenberg, 1985; Clark & Beck, 1988)은 인지를 촉발하는 여러 가지 기법들을 개발했다. Beck에 따르면, 1970년대 중반 이후부터는 그의 제자들이 인지치료에서 사용되는 혁신적인 기법과 방략들을 많이 개발했기 때문에 자신은 크게 기여한 바가 없다고 한다. 그러나 그가 매우 혁신적으로 기여한 점은 인지를 촉발시키고 인지적 왜곡을 약화시키며 부적응적 신념을 검증하는 무수한 기법들이 도출될 수 있는 이론적 모델을 창안했다는 점이다. 『우울증의 인지치료』는 원래 우울증의 치료에서 사용하는 기법들과 방략들을 소개하는 지침서로서 저술되었다. 이 책은 치료를 시행하는 방법에 기여했던 John Rush, Brian Shaw, Gary Emery, Maria Kovacs, Steven Hollon과의 협동적인 노력의 산물이다.

『불안장애와 공포증: 인지적 관점』의 후반부에는 기법에 관한 설명이 제시되어 있는데, 이 부분은 Gary Emery에 의해 저술되었다. David Burns 박사가 저술한 『우울증 이겨내기(*Feeling Good*)』(1980)는 인지치료에 관한 가장 대중적인 저술로서 Beck의 인지치료센터에서 일하는 치료자들에 의해 창안된 치료기법의 요약편이라고 할 수 있다.

Clark과 Beck(1988)은 인지치료자들이 내담자가 인지를 포착하도록 돕는 방법들을 개관한 바 있다. 그중 한 가지 방법은 내담자로 하여금 최근의 정서적 경험을 회상하게 한 다음 그러한 감정반응의 시작과 지속에 연관된 인지들을 회상하게 하는 것이다. 인지치료자가 전형적으로 사용하는 질문은 "그 당시 마음에 어떤 생각이 스쳐 지나갔나요?" "그때 마음속에 어떤 심상을 지니지는 않았나요?"다. 불안장애를 치료할 경우, 치료자들은 "가장 불안했을 때, 어떤 최악의 일이 생길 것이라고 생각했나요?"라고 묻는다. 우울증과 같은 다른 사례의 경우에, 치료자는 특정한 사건과 관련된 부정적인 예상, 귀인, 의미, 자기평가를 탐색하기 위해서 "그 사건이 당신에게 어떤 의미를 지니나요?" "만약 그런 일이 벌어졌다면, 어떤 점이 나쁜가요?" 또는 "그 일은 당신과 관련해서 어떤 의미가 있나요?"라고 묻는다.

인지치료과정의 특색 중 하나는 떠오른 생각을 글로 쓰는 것이다. 이러한 기법은 다음과 같은 여러 가지 목적을 위해

서 사용된다: (1) 생각을 좀 더 구체적이고 분명하게 만든다; (2) 더 두려운 생각들을 추가적으로 회상하도록 촉진한다(Clark & Beck, 1988); (3) 행동실험을 하기 전에 그 결과의 예측을 정확하게 기록해 둠으로써, 그 예측내용을 잘못 기억하는 일을 예방할 수 있다(Hollon & Garber, 1990); (4) 자기관찰과 더불어 사고, 감정, 행동의 연관성을 인식하는 데 도움이 된다. 사고의 기록은 면담 중에 치료자가 시범을 보인 후에, 내담자에게 과제로 주어 역기능적 사고의 일일기록표(Beck et al., 1979; [그림 2] 참고)를 작성하게 한다.

치료시간 중에 일어나는 감정의 변화는 우선 사고와 감정의 연관성을 입증하는 데에 활용될 수 있으며 감정변화를 유발한 인지를 평가할 때도 활용할 수 있다. 또한 불안을 유발하는 상황에 실제적으로 또는 상상적으로 노출시킴으로써 인지를 촉발시킬 수 있는데, 이 경우에 환자는 그러한 인지에 대한 확신정도를 관찰하고 평정하는 것을 배우게 된다. 심상법을 통해서 정서적 경험을 재생시키거나 역할연습을 통해서 대인관계 패턴을 재현하게 함으로써 감정이 부착된 좀 더 깊은 수준의 핵심적 신념을 포착할 수도 있다. 자동적 사고를 포착하기 어려운 경우에, 치료자는 심상법을 사용하여 환자에게 고통스러운 장면을 떠올리게 함으로써 사건의 의미를 포착할 수 있다. 한 여자 환자는 퇴근 후에 딸이 차를 가지고 직장으로 자신을 데리러 오기를 기다리면서 매우 불안한 감정을 느낀 적이 있는데, 그 사건을 자세하게 기술하지 못했다. 그 당시에 그녀의 마음을 스쳐 지나간 구체적인 생각들을 분명하게 제시하지는 못했지만, 그녀는 약간의 침묵이 흐른 후에 갑자기 "그때 내가 영원히 혼자 버려질지 모른다고 생각했어요."라고 말한 바 있다.

인지치료에서 인지를 포착하기 위해 사용하는 기법은 자유연상이나 '의식의 흐름 따라가기(consciousness streaming)'와 같이 안내 없이 내담자를 내버려두는 기법과는 다르다. 인지치료자는 내담자가 고통스러운 경험을 이야기하면 그 의미, 대안, 잘못된 생각을 부드럽게 탐색하며 대화를 진행한다. 인지치료자는 내담자로 하여금 감정을 경험하게 함으로써 그와 관련된 중요한 인지를 찾아내려고 하며, '그 순간'에 머물게 함으로써 떠오르는 생각들을 계속 보고하게 한다. 저항을 줄이기 위해서 사용되는 의식의 흐름 따라가기(Mahoney, 1983, 1990)에서는, 내담자에게 '생각, 감정, 심상, 기억, 상상 등의 흐름에 자발적으로 동참' 하도록 요청한다(Szykula et al., 1989: 301). 자유연상과 달리, 의식의 흐름 따라가기에서는 치료자가 내담자로 하여금 치료자에게 말하기 불편한 생각들은 말하지 않아도 된다고 말해 주며, 내담자가 하는 말에 대해서 어떤 이론적 해석도 하지 않는다. 의식의 흐름 따라가기는 자기정체감, 개인적 능력, 가치관, 현실이나 문제 인식에 대한 '치료적인 언어적 표현' 과 관련된 인지를 탐색하는 데에 도움이 될 수 있다(Mahoney, 1985a). 그러나 이 기법은 내담자의 변화를 유도하는 방법이 아니다.

좀 더 인식하기 쉬운 인지들이 포착되면, 신념과 가정을 탐색할 수 있다. 신념은 기준이나 가치관 또는 확고하게 신봉하고 있는 상당히 절대적인 의견으로서 자동적으로 표출된다. 이러한 신념들은 강한 정서와 관련되어 있는 경우가 많다. 신념이 자동적으로 표출되지 않는 경우에, 역기능적 신념은 다음과 같은 3단계를 통해 포착할 수 있다(Beck et al., 1979). 첫째, 환자는 자동적 사고를 인식하고 보고한다. 둘째, 치료자의 안내에 따라서 환자는 자동적 사고에서 나타나는 공통적인 주제를 찾아낸다. 셋째, 치료자와 환자는 환자의 삶에 영향을 미치는 중심적인 기준들을 구체화한다. 기저 신념의 단서는 환자가 나타내는 인지적 왜곡의 유형(예컨대, 과잉일반화를 범하는 환자는 과잉일반화에 의해 반영되는 신념을 지니고 있을 수 있다), 특정한 단어의 빈번한 사용(예: 혹독한 자기비판적 단어들), 환자가 긍정적이든 부정적이든 강렬한 반응을 나타내는 사건의 유형(예: 직업, 인간관계) 또는 다른 사람의 행동에 대한 환자의 반응(예: 원인의 추정방식)에서 발견될 수 있다.

2장에서 언급했듯이, 인지치료자는 특히 내담자가 지니고 있는 다음과 같은 신념에 깊은 관심을 지닌다: (1) 자기효능
,

감을 비롯한 내담자 자신에 대한 신념, (2) 원인의 추정방식을 비롯한 내담자의 개인적인 주변 환경에 관한 신념들, (3) 절망감을 나타내는 예상과 태도를 비롯한 미래에 대한 신념. 인지적 이론가들 중에는 자기지각 또는 자기인지도식의 중요성을 강조하는 사람들(Markus, 1977; Safran et al., 1986; Segal, 1988)도 있고, 미래에 대한 인과적 귀인과 기대를 강조하는 사람들(Hollon & Kriss, 1984; Shaw & Segal, 1988)도 있다. 인지치료가 다른 인지적 치료와 구별되는 점은 매우 개인적인 의미를 반영하는 독특한 신념에 주의를 기울인다는 점이다.

개인이 한 사건에 대해 부여하는 독특한 의미는 다음의 대화에 잘 나타나 있다. 이 대화에서 치료자는 우울한 환자가 시험에 떨어진 일에 대해서 어떤 의미를 부여하고 있는지를 탐색하고 있다(Beck et al., 1979: 145-146).

치료자: 시험에 떨어진 일로 인해서 어떻게 우울해지게 되었나요?

환　자: 글쎄요, 시험에 떨어져서 법대에 들어갈 수 없게 되었기 때문이죠.

치료자: 그래서 시험에 떨어진 것이 당신에게 중요하군요. 그러나 만약 시험에 떨어지는 것이 사람들을 우울증에 빠지게 한다면, 당신은 시험에 떨어진 모든 사람

들이 우울증에 빠질 것이라고 생각하겠네요? … 시험에 떨어진 모든 사람들이 우울증에 빠져서 치료를 받게 되나요?

환　자: 그렇지는 않겠지요. 그건 시험이 그 사람에게 얼마나 중요하냐에 달려 있지요.

치료자: 그렇지요. 그런데 그 중요성은 누가 결정하나요?

환　자: 제가 하지요.

신념의 검증

　인지치료는 흔히 일군의 치료기법들을 모아놓은 것이라고 오해하는 경우도 있는데, 아마도 그 이유는 인지치료가 치료기법의 개발에 많은 관심을 쏟고 있으며 심리치료를 할 때 매우 구체적인 접근을 하기 때문일 것이다. 일부 연구자들은 인지치료를 면밀히 분석하여 주요한 구성요소를 찾아내어 행동적 기법이 변화를 초래하는지 아니면 인지적 기법만으로도 치료효과가 나타나는지를 검증하고자 했다(Dobson, 1989). 인지치료에서 인지적이라고 할 수 있는 점은 인간행동에 대한 인지적 설명이론뿐만 아니라 치료의 목표가 인지적 변화라는 점이다. Beck은 "내가 가진 것이라고는 나의 이론을 특정한 사례에 적용하는 일련의 기법들뿐이며, 이러한 기법들은 '그대로' (특정한) 문제에 적용되는 것이 아니라 사례이해의 바탕 위에서 적용된다. 우리는 여러 수준에서 이러한 기법들을 적용하는데, 모든 기법은 매우 구체적이고 실제적인 수준뿐만 아니라 치료자가 반드시 고려해야 하는 상위수준에도 적용될 수 있다."라고 말하고 있다.

인지치료에는 환자의 신념을 살펴보기 위한 많은 혁신적인 기법들이 개발되어 있다. 다양한 장애를 치료하기 위한 특수한 기법들도 개발되어 있다(Emery, Hollon, & Bedrosian, 1981; Freeman, 1983; Freeman et al., 1989; Young, 1982). 게다가, 행동치료와 게슈탈트 치료와 같은 다른 치료에서 개발된 많은 기법들도 함께 사용하고 있다. Beck(1991b, 12)은 기법의 적용에 관해서 다음과 같이 말하고 있다.

나는 인지치료자들이 다음과 같은 원칙만 따른다면 어떤 치료방법도 사용할 수 있다고 늘 주장해 왔다: (1) 치료방법은 심리치료에 대한 인지적 모델과 일치해야 하며 치료적 변화에 대한 이론과도 논리적으로 연결되어야 한다; (2) 치료자들은 사례에 대한 충분한 이해뿐만 아니라 환자의 내성 능력, 문제해결 방식, 민감성 등에 근거하여 치료기법을 선택해야 한다; (3) 협동적 경험주의와 인도된 발견의 기본적 원리가 적용되어야 한다; (4) 면담의 표준적 구조는 불가피한 이유가 없다면 준수되어야 한다. 대다수 축 1장애의 경우, 표준인 인지적·행동적 기법만으로도 치료효과가 지속되는 성공적인 치료를 하기에 충분하다.

Beck은 다음과 같은 치료적 면담 방식에 있어서 행동치료의 영향을 받았다고 인정하고 있다: 치료목표를 설정하는 일, 문제를 구성요소로 분해하는 일, 치료절차를 구체적으로 정하는 일, 치료진전을 평가하는 일 그리고 행동적 과제를 부과하는 일. 실제적 노출과 호흡조절과 같은 구체적인 행동적 기법들은 불안장애의 인지치료에서 중요한 기법으로 사용되고 있다. 마찬가지로, 우울증의 치료에서는 행동계획 세우기와 점진적 과제할당법과 같은 행동적 기법들이 사용되고 있다.

Beck이 질문을 중시하게 된 것은 Rogers의 내담자 중심 치료와 Ellis의 소크라테스식 질문법의 영향 때문이다 (Beck, 1991b). 또한 Beck은 RET의 영향으로 신념을 검증하는 방법을 사용하게 되었지만, 신념을 철학적인 방식으로 논박하지는 않는다. 심리극과 게슈탈트 치료도 인지치료에서 정서적 기법을 도입하는 데에 영향을 주었으며, 특히 성격장애에 대한 치료의 경우에 그러하다. 성격장애를 치료하는 경우, 정서적 기법은 부적응적 인지도식이 형성되는 데에 중요한 역할을 한 아동기 경험의 심상을 떠올리게 함으로써 정서적 체험을 촉발하는 데 특히 도움이 된다(Beck, 1991b; Beck, Freeman, & Associates, 1990; Edwards, 1989, 1990; Young, 1990).

신념을 검토하는 과정에서, 내담자는 기존의 신념을 흔들거나 대안적 신념을 생각해 보게 하는 많은 질문을 받게 된다. 첫 번째 단계에서 내담자는 특정한 신념의 증거를 다시 살펴보거나, 검증이 가능한 경우에는 좀 더 많은 자료를 수집하도록 요청받는다. 두 번째 단계에서 내담자는 그러한 증거에 대해서 처음에 부여했던 설명에 이어 다른 대안적인 설명을 만들어 보도록 요청받는다. 세 번째 단계에서 주어지는 질문은 그렇게 처음에 지녔던 신념이 그때는 사실적이고 정확한 것이었다 하더라도, 내담자가 지금도 정말 그러한 신념을 확신하고 있는지의 여부에 관한 것이다(Hollon & Garber, 1990). 이밖에도 그러한 신념이 내담자에게 어떤 영향을 미치는지에 관한 질문들, 즉 그러한 신념으로 인한 정서적·행동적 결과, 그러한 신념이 사실일 경우 시사되는 바와 예상되는 것, 그러한 신념으로 인한 이득과 손해, 만약 신념을 변화시키려면 취해야 할 긍정적 단계들에 관한 추가적 질문이 제시될 수 있다. 신념을 분명하게 밝히고, 자료를 수집하며, 증거를 검토하고, 문제를 해결하는 과정에서, 치료자는 환자로 하여금 새로운 정보를 편향적으로 처리하게 만드는 인지적 왜곡을 파악하고 그에 대항하도록 돕는다 (Beck, 1976). 만약 내담자가 확고하게 믿고 있는 '당위적 신념'에 반대되거나 새로운 다른 방식으로 행동했을 때 어떤 결과가 나타날 것인지를 검증하기 위해서, 행동실험을 고안하여 적용할 수 있다. 이러한 실험적 과제를 시행할 때

환자는 치료자와 함께 결과를 예측하고, 실험을 수행하며, 그 결과를 논의하게 된다.

자동적 사고로부터 좀 더 근본적인 신념에 이르는 여러 수준의 인지에 대해서, 이와 동일한 검토과정이 적용될 수 있다. 좀 더 근본적인 신념이나 인지도식을 검토하는 경우에, 치료자는 "환자가 어떤 생활사건을 그러한 인지도식의 지지 근거로 해석했는가?" "인지도식과 상반되는 사건은 없었는가?"와 같은 물음을 통해 과거경험을 탐색함으로써 그러한 인지도식을 지지하는 증거를 얻을 수 있다. 이렇게 탐색을 해 보면, 인지도식과 일치하는 방식으로 내담자가 처음부터 행동해 왔던 경우가 흔하다. 예를 들어, 자신은 아웃사이더이며 '이질적인 존재'라는 신념을 지니고 있는 여성의 경우, 그녀는 어린 시절부터 수줍음이 많은 아이였다. 그녀는 자신이 친구들의 놀이 상대로 선택되지 않거나 집단 활동을 같이 하자는 초대를 받지 못했을 때, "나에게는 무언가 결함이 있기 때문에 아무도 나를 좋아하지 않는다."는 결론을 내렸다. 이러한 신념으로 인해 사람들과 어울리지 못했을 뿐만 아니라 아동기와 청소년기에 발달시키고 숙달하게 되는 사회적 기술도 배우지 못했다. 대인상황에서 서툰 행동을 하고 불안을 느끼는 것에 대해서, 그녀는 자신이 고립되어 성장하면서 사회적 기술을 습득하지 못한 때문이라고 생각하기보다 자신에게 무언가 중대한 결함이 있다는 증거로 해석하였다. 성인이 되어서도, 그녀는 회피적 행동을 통해 그러한 인지도식을 강화해 왔던 것이다.

환자의 신념을 검토하는 과정에서, 기저 신념을 인식하고 그 타당성을 검증해야 하는 사람은 바로 환자다. 치료자는 환자가 신념을 이끌어 내도록 안내하고 돕는 역할을 하지만, 환자의 신념에 관해서 성급한 결론을 내리거나 환자에게 해결책이나 대안적 신념을 제시하지는 않는다.

만약 치료가 자동적 사고와 외현적 행동에 대한 구체적 자료를 넘어서 추상적으로 진행되면, 치료적 노력은 과녁을 빗나가 실패할 위험에 처하게 된다. 이런 경우에, 치료자들은 자신의 일방적 견해, 즉 환자가 지니고 있는 신념이라고 추측하는 것을 제시하는 잘못을 범하기 쉽다. 그러나 만약 치료자가 환자의 말에 귀 기울이면서 협동적으로 노력하게 되면, 치료는 방향을 잃지 않고 성공할 가능성이 높아진다 (Beck et al., 1979: 247).

Beck의 면담 방식은 이와 같이 치료자가 전문가의 역할로부터 한 발 뒤로 물러선 상태에서 사건에 대한 환자의 해석에 초점을 맞추고 있다. 그의 면담방식은 마치 TV에 나오는 형사 '콜롬보'의 스타일과 유사하다고 이야기하는데, 콜롬보는 매우 명석한 사람이지만 그의 예리함을 숨긴 채 호기심어린 바보처럼 행동하곤 한다. Jeffrey Young에 따르면, Beck은 "환자에게 친절하고 잘 보살펴 주는 전혀 위협적이지 않은 할아버지 같은 모습을 보여 준다. 이것은 겉으로 나타나는 그의 모습이다. 그러나 그는 속으로 매우 예리하고 명석하게 실제로 진행되고 있는 일을 파악하고 있다. 나는 이러한 방식을 '콜롬보 방식'이라고 부르곤 하는데, 실제로는 자신이 하고 있는 일의 모든 것을 알고 있지만 겉으로는 자신이 하고 있는 일을 잘 모르는 듯한 모습을 보여 주는 방식을 말한다. 이것이 그가 치료자로서 행동하는 방식이다. 예컨대, '그 말이 무슨 뜻이지요?' '이런 생각에 대해서 당신은 어떻게 생각합니까?'와 같이 물으면서, 결코 다른 사람에게 어떤 것을 강요하지 않은 채 부드럽게 진행하지만 그러한 방법이 어떤 것인지를 정확하게 알고 있다. 이런 방식은 매우 효과적이다. 나는 그가 훌륭한 치료자라고 생각한다."

인지치료자는 질문을 하고, 검증을 하기 위한 가설을 만들며, 치료자가 환자의 관점을 정확하게 이해했는지 환자에게 확인하면서 치료를 진행해 나간다. 환자의 신념체계에 직접적으로 도전하는 것은 공격이나 공감 부족으로 여겨지거나, 당혹스럽게 느껴져서 내담자가 거부적 태도를 나타내거나 또는 겉으로는 동의하지만 속으로는 받아들이지 않게 되거나, 치료를 종결하려는 의도로 해석될 수 있다. 심리치료과정에 대해서 Beck이 공헌한 점은 내담자-주도적인 치료이면서도 잘 구조화되어 있고 내담자를 잘 인도하는 방식을 제시했다는 점이다. 그는 질문을 중요한 치료수단으로 사용하며, 면담시간 내에서의 치료뿐만 아니라 면담시간 밖에서의 과제를 통해 치료적 변화를 유도해 낸다.

종결과 재발방지

종결에 관해서는 이미 인지치료의 초기에 인지적 모델을 적용하는 이론적 근거를 설명하면서 내담자와 논의한다. 왜냐하면 치료목표 중의 하나가 내담자에게 스스로 인지치료를 하는 방법을 가르치는 것이기 때문이다. 이러한 입장은 심리치료가 삶에 대처하는 기술을 훈련시키는 것이라는 Goldfried(1980a)의 견해와 유사한 것이다. 또한 이러한 방식은 재발을 예방할 수 있는데, 왜냐하면 내담자가 치료과정에서 배운 방법을 미래의 상황에 적용할 수 있기 때문이다. 치료를 종결하는 단계에서, 치료자는 내담자로 하여금 새롭게 갖게 된 생각들을 다시 살펴보게 하고, 미래에 닥칠지 모르는 어려운 상황을 미리 예상해 보고 그러한 상황에 잘 대처할 수 있도록 역할 연습이나 인지적 반복을 통해서 연습하며 준비하도록 격려한다. 이러한 연습은 Meichenbaum (1975b, 1977, 1985)의 스트레스 면역훈련에 포함되어 있는 준비상태(preparedness)와 유사하다.

치료가 진행되어 감에 따라, 내담자는 문제를 파악하고, 해결책을 만들어 내며, 새롭게 학습한 행동과 태도를 치료실 밖에서 적용해야 하는 책임을 점점 더 많이 지게 된다. 치료자는 안내자로부터 자문인의 역할로 옮겨가고, 면담의 빈도도 점차적으로 감소된다. 치료는 점차 비정기적으로 이루어지게 되며, 여러 달에 걸쳐 두어 번의 추수면담을 하는 것이 일반적이다.

이렇게 종결하는 방식은 종결의 기준과 시기를 처음부터 논의하지 않는 장기치료와는 다른 것이다. 치료적 관계가 매우 중요하기는 하지만, 인지치료의 분명한 목표는 내담자가 독립성과 자율성을 지니게 하는 것이다. 행동치료와 마찬가지로, 인지치료에서는 면담시간 내에서뿐만 아니라 면담시간 밖에서 변화가 나타나야 진정한 변화라고 할 수 있다고 가정하고 있다(Goldfried, 1988). 이처럼 종결은 치료 초기에 이미 논의되고 계획되기 때문에 자연스럽게 예상되는 것이다. 치료자는 환자에게 자가-치료적인 기술을 가르쳐 줄 뿐만 아니라 협동적이고 지지적인 관계 속에서 치료의 통제권을 점진적으로 이양하면서 종결을 준비한다.

결 어

Beck은 치료지침서를 제시했다는 점에서 매우 특별한 공헌을 했다. 인지치료는 매우 구체적이며, 쉽게 교육될 수 있고, 검증이 가능하다. 그 치료효과는 매우 지지적으로 검증되고 있지만, 인지이론의 검증결과는 혼합적인 양상을 나타내고 있다. 달리 말하면, 인지치료는 효과적이지만 그런 효과가 어떻게 나타나는지는 아직 잘 모른다.

명료하고 구체적인 치료를 창안함으로써, Beck은 인지치료에 관한 많은 연구를 촉발했다. 어떤 다른 형태의 심리치료보다도 인지치료는 많은 과학적 연구의 대상이 되었다. 인지치료에 대한 비판은 다른 치료학파와의 철학적 차이점에서부터 연구방법의 구체적 내용에 이르기까지 다양하다. 인지치료에 대한 비판과 인지주의자에 의한 반론을 통해서 많은 연구가 이루어졌으며 인지적 요인의 특성과 측정방법, 변화의 기제, 심리치료의 목표, 치료적 관계의 역할 그리고 여러 심리치료에 공통적인 원리의 탐색에 관한 활발한 논쟁이 이루어져왔다. 이러한 주제들은 다음 장에서 소개될 것이다.

4 비판과 반론

개 관

치료효과가 입증되었음에도 불구하고, 인지치료는 이론적·실제적 측면에 대해서 많은 학파들(생물학적 정신의학, 행동주의 심리학, 가장 심하게는 정신분석)로부터 비판을 받았다. 우울증의 인지이론에 관해서는 아마도 심리치료 분야에서 유래가 없을 만큼 광범위한 연구가 시행되었다. 인지치료의 효과를 지지하거나 부정하는 연구들의 방법뿐만 아니라 인지적 이론의 타당성과 다양한 유형의 우울증을 기술하고 설명하며 예측하는 이론적 역량에 관해서 많은 물음들이 제기되었다. 인지적 이론을 구성하는 여러 가지 이론적 개념에 관해서도 광범위한 분석이 이루어졌는데, 다양한 결과가 도출되었다(Barnett & Gotlib, 1988; Coyne & Gotlib, 1986; Haaga, Dyck, & Ernst, 1991). 이러한 물음과 비판들은 인지적 이론을 정교하게 만들고 발달시키는 데에 기여하였다(Beck, 1987b, 1991a).

철학적 관점에서, 인지치료는 너무 유심론적이고(Rachlin, 1988; Skinner, 1977; Wolpe, 1978), 너무 합리주의적이며(Mahoney, 1984; Mahoney & Gabriel, 1987), 기초과학과의 연결성이 너무 부족하고(Hawkins, 1989; Rachlin, 1988; Skinner, 1977; Wolpe, 1989), 인지심리학의 연구결과와 너무 괴리되어 있다(Power, 1987)고 비판되었다.

실제적인 치료적 측면에서, 인지치료는 너무 피상적이고 단순하며, 감정을 다루지 않고, 치료적 관계를 경시하며, 행동치료에 의해 사용된 기법과 방법 이상으로 새로운 것이 없다(Wolpe, 1985: 113)고 비판되었다(Beidel & Turner, 1986; Krantz, 1985; Wolpe, 1985).

Beck의 인지치료는 아마도 가장 많은 연구가 이루어졌기 때문에 여러 인지적 치료를 대표하는 것으로 여겨졌을 뿐만 아니라 장기치료의 지지자들로부터 모든 단기치료를 대표하는 것으로 비판받기도 했다. 또한 인지적 치료와 이론 내에서도 상당한 의견 차이가 존재하고 있다.

흔히 철학적 논쟁에서 그러하듯이, 인지치료와 다른 치료 간에도 잘못된 이분법(예컨대, 인지치료 대 행동치료, 인지치료

대 체험적 치료, 인지치료 대 약물치료)이 적용되었다. 실상에 있어서, 인지치료는 이러한 치료들과 상반되지 않으며, 적절한 경우에는 사실 이러한 치료기법들을 사용하고 있다. 심리치료 통합이 진행됨에 따라(참고: Goldfried, 1980b, 1992; Beck, 1991b) 인지치료가 과연 그 독특성을 계속 유지할 수 있을지에 관한 의문이 제기되고 있지만, 현재 이루어지고 있는 연구들은 인지치료의 이론적 기반과 더불어 정신장애의 발생과 회복과정에서 나타나는 인지적 변화를 밝히는 데에 초점을 맞추고 있다.

이론적 주제로부터 치료적 주제를 분리하는 것은 어려운 일이지만, 이 장에서는 인지치료의 시행방법에 대한 비판과 인지이론에 대한 비판을 나누어 논의하고자 한다. 달리 말하면, 어떤 비판자들은 인지치료에 '적극적인 구성요소(active ingredients)'가 부족하기 때문에 인지치료의 효과에 의문을 제기하기도 한다. 다른 비판자들은 인지치료가 효과적이기는 하지만 Beck의 인지이론에서 주장하는 이유에 의해서 치료효과가 나타나는 것은 아니라고 믿고 있다.

인지치료에 대한 비판의 역사

인지치료는 심리치료 분야에 커다란 변화가 일어나고 인지과학과 정보처리이론이 급격하게 성장하던 시기에 출현하게 되었다. 인지치료는 사회적 참여, 자기-자각 그리고 자가-치료의 시대에 발전했다. 그동안 주도적인 역할을 해왔던 정신분석과 정신역동 모델과는 현저하게 다른 행동치료가 급격하게 성장하였다. 행동치료의 중요한 무기는 학습이라는 과학적 원리, 즉 고전적 조건형성과 조작적 조건형성에 근거하고 있다는 점이다. 행동은 관찰될 수 있고 측정될 수 있으며 특정한 방법으로 변화될 수 있다는 것이다. 치료자는 심리적 구성개념을 다루어야 하거나 환자의 마음에서 어떤 일이 진행되고 있는지를 추론할 필요가 없었다. 그들은 관찰할 수 있는 것만 다루었다.

행동치료는 실험심리학으로부터 성장하였으며 항상 실험실에서 도출된 결과와 밀접한 관련을 맺고 있었다. 그것은 행동치료의 강점이었다. 행동치료자들이 인지치료를 처음부터 그리고 지속적으로 반대한 것은 인지치료를 기초 과학과는 거리가 있는 것이라고 여겼기 때문이었다. 예컨대, 인지치료는 지필식 자기보고형 척도를 사용하며, 인지가 조건형성과는 다른 원리에 의해 작동한다는 점을 제대로 입증하지 못했다는 것이다.

많은 행동주의자들, 특히 Wolpe와 Skinner는 인지적 치료가 심리주의(mentalism)로의 복귀를 의미하며, 따라서 정신분석과 연결된 것이라고 생각했다. Skinner는 행동을 설명하기 위해서 가설적인 설명개념을 사용하는 것을 반대했으며 정신과정에 대해 추측하는 것은 행동을 예측하고 통제하는 실용적인 방법을 찾아내는 데에 방해가 된다고 믿었다(Bry, 1991).

Wolpe는 행동주의의 열렬한 옹호자였으며 인지주의자인 Bandura, Beck, Ellis, Arnold Lazarus, Mahoney, Meichenbaum 그리고 Goldfried를 '반항아'라고 혹평하였으며, 인지는 운동반응이나 자율반응과 같이 강화와 소거라는 동일한 법칙에 따르는 것이기 때문에 일종의 행동이라고 주장했다(Wolpe, 1976b, 1978). 따라서 Wolpe는 인지적 치료를 새로운 치료라고 볼 수 없다고 주장했다.

행동치료와 인지치료의 차이점, 두 치료의 통합가능성과 통합당위성 그리고 두 치료가 기반을 두고 있는 철학적 원리에 대해서는 아직도 논의가 계속되고 있다. 새로운 치료방법(예컨대, 공황장애에 대한 인지치료)이 개발되고(Alford & Carr, 1992) 우울증에 대한 인지치료의 효과가 인지과정의 변화 때문인지 아니면 행동적 결함의 개선 때문인지를 확인하기 위해 인지치료를 재검토해 보아야 한다는 주장이 제기되면서, 그러한 논쟁이 다시 수면 위로 떠오르고 있다(Dobson, 1989; Krantz, 1985).

초기에 제기되었던 다른 비판은 인지치료의 효과에 관한 것이었다. 인지치료는 지속적인 치료효과를 나타내기에 너무 피상적이고 단순하게 비쳐졌다. 지금은 인지치료가 단극성 우울증에 대한 효과적인 치료법으로 널리 인정받고 있지만, 새로운 장애에 인지치료를 적용할 때마다 그 효과는 의심되고 있다. 인지치료가 공황장애를 위시한 불안장애를 치료하는 효과적 치료법이라는 증거가 누적되고 있지만, 비판자들은 전통적으로 장기치료에 의해 치료되어 왔던 성격장애의 경우 인지치료의 적용가능성에 대해 회의적이다.

인지치료가 치료효과 연구에서 유망한 것으로 밝혀지기 시작하면서, 관심이 인지이론으로 옮겨지게 되었다. 인지치료는 효과적이라고 하지만, 그 근거가 되는 원리가 과연 타당한가? 인지치료는 부정적 사고가 우울증의 원인이라는 가정에 근거하고 있는가? 이러한 생각은 Beck에 의해 부인되었지만, 오해가 계속되고 있다. 그러나 여전히 남아 있는 중요한 문제는 우울증에 대한 인지적 취약성 개념과 그러한 취약성이 어떻게 작동하느냐 하는 점이다.

우울증에 대한 인지적 취약성의 개념은 인지이론의 핵심이며 현재 입증하기 어려운 문제로 남아 있다. 비판의 핵심은 그러한 취약성의 특성을 파악하고, 취약성을 측정하며, 그것이 영향을 미치는 (원인은 아니더라도) 역할을 입증하기가 너무 어렵다는 점이다. 이러한 비판은 인지가 추론된 구성개념일 뿐이라는 Skinner의 경고를 되풀이하고 있는 것이다. 즉, 인지에는 실험자들이 범하는 여러 가지 종류의 오류가 개입되기 쉽다는 것이다.

인지적 이론에 관한 다른 비판은 우울증의 인지 모델이 우울증에 대해서 너무 협소한 설명을 제시하고 있다는 점이다. 구체적으로 말하면, 인지이론은 우울증의 발생에 있어서 환경적 요인, 특히 대인관계 요인을 무시한다는 것이다. 게다가, '합리성'이라는 치료목표가 의문시되듯이, 정말 우울한 사람들의 인지가 왜곡되어 있는지가 의문시되었다.

인지치료는 인지행동적 치료의 여러 추세, 특히 구성주의와 심리치료 통합의 추세와 함께 성장해 왔다. 인지행동적 치료 내에서도 인지치료는 이러한 추세에 의해 도전을 받았다. 근년에, 인지치료는 정보처리 모델의 측면이 다소 약화된 반면 현상학적 특성성이 좀 더 강화되고 있다. 이러한 변화는 환자가 자신의 현실을 어떻게 구성하는지가 중요하다는 인지치료의 기본적 전제를 반영하는 것인데, 이러한 전제는 1970년대에 유행했던 것처럼 인간을 기계적인 컴퓨터에 비유하는 것과는 현저하게 다른 것이다. 구성주의는 환자의 주관적 현실을 중요시하는데 그것이 정확하고 합리적인 것이냐는 것은 문제 삼지 않는다. 이처럼 구성주의에서 치료자는 환자의 경험이 현실적이어야 한다고 주장하지 않는다. 구성주의는 현재 유행하고 있는 견해로서 다양한 인지적 치료들이 자신의 입장을 규정하는 데에 매우 큰 영향을 미치고 있다(참고: A. Ellis, 1990).

1980년대에 Marvin Goldfried와 Paul Wachtel이 처음

시작한 심리치료 통합운동은 치료적 변화의 공통적 원리와 보완적 방법을 찾아내기 위해서 여러 치료법의 장점을 취하고 있다. Beck은 인지치료가 통합적 치료라고 생각하지만 (Beck, 1991b), 다른 이들은 인지치료가 치료적 관계, 초기 아동기 경험 그리고 감정을 경시한다고 비판한다. 인지적 모델은 다양한 분파로 발전되었는데, 이들 중에는 감정을 중시하는 분파(Safran & Greenberg, 1988), 치료적 관계를 중시하는 분파(Liotti, 1991; Safran & Segal, 1990), 초기 아동기 경험을 중시하는 분파(Young, 1990)가 있다.

인지치료는 실험심리학이 인지적 색채를 띠어 감에 따라 성장했으며, 실험적 인지심리학과 사회심리학에서 사용하는 개념들로부터 도움을 받았다(Hollon & Garber, 1990). 그러나 인지치료는 현대의 인지심리학과 상당히 유리되어 있을 뿐만 아니라(Power, 1987; Power & Champion, 1986) 의식적 인지과정과 비의식적 인지과정의 차이점을 반영하지 않고 있다(Brewin, 1989; Power, 1989)고 비판받고 있다. 인지치료가 실증주의에 너무 집착한 나머지 '이론을 경시하고 있다.'고 보는 사람들(Alford & Norcross, 1991: 185)이 있는 반면, 인지치료는 점점 더 심리주의적 모델에 의거해야 한다고 권장하는 사람들(Power & Champion, 1986)도 있다.

행동치료에 의한 비판

인지치료에 대한 비판은 행동치료가 모든 인지적 치료를 향해 비판했던 것부터 살펴보기로 한다. 인지치료와 행동치료는 역사적으로 밀접한 관계를 지니고 있는데, 그 이유는 인지치료가 심리학의 인지적 혁명과 같은 시기에 발전했기 때문이다. Beck의 인지치료는 행동치료 분야에서 인지주의자들에 의해서는 받아들여졌지만, 급진적인 행동주의자들로부터는 강력한 반발을 받았다. 즉, 인지적인 것은 어떤 것이든 강력하게 비판되었다. 뿐만 아니라 행동주의자들이 처음에 제기했던 비판의 일부는, 그것이 정당한 경우와 오해인 경우 모두, 지금도 계속되고 있다. 이처럼 행동주의자들에 의한 비판은 이론적·역사적 중요성을 지니고 있다.

행동주의자들에 의한 비판은 Beck의 인지치료만이 아니라 모든 인지적 치료에 대한 것이었다. 그러한 비판은 행동변화에 있어서 인지가 어떤 역할을 하느냐에 대한 이론적 차이에 기인한 것으로서 심리학의 '인지적 혁명'이라는 맥락 속에서 시작되었다. 행동주의자들이 강렬하게 비판하는 이면에는 인지주의가 행동치료와 완전히 별개로 분리되지 않은 채 행동치료의 명칭을 (인지-행동적 치료가 되도록) 변화시켰다는 사실과도 관련되어 있다. 그에 대한 반발로서, 행동주의자들 일부는 인지적 입장을 지닌 회원들을 받아들이는 학회의 구성원으로 남기보다 AABT를 탈퇴했다. 다른 행동주의자들은 인지적 치료가 왜 행동적 치료와 다른 것으로 여겨져야 되는지 납득하지 못한 채 혼란스러워하고 있다(Thyer, 1992). 왜냐하면 Wolpe가 최초로 말한 바 있듯이, '인지는 행동의 하위집단' 이기 때문이다(Wolpe, 1976b: 114).

심리학 내에서 인지적 치료의 위상에 관한 논쟁, 특히 행동치료와의 불편한 동맹관계는 약화되지 않은 채 여전히 남아 있다. Houts와 Follette(1992)에 의해 편집되고 있는 학술지인 *Behavior Therapy*는 특별연재를 통해서 인지주의자와 통합한 지 20년이 지난 지금에도 행동치료의 철학적 · 이론적 기반을 다루고 있다.

Wolpe의 비판과 인지치료자에 의한 반론

인지적 치료에 대한 Joseph Wolpe의 유명한 비판은 일련의 논문을 통해 제시되었는데, 그 내용뿐만 아니라 비판의 강도에 있어서도 대단했다(Wolpe, 1976a, 1976b, 1978). Wolpe에 대한 응답에서, Beck과 Mahoney(1979)는 Wolpe의 비판 내용 이면에 존재하는 다음과 같은 네 개의 가정을 찾아냈다:

(1) 결정론은 자유의지와 개인적 원인 모두를 인정하지 않

는다. (2) 인지적 이론가들은 마음이라고 불리는 비생물학적 실체를 끌어들임으로써 물질주의(physicalism)의 가정을 위반하였다. (3) 인간의 모든 학습은 조건형성의 원리에 의해서 적절하게 설명될 수 있다. (4) 인지는 행동주의 이론의 원리에 따르는 행동으로 간주될 수 있는 경우에만 과학적으로 타당한 변인이라고 할 수 있다(1979: 94).

Wolpe의 첫 번째 가정에 대한 답변으로, Beck과 Mahoney(1979)는 행동과 인지는 상호적으로 영향을 미치며, 인과관계는 하나의 일차적 또는 최초의 요인으로 환원될 수 없다고 주장했다. 자유의지나 자유선택은 결정론·예측가능성·인과관계의 맥락 속에서 작용하는 것이다. 즉, 이들은 서로 배타적인 것이 아니다.

Wolpe의 두 번째 가정에 관해 언급하면서, Beck과 Mahoney(1979)는 인지적 이론가들이 인체 생물학과 별개로 '마음'이 존재한다고 주장하는 것은 아니라고 반박한다. 마음과 몸을 데카르트처럼 이분법적으로 구분하는 것은 인지주의자를 공격하기 위한 부당한 것으로서 우울증과 불안장애의 원인론을 제시하면서 인지적 치료자들이 인지가 원인이라고 주장했다는 오해를 초래했다. Beck(1984; Beck et al., 1979)은 이러한 환원주의적 입장을 여러 차례 부인한 바 있다. 인지치료의 경우, 정신병리의 발달에 있어서 인지가 중요한 역할을 한다고 보고 있지만, 인지가 원인이라거나 시간적으로 선행하는 요인이라고 주장하는 것은 아니다.

또한 마음과 몸을 별개의 것으로 구분함으로써 인지치료와 행동치료가 여러 가지 공통점을 지니고 있음에도 불구하고 마치 인지적 치료가 행동치료와 상반되는 것으로 보이게 만들어서 두 입장 간의 경쟁을 부추기고 있다. 그 한 예로서 최근에 공황장애에 대한 Beck의 인지적 치료가 조건형성이론과 일치하지 않는다는 주장이 제기되었다(Seligman, 1988; Wolpe & Rowan, 1988). Alford와 Carr(1992)는 Beck의 모델이 현대의 고전적 조건형성이론과 어떻게 양립될 수 있으며 또한 현상학적 입장까지 아우를 수 있는 통합적 입장인지를 설명한 바 있다. Beck의 모델은 사건들 간의 관계에 대한 관찰자의 견해뿐만 아니라 그러한 사건들의 지각된 관계에 대한 의미까지 포함하고 있다.

모든 학습은 조건형성에 의해 설명될 수 있다는 세 번째 가정은 Bandura(1969, 1974)의 연구 이래로 부정되고 있다. 행동치료에 대한 최근의 비판은 조건형성 모델이 너무 단순하여 많은 한계를 지닌다는 점에 집중되어 있으며 (Davey, 1987; Erwin, 1992; Siddle & Remington, 1987), 일부 비판자들 중에는 인지과학에서 유래한 모델을 행동치료에서 사용하는 것이 바람직하다고 옹호하는 이들도 있다 (Power, 1991). ˙

Beck과 Mahoney(1979)는 사고가 일종의 행동으로 간주될 수 있어야만 타당한 요인이라는 Wolpe의 네 번째 가정에도 동의하지 않는다. 그들에 따르면, 행동치료는 아직 그 자체에 대한 정의를 제시하지 못하고 있으며 행동에 속하는 것과 행동에 속하지 않는 것을 구별하는 기준도 제시하지 못하고 있다. 따라서 인지는 이처럼 모호한 행동의 범주에 포함될 수 없다.

Beck과 Mahoney의 반론이 제시된 *American Psychologist*의 같은 호에서, Arnold Lazarus(1979: 100)는 행동주의자와 인지-행동주의자의 주요한 차이점을 제시한 바 있다. 그에 따르면, 인지-행동치료자는 인지를 배경적인 요인, 즉 '사사로운 사건'으로 보지 않고 '특별히 중요한 것'으로 본다는 것이다. 아울러 그는 인지적·정서적 과정(자율적 과정을 포함해서)이 상호작용적이라고 주장하면서 다음과 같이 말하고 있다: "Wolpe는 인지적 입장이 '생각하는 행동(thinking behaviors)'의 중요성을 (다른 이론적 틀이 아니라) 다른 방식으로 강조하는 것일 뿐이라는 중요한 사실을 놓치고 있다."

나아가서 Beck과 Mahoney(1979)는 Wolpe가 제기한 비판들을 다음과 같이 세 가지로 요약하고 각각에 대해 실증적 근거에 기초해 반박하였다: (1) 인지적 치료자들은 행동치료법을 잘 알지 못하고 있다. (2) 행동장애의 경우에는 인지적 왜곡이 나타나지 않는다. (3) 인지적 기법은 행동치료의 역량을 증가시키는 데에 도움이 되지 않는다. 이러한 비판은 오늘날에도 계속되고 있다.

인지적 치료자들이 행동치료법을 잘 모른다는 주장은 1977년에 인지적 치료자의 훈련에 관한 역사적 사실의 개관을 통해서 반박되었다(Mahoney, 1977). 대부분의 인지적 치료자들은 행동수정가로서 훈련받았다. 뿐만 아니라 오늘날에는 AABT의 회원자격을 가진 인지적 치료자의 비율이 높다는 사실에 의해서 반증되고 있다(Craighead, 1990). 그럼에도 불구하고, 최근에도 Skinner(1988)는 행동주의의 적절성에 대해 회의를 갖는 것은 행동주의가 무엇인지를 잘 이해하지 못하고 있기 때문이라고 주장한 바 있다.

Wolpe가 인지주의자들이 행동치료법을 잘 모른다고 주장한 것은 행동주의자들이 인지적 요인을 간과하여 이론을 구성했다는 Beck(1976)의 진술을 향한 것이었다. Beck은 행동치료의 기법에 대해서 언급한 것이 아니었는데, 행동치료자들은 자신들도 인지적 기법을 사용하고 있다고 주장하였다. 행동치료는 안심시키기, 안내하기, 설득하기, 재교육하기와 같은 지지적 기법을 인지적 기법이라고 부르고 있었다. 이러한 '인지적 기법'은 사실 인지치료에서 사용되는 기법과는 다른 것이다. 이러한 논쟁이 이루어지던 시기에, 인지치료에서 사용했던 기법은 자동적 사고를 포착하고, 행동실험과 증거조사를 통해 그 타당성을 검증하며, 증거를 논리적으로 검토하고, 대안적 사고를 발견해 내는 것이었다 (Beck, 1976). 이처럼 인지주의자들은 대부분 행동치료의 훈련을 받았지만, 인지의 역할을 중시하는 이론을 적용하기 위해서 새로운 치료기법을 개발했던 것이다.

게다가, Wolpe와 같은 행동주의자들은 인지를 인정하기는 하지만 별로 중요하지 않은 것으로 여겼던 반면, 인지주의자들은 인지를 매우 중시하였다. Davison(1980)이 지적했듯이, Wolpe 자신은 늘 매개적 요인을 중시했으며 급진적인 행동주의자가 아니었지만 지각과 같은 인지적 요인을 조건형성의 용어로 설명하곤 했다. Davison에 따르면, 인지적 이론가들에게 있어서

강화계획은 기껏해야 주변적인 관심사다. 인지적 관점에서 정말 중시하는 것은 경험의 구성과정(오늘날 정보처리라고 흔히 언급되는 것)이다. 인간은 내면적 구조를 가지고 삶을 살아가는데, 행동치료자들은 이 점에 관심을 가져야 한다. 이것은 행동치료에서의 인지적 혁명이 의미하는 것이며, Wolpe가 지난 20년에 걸쳐 유지되어 왔다고 우리에게 주장하는 것과는 다른 것이다(1980: 207).

행동장애에서는 인지적 왜곡이 나타나지 않는다는 주장

역시 Beck과 Mahoney(1979)에 의해 실증적 자료에 근거하여 반박되었다. 이들은 '부동불안'으로 진단된 사람들이 실제로 위험과 관련된 사고와 심상을 지닌다는 것을 발견한 Beck, Laude와 Bohnert(1974)의 주목할 만한 연구를 비롯하여 여러 연구의 결과를 반박근거로 제시하였다.

이러한 논쟁이 제기된 이후로 여러 해가 지나면서, 인지적 왜곡이 다양한 장애에 많이 존재한다는 사실이 입증되었다. 그러나 사고과정의 왜곡이 어떤 역할을 하는지는 아직 잘 알려져 있지 않다. 다음과 같은 두 개의 질문이 해결되지 않은 채 여전히 남아 있다: (1) 정상인의 인지는 왜곡되어 있지 않은 반면, 우울하고 불안한 사람들의 인지는 왜곡되어 있는가? (2) 치료목표는 사고를 좀 더 '합리적'인 것으로 만드는 것, 즉 현실을 좀 더 정확하게 반영하거나 합의될 수 있는 것으로 만드는 것인가? 이러한 질문들은 우울증의 여러 가지 원인, '우울한 현실주의(depressive realism)', 인지적 취약성과 인지적 왜곡의 관계 그리고 합리주의와 구성주의 중 인지치료의 본질은 어떤 것인가 하는 여러 가지 이론적 주제와 관련되어 있다.

마지막으로, 인지적 기법이 행동치료의 효율성에 아무런 도움이 되지 않는다는 Wolpe의 비판은 해결되지 않은 채 뜨거운 논쟁거리로 남아 있다. 행동주의적 입장은 최근에 인지적 치료와 그 효과연구를 개관한 Beidel과 Turner

(1986)에 의해 상세하게 제시되었다. 그들에 따르면, 인지행동적 치료가 전통적인 행동치료보다 우월하다는 실증적인 지지증거는 없으며 인지행동적 치료가 고전적인 행동적 기법으로 치료하던 것 이상으로 특정한 장애를 잘 치료하고 있지 않다는 것이다.

Beck의 인지치료는 인지적 기법과 행동적 기법을 모두 사용하며, 이러한 기법들의 효과가 서로 비교된 적은 거의 없다. 그렇지만 우울한 학생들을 대상으로 한 Shaw(1977)의 연구에서는 '순수한' 인지치료가 행동치료나 비지시적인 치료보다 더 효과적인 것으로 나타났다. Taylor와 Marshall(1977)은 행동치료와 인지치료가 모두 우울한 대학생의 치료에 있어서 효과적이지만, Beck의 인지치료가 더 효과적이었다고 밝힌 바 있다. 최근에, 우울증의 인지치료에 관한 한 메타분석(Dobson, 1989)에서는 Beck의 인지치료와 행동치료를 비교한 9개의 연구를 찾아냈다. 이 연구를 한 저자는 '자료에 따르면, 인지치료 내담자들이 나타낸 치료효과의 평균은 행동치료 내담자들이 나타낸 치료효과의 상위 67%보다 우월했다.'고 결론내리고 있다(Dobson, 1989: 415).

또한 인지적 치료는 오랜 기간 동안 행동치료의 요새였던 불안장애에도 적용되고 있다. 공황장애에 대한 매우 성공적인 인지적 치료법들(Clark, Salkovskis, & Chalkley, 1985;

Salkovskis, Jones, & Clark, 1986; Sokol et al., 1989; Beck, 1988a)은 공황발작 동안에 나타나는 신체적 감각에 대한 잘못된 해석을 변화시키고 파국적 결론에 이르게 만드는 신념을 수정하는 인지적 기법들을 사용하고 있다. 이러한 치료법에서는 과잉호흡을 진정시키는 '호흡통제법' 뿐만 아니라 강한 신체적 감각에 노출시키는 행동적 기법도 함께 사용되고 있다.

인지적 기법만의 치료효과를 검증하기 위해서, 일반적인 공통적 치료효과(Beck, 1988a)와 행동적 기법의 치료효과(D. M. Clark, Salkovskis, & Chalkley, 1985; Salkovskis, Clark, & Hackmann, 1991)를 배제한 일련의 연구가 수행되었다. Clark, Salkovskis와 Chalkley(1985)는 노출 경험을 배제한 채로 인지적 치료를 통해서 공황발작을 현저하게 감소시켰다. Salkovskis, Clark과 Hackmann(1991)은 노출과 호흡통제법을 사용하지 않고 신체감각에 대한 잘못된 해석에 도전하는 언어적 기법만을 사용하였다. 10일에 걸쳐 2회기 동안 이루어진 이러한 '순수한' 인지적 치료를 통해서 5명의 환자 중 4명이 잘못된 해석과 공황발작의 빈도를 감소시켰다. 생각의 변화가 나타나지 않은 한 환자는 공황발작의 빈도에도 변화가 나타나지 않았다. 일반적인 치료효과와의 비교를 위해서, 일부 환자에게 처음에는 생활문제와 관련된 부정적 생각에 대한 비초점적 치료를 하다가, 이어서 잘못된 해석에 대한 초점적 치료를 시행하였다. 다른 환자들에게는 잘못된 해석에 초점을 맞추는 불안-특수적 치료가 시행되었다. 잘못된 해석과 공황빈도는 초점적인 인지적 치료가 시행되는 동안에 감소되었지만 비초점적 치료가 시행되는 동안에는 감소되지 않았다.

치료효과는 입증되었지만, 인지치료가 어떻게 변화를 유발하는지는 여전히 알려져 있지 않다. 이러한 과정을 설명하는 것은 근본적인 이론적 과제이자 중요한 관심거리다.

인지치료의 치료적 측면에 대한 비판

인지치료의 실제에 대한 비판은 정신역동적 치료와 매우 밀접하게 관련되어 있다. 주요한 비판의 내용은 인지치료가 실증적 연구에 기반을 둔 것이어서 너무 기법-지향적이고, 너무 현재-중심적이며, 복잡한 문제영역이나 숨겨진 갈등에 대한 평가 없이 너무 증상에만 초점을 맞추고, 감정에 관심을 두지 않으며, 치료적 관계를 경시한다는 것이다. 이러한 마지막 비판점과 관련해서, 인지치료가 우울한 내담자와 치료자 간에 일어나는 애착에 있어서 매우 중요한 전이, 역전이, 종결의 문제에 관심을 기울이지 않는다고 주장하는 이들도 있다.

또한 정신역동 치료자들과 인지과학자들은 모두 인지치

료가 무의식적 과정의 역할을 무시한다고 비판한다(Karasu, 1990; Power & Champion, 1986; Raimy, 1980). 아울러 치료자가 역기능적 사고와 좀 더 현실적이고 적응적인 사고를 어떻게 구분할 수 있는지에 대해서도 의문이 제기되고 있다 (Raimy, 1980). 이러한 의문은 치료에서 합리성이 어떤 역할을 하는지에 관한 이론적 논쟁을 유발했을 뿐만 아니라 환자의 자기보고를 기본적인 자료로 활용하는 현상학적 접근을 도입하는 것에 대한 철학적인 견해 차이가 나타나게 되었다.

인지치료에 대한 비판은 다음과 같다.

인지치료는 단지 치료기법을 모아놓은 것일 뿐이다

인지치료가 시행되는 방법에 대한 비판은 대부분 우울증에 대한 초기연구(Kovacs et al., 1981; Rush et al., 1977)에서 사용된 치료지침서를 발전시킨 『우울증의 인지치료』 (Beck et al., 1979)에 근거하고 있다. 『우울증의 인지치료』는 치료과정에서 시행되는 것을 명료하게 소개하기 위한 것이었으며, 이러한 치료법의 효과는 잘 입증되어 있다 (Dobson, 1989). 그럼에도 불구하고, 이 책에서 제시된 인지치료는 증상감소에 초점을 맞추는 기법-지향적인 치료라는 것이다. 이러한 인식 때문에, 인지치료는 지나치게 단순하고, 기법을 강조한 나머지 인지치료자가 되기 위해 필수적인 기술이 과소평가되었으며, 인지치료는 복잡한 문제에 대한 기계적인 치료법이라는 비판이 제기되었다(Karasu, 1990).

인지치료자들은 이러한 비판이 『우울증의 인지치료』에 대한 반발이라고 생각하고 있지만, 인지치료가 실제로 치료적 지침, 방략, 기법을 제시하고 있기 때문에, 자칫 독자들이 그러한 것들에만 초점을 맞출 수도 있다는 점을 지적하고 있다.

Judy Beck은 인지치료의 본질이 기법이 아니라 사례이해라고 주장하고 있다. "많은 사람들이 자신을 인지적 기법을 사용하는 인지치료자라고 지칭하지만, 흥미롭게도 인지적 사례이해에 관해서 잘 모르고 있다. 이것은 본말이 전도된 것이라고 생각한다. 치료자가 인지적 사례이해를 적용한다면, 어떤 기법을 사용하든 인지치료를 하고 있는 것이다."

『불안장애와 공포증: 인지적 관점』(Beck, Emery, & Greenberg, 1985)의 공동저자인 Ruth Greenberg에 따르면, 여러 인지적 치료가 발전함에 따라 인지치료의 특징이 실제보다 잘 부각되지 않게 되었으며 사람들은 그 기법적 측면을 인지치료의 특징으로 생각하는 경향이 있다. "인지치료의 구체적인 모습을 인식하는 가장 쉬운 방법은 가장 기본적인 기법적 측면, 즉 『우울증 이겨내기(Feeling Good)』(1980년에 인지치료에 관해 David Burns가 저술한 대중적인 자가-치료적인 책)에 소개되어 있는 사고기록지, 만족감 예상

기록지, 단순한 행동적 기법 등과 같은 기법들에 주목하는 것이다. 따라서 이러한 것들을 인지치료라고 생각하여, 인지치료는 그 전체적인 심리적 이론에 대한 고려 없이 부정적 의미를 지닌 사고들을 마구잡이로 기록하는 것이라고 생각하기 쉽다. 이러한 식의 피상적인 기법적 인지치료는 사실과 다른 허구적인 것으로서 엉뚱하게 매를 맞고 있는 셈이다. 그것은 사람들이 만들어서 마구 때려대는 허수아비다."

인지치료가 너무 단순하다는 비판에 대해 Beck은 정신의학계를 향해 다음과 같이 반박하고 있다. "많은 정신의학자들은 생물학적인 입장을 지니고 있어서 자신들이 실용적인 치료를 하고 있다고 생각하지만, 만약 그들에게 자신의 이론적 입장을 설명해 보라고 하면, 정신역동적인 입장을 내세울 것이다. 내가 깨닫게 된 것 중의 하나는 정신의학계에는 새로운 패러다임에 대한 저항이 있다는 것이다. 이러한 저항은 사람들로 하여금 인지치료의 효과를 무시하고 인지치료를 폄하하게 만든다."

Beck은 인지치료가 심리학계에서 더 잘 받아들여지고 있으며 그 이유는 인지치료가 심리학의 인지적 혁명을 반영하고 있을 뿐만 아니라 학문적인 심리학자들은 정신의학자들보다 실증적인 결과를 더 잘 받아들이기 때문이라고 믿고 있다.

뉴욕 인지치료센터의 소장인 Jeffrey Young에 따르면, 인지치료에 대한 비판의 많은 부분은 초기에 제시된 이론에 대한 것이다. 인지치료에 대한 적대적인 비판은 별개의 문제다. Young은 이에 관해서 다음과 같이 말하고 있다: "적대적인 비판의 상당부분은 정신분석적 치료자들이 인지치료자에 의해서 '당신이 하고 있는 치료는 대부분 시간을 낭비하는 것이다. 당신이 치료에 중요하다고 믿고 있는 것들, 즉 치료관계, 아동기의 기원, 통찰은 사실 시간낭비다. 당신이 정말 해야 할 일은 증상에 주목하여, 그것을 있는 그대로 받아들이고, 구체적인 기법을 사용해서, 환자를 좀 더 편안하게 만들어 치료가 빨리 끝나도록 하는 일이다!' 라는 말을 듣게 된다는 사실에 기인하는 것으로 생각된다. 이처럼 초기의 인지이론은 기존의 치료이론을 매우 격렬하게 비판하고 있기 때문에, 정신분석적 입장을 지닌 사람들에게는 심각한 위협으로 느껴졌을 것이다. 그들이 제기하는 비판의 핵심에는 상당한 적개심이 존재한다고 생각한다."

인지치료는 여러 가지 인지적 · 행동적 기법의 적용에 대한 구체적인 치료적 지침을 제시하고 있기 때문에 피상적인 것으로 여겨지고 있다. 다른 이유는 인지치료가 단기적이고 현재−중심적이며 치료적 관계를 경시한다는 점일 것이다.

인지치료는 단기적이다

인지치료가 '요리책' 식의 치료라거나 기법을 모아 놓은 것이라는 비판은 인지치료의 단기적 특성과 밀접하게 연결되어 있다. 인지치료의 단기적 특성에 대한 비판은 모든 문제-지향적인 치료들, 특히 행동치료에도 해당되는 것이다. 단기치료는 모두 증상감소를 치료목표로 한다는 점에서 비판되고 있으며, 그 치료적 적용범위가 협소하여 공포증이나 비교적 단순한 단극성 우울증에만 적용될 수 있을 것이라고 예언하고 있다.

그러나 인지치료의 치료효과에 관한 연구에 따르면, 그 효과가 단기적이지 않다(Hollon & Garber, 1990). 단기적인 인지치료는 우울증의 치료에 있어서 약물치료(Evans et al., 1992)와 다른 심리치료법(Shea et al., 1992)에 비해서 장기적인 치료효과를 지니며 재발률도 더 낮았다.

인지치료를 성격장애와 같은 문제에 확장하여 적용할 경우에는, 치료기간이 증가한다. 또한 인지치료가 실증적 자료에 의한 이론적 근거 없이 새로운 임상영역에 적용되고 있다. 『성격장애의 인지치료』(Beck, Freeman, & Associates, 1990)의 공동저자인 Arthur Freeman은 이러한 비판을 타당한 것이라고 보고 있다. 그는 다음과 같이 말하고 있다: "우리가 성격장애에 관한 책을 썼지만, 우울증과 불안장애의 경우처럼 그 모델을 광범위하게 검증하지는 못했다. 이 책은 광범위한 연구에 근거한 것은 아니다. 이 책에서 설명했듯이, 이 책은 사람들이 좀 더 좋은 연구를 하도록 생각하게 만드는 예비적인 책이지만 현재 치료를 받기 위해 기다리고 있는 많은 환자들에게 도움을 주기 위한 것이다."

Donald Meichenbaum을 비롯한 일부의 인지행동치료자들은 Beck이 인지적 모델을 지나치게 확장하여 커플 치료에 적용했다고 생각하고 있다. 왜냐하면 Beck은 성격장애 환자를 치료한 경험보다 커플을 치료한 개인적 경험이 적기 때문이다. Beck이 커플을 위해 저술한 『사랑만으로는 살 수 없다』(Beck, 1988b)는 일반대중을 위한 자가-치료적인 책으로 쓰였는데 연구기반이 부족하다.

인지치료가 연구결과로부터 도출되었으며 미래의 연구를 위해 구체적인 개념으로 제시되었다는 점은 장점인 동시에 비판의 대상이 되고 있다. Brian Shaw가 지적하고 있듯이, 그 장점은 인지치료가 검증가능하다는 점이다. "아마도 인지치료는 정말 진지하게 처음부터 검증과 평가를 위해 개발된 치료법으로 받아들여질 것이라고 생각한다. 단점은 이 모델의 단순명료성 때문에 인지치료가 지나치게 단순한 것이며 성공적인 인지치료를 하기 위해서 필수적인 치료적 기술을 경시하는 것으로 오해받을 수 있다는 점이다."

인지치료는 기계적이고 배우기가 너무 쉽다

국립정신보건원(NIMH)의 우울증 치료 공동연구에서 드러났듯이, 신참 인지치료자를 유능한 인지치료자로 신속하게 훈련시키는 일은 쉽지 않다. Beck이 이 공동연구에서 사퇴한 주된 이유는 NIMH가 적절하지 않은 인지치료자를 계속 사용하려 했기 때문이다. Jeffrey Young은 그 상황을 이렇게 기술하고 있다: "모델 전체를 잘 이해하지 못하고 있는 사람들에게 인지치료를 단기간에 가르치려고 했을 때, 사람들은 기계적인 방식으로 치료를 하려고 했다. 치료의 대인관계적 측면에 숙달되지 않은 사람들에서 환자의 감정, 치료과정, 환자가 정말 의도하는 것을 민감하게 포착하지 못한 채로 사고기록법을 적용하는 것을 나는 '기법적인 인지적 치료' 라고 부른다. 이 경우 기법이 중요한 관계적 측면보다 우선시된다. 따라서 기법을 적절한 치료적 관계형성이나 민감성과 조화롭게 통합하지 않은 채 기법만을 강조하는 것은 잘못이라고 생각한다."

NIMH 공동연구의 자료를 분석한 결과, 치료기관별로 효과의 차이가 나타났는데 이는 환자나 치료자의 특성 때문일 수 있다(Elkin et al., 1989). Beck과 Young으로부터 인지치료자의 훈련을 인계받은 Brian Shaw는 이러한 기관별 차이가 치료자의 차이에 기인한 것으로 믿고 있다.

Power는 다음과 같이 기술하고 있다:

다른 이론적 입장을 지닌 유능한 치료자들은 아마도 같은 입장을 지닌 무능한 치료자들보다 서로 간에 비슷한 점이 더 많을 것이다. 예를 들어, 이러한 치료자 효과는, 최근에 이루어진 NIMH의 우울증 치료 공동연구에서 치료자의 차이로 인해 치료효과가 제대로 반영되지 못한 경우처럼, 여러 유형의 치료들이 나타내는 치료효과를 변별하지 못하게 만드는 결과를 초래하고 있다(Elkin et al., 1989; 1991: 2).

인지치료는 너무 현재-중심적이고 증상호전에만 초점을 맞춘다

인지치료는 너무 현재의 증상에만 초점을 맞추고 있다는 비판은 세 개의 독립적인 불평을 반영하고 있다: (1) 인지치료의 궁극적 목표는 증상감소다. (2) 인지치료는 피상적 수준의 인지에 초점을 맞춘다. (3) 인지치료는 아동기 경험에 관심을 기울이지 않는다. 이러한 모든 비판은 인지치료가 정신병리를 깊이 이해하지 못하고 있으며 아마도 성격 문제, 복잡한 문제영역, 숨겨진 갈등을 치료하는 데에 적절치 않다는 편견을 갖게 만든다(Karasu, 1990).

인지치료의 유일한 목표가 증상감소라는 오해는 인지치료가 비교적 수월한 방식으로 치료효과를 거두기 때문에 생긴 듯하다. 사실, 우울한 기분이 호전되면 심리도식이 수정되지 않은 채로 치료를 중단하는 환자들도 있다.

Beck 등(1979: 23)은 우울한 증후군을 피상적으로 보지 말고 충분히 잘 이해해야 한다고 주장하면서 다음과 같이 말하고 있다: "심리치료자들이 전통적인 진단범주를 무시하고 단지 환자의 문제에만 초점을 맞추는 경향이 있는데, 이러한 방식은 한계가 있으며 불행한 결과를 초래할 수 있다." 치료 초기에는 치료적 관계를 형성하고 환자의 기저신념과 가정을 이해하기 위해 노력하면서 증상경감에 초점을 맞추지만, 치료가 진행됨에 따라 좀 더 깊은 수준의 인지로 초점이 옮겨진다.

"치료가 진전되어 환자의 증상이 감소됨에 따라, 치료의 초점은 잘못된 가정, 즉 개인을 우울증에 걸리기 쉽도록 만드는 기본적인 신념을 변화시키는 일로 옮겨진다. 환자의 잘못된 역기능적 신념을 변화시키는 것은 환자가 미래에 우울증을 예방할 수 있는 능력을 증가시키게 된다."(Beck et al., 1979: 244) 좀 더 뿌리 깊은 인지를 탐색하기 위해서는 환자가 이러한 신념을 갖게 된 대인관계 경험과 개인의 과거사를 잘 이해할 필요가 있다.

비판자들은 인지치료가 성격적 요인에 관심을 기울이지 않고 증상만을 감소시키려 하기 때문에 재발할 수 있다고 주장한다(Karasu, 1990). 그러나 인지치료의 강점 중 하나가 예방적 효과와 낮은 재발률이라고 이미 밝혀진 점을 주목해야 한다(Evans et al., 1992; Hollon & Garber, 1990; Shea et al., 1992).

또한 인지치료는 내담자의 사고를 수정하기 위한 기법을 마치 공식처럼 적용하여 부정적인 사고를 변화시키는 방법이라고 오해되어 왔다. 자동적 사고의 수준에서 치료하는 주된 이유는 그러한 사고가 쉽게 접근할 수 있고 인식이 가능하기 때문이다. 그러나 그러한 모든 사고가 수정의 대상이 되는 것은 아니다. David Clark이 말한 바 있듯이, "심리적 장애를 지닌 사람은 엄청나게 많은 수의 부정적 사고를 지니고 있으며, 이러한 사고의 일부는 장애와 전혀 무관한 것이다. 그러한 사고들은 일종의 쓰레기 같은 것이다. 그러한 사고는 개인에게 영향을 주지 않는 것이다."

인지치료자는 사건과 경험이 내담자에게 어떤 의미를 지니는지를 잘 알아야 하는데, 그러한 의미의 일부는 감정, 공통적 주제 또는 대화 중의 목소리 강도에 의해 반영된다. "환자가 제시하는 그대로의 자동적 사고 내용에만 초점을 맞추게 되면, 치료자는 표현되지 않은 중요한 의미를 놓치게 된다."(Beck et al., 1979: 30) 치료자는 환자의 주관적인 세계 속으로 들어가서 자신이 인식한 것이 정확한 것인지를 확인해야 한다.

인지치료가 마치 공식을 적용하는 것과 같은 치료법이라는 비판에 대해서, Beck 등(1979: 29)은 "중요한 자료를 얻고 독특한 패턴을 변화시키기 위해서 모든 환자에게 일괄적으로 적용할 수 있는 표준적인 치료방식은 없다."고 기술하고 있다. 각 환자마다 인지적인 사례이해를 하는 것이 필요하다.

부정적인 자동적 사고를 기록하고 수정하는 동일한 기법을 적용한 다음의 두 사례를 통해서 기법보다 사례이해가 중요하다는 것을 알 수 있다. Caire(1992)는 부정적인 사고를 변화시켰지만 그 사고가 피상적인 수준의 것이기 때문에 증상이 호전되지 않는 한 환자의 사례를 소개하고 있다. Caire의 치료사례는 자동적 사고로부터 이러한 사고가 유래한 신념으로 치료가 진행되어야 한다는 Beck의 생각(Beck et al., 1979)을 지지하는 것이다. 이러한 신념은 흔히 환자가 회피하는 감정과 밀접하게 연결되어 있다. 또한 Caire는 사고기록법이 문제를 구체적으로 살펴볼 수 있고 인지와 감정을 지속적으로 추적할 수 있는 방법으로서 중요하다는 점을 강조하고 있다. Caire는 자동적 사고를 기록하고 수정하는 표준적인 기법을 사용하여 내담자로 하여금 가장 강력한 인지에 초점을 맞추게 함으로써 인지적 · 정서적 회피를 감소시킬 수 있다고 주장하였다.

Caire가 제시한 사례와는 대조적으로, Persons(1990)는 자신에 대한 비합리적 신념이 촉발되는 상황을 회피하기 위해서 역기능적 사고의 일일기록표를 사용했던 내담자의 사례를 소개한 바 있다. 내담자의 기록행동을 회피라고 판단한 Persons는 내담자의 신념을 검증하기 위해서 다음과 같은 행동실험을 제안했는데, 내담자가 학교생활과 대인관계를 열심히 하여 활동량을 증가시키는 것이었다. 내담자의 우울과 불안은 급격히 호전되었다. Persons는 기법보다 사례이해가 중요함을 강조하면서 다음과 같이 결론짓고 있다: "환자가 치료를 통해 도움을 받는 정도는 특정한 치료방법에 좌우되기보다 그러한 방법을 통해서 환자가 자신에 관한 핵심적인 비합리적 신념을 변화시킬 수 있는 증거를 얼마나 많이 얻느냐에 달려 있다."(1990: 133)

마지막으로, 인지치료는 아동기 경험에 관심을 기울이지 않기 때문에 너무 현재—중심적이며 증상—지향적이라고 비판되었다. 1979년 책에서, Beck은 만약 어떤 환자가 자신의 아동기 경험 때문에 우울해졌다고 믿고 있다면 그에게 인지치료의 이론적 근거를 제시해 주는 것이 필요하다고 주장하였다. "치료자가 과거에 학습된 문제의 원인이나 과정을 밝혀내지 않고서도 사고나 행동 패턴을 변화시킬 수 있다는 점을 설명해 주는 것이 바람직하다."(Beck et al., 1979: 145)

처음에, 인지치료는 신념과 인지도식의 기원을 이해하기 위해서 아동기 경험에 관심을 기울였다. 그러나 이러한 아동기 경험은 잘 '재생되지' 않았으며 직접적으로 치료할 수가 없었다. 최근에, 아동기 경험에 대한 관심이 증가하고 있는데, 특히 인지치료가 성격문제와 만성 우울증과 같은 좀 더 복잡한 사례에 적용되면서 이러한 경향이 나타나고 있다.

이 경우에, 아동기의 발달과정과 성장경험을 탐색하는 목적은 내담자의 역기능적 신념을 찾아내고, 이러한 신념을 유지하기 위해 사용된 증거들을 살펴보며, 정서적 기법과 역할연습을 통해 신념을 수정하기 위한 것이다. 예를 들어, 자신에 대한 부정적 견해를 지지하는 과거경험이 탐색되면, 그러한 경험의 편향성, 배제된 자료, 해석의 오류가능성을 검토한다. 이러한 탐색과정을 통해서 핵심신념이 재구성될 수도 있다. 아동기 경험을 중시하는 예는 『성격장애의 인지치료』(Beck, Freeman, & Associates, 1990)와 인지치료의 새로운 형태인 심리도식-초점적 인지치료(Schema-Focused Cognitive Therapy; Young, 1990)에서 찾아볼 수 있다.

자발적 심상법과 인도된 심상법과 같은 정서적 기법은 흔히 핵심신념과 인지도식의 근원과 원인을 찾아내기 위해서 사용된다. 환자를 어린 시절의 경험으로 되돌아가게 함으로써 기억이 재생될 수 있다. 게다가, '실제로 일어났던 그대로'의 경험을 환자가 지각하고 해석하는 일은 그러한 경험과 관련된 신념에 매우 중요한 영향을 미칠 수 있다. 또한 자발적 심상법을 통해서 실제적인 과거경험과 연결시키지 않고도 인지도식과 핵심인지를 찾아낼 수 있는데, 왜냐하면 심상은 감정과 관련된 의미 있는 인지적 내용을 제공하기 때문이다.

Beck의 인지치료는 늘 심상법을 사용해 왔지만(Beck, 1970b, 1976), 이런 방식으로 심상법을 적용하는 것은 매우 최근의 일이다. 게다가, 인지치료는 과거라는 진창에 빠져들지 않으려 한다. 그보다는 기존의 신념을 이해하고 수정하기 위해서 과거의 자료를 사용하는 것이다. 과거경험의 자료를 활용하는 것은 인지적 요인을 변화시키는 새로운 방법이라고 할 수 있다.

Judy Beck에 따르면, "인지치료는 우울증에 대한 인지치료뿐이라고 지금도 믿고 있는 사람들에게는 과거경험을 다루는 것이 어려울 것이며 너무 신비스러운 것으로 느껴질 것이다. 그러나 치료자가 기본적으로 기저신념들을 여전히 다루고 있기 때문에, 이러한 방식은 하나의 진전이라고 할 수 있다. 즉, 치료자는 다른 방식으로 환자가 신념을 수정하도록 돕는 것이다. 심상 작업이 끝나면, 치료자는 진행하던 것으로 돌아와서 환자로 하여금 과거의 신념과 새로운 신념을 적도록 하고, 어떤 것을 더 많이 믿는지를 평가하며, 그것을 대처카드에 적게 하여 몇 주 동안 매일 그것을 읽게 한다."

인지치료는 정서에 충분한 관심을 기울이지 않는다

인지치료는 인지이론에서 정서의 역할을 경시하고 치료에서 정서를 다루지 않는 점에 대해서 비판되었다. 인지이론은 정서를 '인지에 이어 나타나는 결과적 현상(a post

cognitive phenomenon)'으로 설명한다고 비판되었다
(Greenberg & Safran, 1987: 40). 인지가 정서에 선행하며 사
건에 대한 정서적 반응은 그 사건에 부여하는 개인적 의미
에 의해 결정된다는 생각이 인지치료에 내재해 있다. 비판
자들은 이러한 관점에 대해서 다음과 같이 비판하고 있다:
"비정상적인 의미는 인지적 왜곡을 반영하며, 이러한 인지
적 왜곡이 정서장애의 핵심이라고 주장하는 것이다. 이러한
개인적 의미를 변화시키는 것이 인지치료의 일차적 목표
다."(Greenberg & Safran, 1987: 40) 나아가서, Mahoney
(1980: 159)는 인지적 치료들이 "감정을 체험되어야 할 현상
으로 여기기보다 통제되어야 할 인위적인 현상으로 좁게 보
는 경향이 있다."고 주장한다.

이처럼 인지치료의 비판자들은 정서를 결과적인 산물이
아니라 인지와 동등한 정보를 제공하는 원천으로 보고 있
다. 정서를 보는 Beck의 관점과 활용방법에 대한 비판들은
이론적·실제적 측면에서 살펴보기로 한다.

인지이론에서의 정서 우울증에 대한 Beck의 이론(Beck,
1967: 287)에 따르면, "(행동적, 생리적 반응뿐만 아니라) 정서
적 반응은 개인이 경험을 구성하는 방식에 의해서 결정된
다." 그러나 인지와 정서의 관계는 직선적이지 않다. Beck
은 우울증의 경우 인지와 정서가 서로 영향을 주고받는다고

주장한다. 즉, 우울한 사람의 부정적 인지는 슬픈 감정을 촉발하고, 슬픈 감정은 부정적으로 해석되어 더 고통스러운 감정을 초래한다. 사고와 감정 간의 이러한 상호작용뿐만 아니라, 개인의 성장과정과 학습경험이 영향을 미치게 되는데, 아동기에 경험한 상실 및 외상 경험들은 우울증에 걸리기 쉬운 취약성이 될 수 있기 때문이다(Beck, 1967).

1980년에 Lazarus(1982, 1984)와 Zajonc(1980, 1984)는 인지와 정서의 시간적 우선성에 대해서 닭과 달걀 중 어느 것이 먼저냐는 논쟁을 벌인 바 있다. Beck은 우울증이나 다른 증상에 대해서 일직선적인 인과관계를 주장한 적이 없지만, 인지치료는 '인지의 우선성'을 주장하는 진영에 속하는 것으로 여겨졌다. 사실, Beck은 우선성과 인과성을 구분한다. 그에 따르면, 일단 우울증이 발생하면 인지가 정서적·행동적·동기적 반응을 결정한다. 인지는 이러한 다른 반응들과 병행적으로 작용하는 우울증의 한 핵심적 요소인 것이다(Beck, 1991a: 371). 우울증의 근본적 원인은 생물학적 요인, 유전적 요인, 스트레스 요인 그리고 성격적 요인들이 복합된 것일 것이다(Beck, 1967).

우울증에 대한 Beck의 인지 모델은 정서 자체에 대한 이론이 아니지만(Shaw, 1979), 그는 최근에 우울(Beck, 1987a)과 불안(Beck, Emery, & Greenberg, 1985)의 진화론적 의미에 관해서 기술한 바 있다. 우울과 불안은 현대인에게 있어서 부적응적인 상태를 의미하지만, Beck은 인간 진화의 초기단계에서는 이러한 정서가 적응적인 것이었다고 주장한다. 그의 생각에 따르면, 우울은 실망에 대한 생물학적 반응으로서 유기체가 성과 없이 에너지를 소비하는 것을 억제한다. 즉, 우울은 에너지 절약기제인 것이다(Beck, 1987a). 불안은 위협과 위험에 대한 선천적인 반응으로서, 이 경우의 생리적 각성은 도피, 투쟁 또는 동결 반응을 유발한다. 먼 옛날에는 주된 위험이 신체적인 위협이었다. 그러나 현재사회에서는 주된 위협이 심리사회적인 것이지만, 우리는 신체적 위험에 반응하는 것처럼 과잉반응을 하고 있는 것이다(Beck, Emery, & Greenberg, 1985).

Beck의 이론에 따르면, "정서는 우울증의 중요한 요소이지만 이 장애의 주된 특성은 아니다."(Wright, 1988: 555) 그러나 다른 연구자들은 인지적 처리과정에 정서가 미치는 영향을 좀 더 자세하게 기술한 바 있다(Bower, 1981; Breslow, Kocsis, & Belkin, 1981; L. S. Greenberg & Safran, 1984; Mayer & Bower, 1985). 우울한 기분은 부정적 기억 또는 긍정적 기억을 선택적으로 회상하는 것과 같은 인지적 왜곡을 촉발하는 것으로 밝혀졌다. 따라서 인지적·행동적 수단 또는 다른 수단에 의해 정서를 변화시키는 것은 인지적 왜곡을 변화시킴으로써 결과적으로 치료효과를 증진시킬 것으로 생각되고 있다(Wright, 1988).

인지적 활동에 대한 정서의 영향을 밝히는 연구와 더불어, 정서이론은 인지심리학의 연구결과와 결합되면서 발전하였다. Safran과 동료들(Greenberg & Safran, 1987; Mahoney, 1990; Safran & Greenberg, 1988)은 Beck의 이론을 넘어서서 정서에 관한 이론을 확장시키고 있다. 이들에 따르면, 정서는 여러 인지적 치료에서 제대로 다루어지지 않은 영역이며 일종의 '암묵적 인식(tacit knowing)'(L. S. Greenberg & Safran, 1987: 166)이라고 볼 수 있다. 이러한 주장과 더불어, 정서를 체험적 치료(L. S. Greenberg, Safran, & Rice, 1989), 자기인식에 관한 구성주의적/실존주의적 관점(Mahoney, 1990), 생태학적 적응론(Safran & Greenberg, 1988)과 연결지어 논의하고 있으며 정서는 인간유기체를 세상과 연결시키는 행동경향성이라는 견해(Greenberg & Safran, 1987; Mahoney, 1990; Safran & Greenberg, 1988)를 피력하였다.

인지치료 실제에서의 정서   Beck은 『우울증의 인지치료』에서 인지치료에 있어서 정서의 역할을 설명하기 위해 한 장을 할애하고 있다. 그는 "인지치료가 '정서적 기법'을 중요한 치료방법의 일부로서 여기고 있다."(Beck et al., 1979: 36)고 말하면서, 인지적 변화의 목적으로 사용된다면 '감각 인식법(sensory awareness)'과 홍수법도 중요한 치료도구가 될 수 있다고 말하고 있다. 그러나 이 책에서 그는 '감정발산적 치료'를 비판하고 있는데, 이러한 치료들은 정서적 발산을 장려하고는 있지만 강렬한 정서유발에 미치는 사고의 영향력뿐만 아니라 정서적 고통을 감소시키는 수단으로서 인지적 기법의 중요성을 무시하고 있다는 것이다.

1970년 초기에, Beck(1970a, 1970b)은 인지적 자료를 얻는 원천으로서 심상의 중요성에 관한 글을 썼다. 심상 작업은 꿈의 재구성에 대한 Freeman(1981)의 글과 불안장애에 대한 Beck 등(1985)의 책에서 중요한 것으로 다시 부각되었다. 심상은 불안장애의 두드러진 특징으로 여겨지고 있는데, 내담자들이 자동적 사고 대신에 공포스러운 생생한 심상을 자주 보고하기 때문이다. 불안장애에 관한 책을 통해서, Beck은 인지치료에서 심상법을 사용하도록 새롭게 강조하였다. 현재 심상법은 부흥기를 맞고 있으며 기본적 신념과 인지도식을 변화시키기 위해 사용되고 있다(Edwards, 1989, 1990; Young, 1990).

인지치료의 실제에 있어서, 정서적 각성은 인지적 변화를 위해 필요하다(Beck & Weishaar, 1989a, 1989b). 흔히 치료 시간에 그러한 각성 상태를 촉발함으로써 두드러진 '생생한' 인지를 파악할 수 있다(Safran & Greenberg, 1982b). 예를 들어, 실제적 노출을 통해서 감정이 수반되는 인지를 생성시킬 수 있으며 이에 대한 검증과 수정을 할 수 있다. 또한 공황장애를 치료할 때는, 치료시간 중에 공황상태를 경험하게 함으로써 다음과 같은 여러 가지 목표를 달성할 수 있다: (1) 증상의 악화에 기여하는 재난적 인지를 파악할 수 있다. (2) 두려워하는 생리적 감각에 대한 노출 경험을 하게 한다. (3) 공황발작의 결과에 관한 잘못된 생각을 부정할 수 있는 행동 실험의 역할을 한다.

정서적 기법은 정서적·인지적 회피를 나타내는 경우에 특히 유용하게 사용될 수 있다. 심상법은 합리화나 주지화 같은 방어를 피하고, 모호한 신체증상이나 정서상태를 인지 도식과 연결시키며(Young, 1990), 핵심신념의 근원을 찾아내고, 외상 환자의 경우처럼 침투적이고 파괴적인 심상을 재구성하기 위해서(Padesky, 1990) 널리 사용되고 있다.

Newman(1991)은 심상법, 역할연습, 현장 실험법을 위시해서 인지치료를 할 때 정서를 고양시킬 수 있는 여러 가지 방법을 제시하고 있다. 그는 심상법을 적용하기 전에 표준적인 긴장이완법을 사용하라고 권유하고 있다. 또한 심상법을 사용하여 상상되는 상황들은 내담자가 평소에 경험하기에는 너무 불쾌한 것일 수 있다. 이러한 상황들은 실제로 경험한 사건이거나 현재 또는 미래에 경험할 수 있는 가상적인 상황일 수 있다.

요컨대, 인지치료는 정서를 전반적인 이론에 통합시키고 있지는 않지만 정서를 인지와 상호작용하는 것으로 보고 있다. 실제로 인지치료를 할 경우에, 정서적 각성은 핵심적인 인지요인을 포착하고 수정하는 데에 중요한 것으로 여겨지고 있다. 이처럼 정서적 기법은 정서적 발산을 위해서가 아니라 기본적인 인지적 변화를 위해서 사용되고 있다.

인지치료는 합리성을 목표로 한다

인지치료가 정서를 경시한다는 주장과 관련된 비판은 합리성(rationality)을 심리치료의 목표로 내세운다는 것이다. 이러한 비판은 Beck의 인지치료뿐만 아니라 여러 인지행동치료에 향해지는 것이다. 이 점에 관해서 매우 포괄적으로 논의한 바 있는 Mahoney(1980, 1988; Mahoney & Gabriel, 1987)는 '합리주의적인' 인지적 치료와 구성주의를 비교하고 있다.

1980년에 Mahoney는 인지적 치료가 적응에 있어서 합리성을 지나치게 강조하고 있다고 기술하였다(Mahoney, 1980: 159). 게다가,

여러 인지적 치료에서, '합리성'이라는 용어는 '올바른 추론'이라는 매우 단순한 의미로 사용하고 있다. 생각을 하는 방식에는 합리적인, '바람직한' 방법, 즉 '올바른' 방법이 있다고 가정한다. 잘못된('비합리적인') 사고패턴은 고통을 유발한다고 여기고 있다. 합리적인 사고를 하도록 치료적

훈련을 하는 것이 최선의 방법이라는 것이다(Mahoney, 1980: 169).

이러한 합리주의적 관점은 구성주의와 대비되는데, 구성주의는 "현실은 기본적으로 외부에 존재하며 변하지 않는 것이라는 생각에 반대하며 인간의 사고는 감정과 행동으로부터 분명하게 분리할 수 없다고 주장한다."(Mahoney & Gabriel, 1987: 46) 인지적인 발달적 치료(Mahoney, 1990)와 구조적인 인지적 치료(Guidano, 1987; Guidano & Liotti, 1983)와 같은 구성주의적인 치료에서는 문제를 지각적 또는 개념적 오류로 보기보다 과거에 적응적이었던 방략의 표현으로 보고 있다. 이러한 견해를 지닌 치료법은 교정적이기보다 탐색적이고, 치료자는 비지시적이고 수동적인 태도를 취하며, 자기와 세상을 탐색하는 '안전한 분위기'를 만들기 위해서 치료적 관계에 있어서 애착이론(Bowlby, 1977, 1979)을 중요시한다.

Beck의 인지치료에는 합리주의적인 인지적 치료에 향해진 비판 중에서 극히 일부만이 해당된다(Mahoney & Gabriel, 1987). 예를 들어, 인지치료는 문제-초점적이며 재발을 최소화하고자 한다. 그러나 통찰만으로는 내담자를 변화시킬 수 없다거나 모든 문제가 비합리적인 사고 때문에 생기는 것이라고 주장하는 것은 아니다. Beck은 부적응적 사고를 지칭할 때 '비합리적'이라는 단어를 잘 사용하지 않는데, 그 이유는 이러한 신념들이 한 사람의 삶에 있어서 한때는 합리적인 것이었기 때문이다. 역기능적 신념은 그것이 비합리적이기 때문이 아니라 정상적인 인지과정을 방해하기 때문에 심리적 장애의 유발에 영향을 미치는 것이다 (Beck & Weishaar, 1989a).

Beck과 Albert Ellis는 모두 '합리주의자'로 지칭되는 것에 대해서 이의를 제기하고 있다. 이 점에 관해서 Ellis는 "합리적 정서치료자는 '합리주의자'인가 '구성주의자'인가?"(1990)라는 논문을 통해 반박한 바 있다.

Mahoney는 최근에 이렇게 말한 바 있다. "나는 Beck의 인지치료를 합리주의적이라고 지칭하는 실수를 범했다. 나는 Mario Reda(Reda & Mahoney, 1984)와 함께 쓴 1984년도 책의 서문에서 그렇게 말한 바 있다. Tim은 내가 그를 합리주의자로 여겼다는 것에 대해서 놀랐다고 말했다. 그는 George Kelly가 그의 초기 저술과 생각에 깊은 영향을 주었다고 생각하고 있다. 즉, 그는 자신이 구성주의자라고 여기고 있다. 사람들이 그를 어떻게 이해하고 그의 어떤 점을 중시하느냐에 있어서 개인차가 있는 듯하다. 나는 Beck과 인지치료를 극단적인 합리주의자로 생각하는 동료들을 알고 있다. 그러나 나는 Beck이 자신을 구성주의자로 여겨달라는 요청과 그가 제시한 이론의 핵심이 합리성보다 적응에 있다는 주장을 존중하고자 한다. 다윈과 진화적 주제에 관심을 보이는 것을 보면, 그는 합리주의적이기보다 구성주의적인 것이 분명하다. 그래서 나는 지금 그를 구성주의자로 분류하고 있다."

Beck은 자신의 구성주의적 입장을 Kelly의 입장과 유사한 것으로 생각하고 있다. 그의 접근방법은 그가 '이상주의자'라고 부르는 Mahoney와 다른 치료자의 접근방법과는 다르다. 이에 관해서 Beck은 다음과 같이 이야기하고 있다. "나의 이론은 외부적 현실을 선택적으로 받아들여 종합하고 통합하는 어떤 심리적 구조가 있다는 George Kelly의 주장과 매우 일치한다. 그는 이러한 심리적 구조를 구성개념이라고 불렀고 다른 사람들은 인지도식이라고 지칭했다. 그러나 내가 철학적으로 이상주의자라고 부르는 구성주의자들도 있는데, 이들은 외부적 현실이 물론 중요하기는 하지만 내부적 현실에 비해서는 훨씬 덜 중요하다고 주장한다.

나는 개인적으로 내부적 현실이 어떤 방식으로든 외부적 현실을 복제한 것이라고 생각한다. 물론 내부적 현실이 완벽한 것은 아니지만 진화적 요인에 의해서 구성되는 것이며, 우리는 그것을 통해서 우리의 진화적 목적을 이루기 위해 우리 밖에 존재하고 진행되는 것을 활용하게 되는 것이다. 그래서 내부적 현실과 외부적 현실 간에는 대응적 관계가 있다: 우리의 내부적 현실은 외부적 현실에 의해서 계속적으로 수정되어야 한다. 그렇지 않으면 우리는 부적응적 존재가 되어 우리의 유전자를 다른 세대에 전달할 수 없을 것이다.

우리의 현실을 나름대로 구성하는 방식은 특별히 중요한 의미를 지니는 영역과 각별한 관련을 맺고 있다. 이러한 특별한 경우에 있어서 중요한 의미는 생존과 번식에 관련되어 있다. 이러한 영역에서는, 현실의 모호성이 매우 크기 때문에 내면적인 인지도식이 매우 중요한 역할을 하게 된다. 외부적 요인보다 내면적 요인에 따라 우리의 현실을 구성하게 될 가능성이 크다. 하지만 사물이나 공간에 대해서 우리는 훨씬 더 (외부적인) 현실을 잘 반영할 수 있다.

내가 이상주의자라고 부르는 구성주의자들은 외부세계의 중요성을 무시하고 내면적 세계만이 중요하다고 믿는 경향이 있다. 이들은 자유연상처럼 내면적 세계를 탐색할 수 있는 다양한 방법을 사용하고 있는데, 이러한 기법에는 '의식의 흐름 추적하기'로 알려진 개량된 기법과 개인의 모습을 거울에 비춰보는 기법이 있다. 이러한 기법은 개인으로 하여금 내면적 현실에 접촉하도록 유도하는 방법들이다.

이러한 입장의 문제점은 외부세계의 중요성을 무시하고 내면적 현상을 지나치게 강조한다는 점이다. 중요한 것은 개인의 마음속에서 일어나는 것이기 때문에, 개인의 내면적 현상에 접근할 수 있는 것이면 어떠한 치료방법도 적용된다.

치료에 사용되는 방법에 있어서 어떠한 제약, 한계, 방향이 없다. 치료자 자신에 대해서도 어떠한 제약이 없다. 중요한 것은 개인이 실제로 경험하는 것이기 때문에, 치료효과를 보여 주는 객관적 자료 같은 것은 불필요한 것으로 간주된다. 인간은 누구나 자신의 내면적 세계와 더 많은 접촉을 하게 되면 자신의 목적을 성취하게 될 것이라는 것을 당연시하는 것 같다. 개인이 도움을 받았는지 여부를 평가하는 기준은 치료과정에 대한 개인의 만족감 이외에 아무런 기준도 없다. 따라서 치료과정이 치료효과보다 더 중요하다.

이것은 행동치료의 발달과정에서 일어났던 것과는 정반대의 현상으로 생각된다. 인지적 치료에서는 치료절차의 구체화, 치료효과의 평가, 객관적인 치료성과의 획득과 같은 점들이 매우 중요하다. 치료과정 자체를 위해서 이러한 것들이 버려지고 있다."

사례연구에서 "의식의 흐름 추적하기" 기법을 적용하는 것에 대한 최근의 한 논문에 따르면, 치료의 탐색단계에서는 그러한 기법이 유용하다고 한다. 그러나 이러한 기법이 변화를 유도하는 과정에서도 유용한지는 알려지지 않고 있다(Szykula et al., 1989).

합리주의-구성주의 논쟁에서 주장되는 것과 달리, 인지치료가 치료의 목표로서 적극적으로 합리적 사고를 지향하지 않는다고 생각하는 사람들이 있다(Baron et al., 1990;

Moshman & Hoover, 1989). Baron 등(1990)은 합리적 ('적극적으로 열린 마음을 갖는') 사고를 위한 기준과 지침서를 제시하고 있는데, 이는 D'Zurilla와 Goldfried(1971)의 문제해결치료와 유사한 점이 있다. Moshman과 Hoover(1989)는 합리성을 향상시키려는 인간의 경향을 자연적인 발달적 성향으로 보고 있다. 이들은 합리성을 육성하는 방법을 제시하고 있는데, 이러한 방법이 유기체적/구성주의적 관점과 상치되는 것은 아니다.

Richard Lazarus는 합리성을 적응의 핵심으로 생각하는 것에 대해서 비판적이었다. Goldfried(1980b)의 논문에 대한 반론으로서, Lazarus는 자신이 'Goldfried, Ellis 그리고 행동주의자의 입장'과는 다르다고 밝히면서 다음과 같이 말하고 있다:

비록 사람들이 삶의 냉혹한(객관적인) 현실과 더불어 자신이 지니는 신념의 착각적인 비합리적 속성을 인식함으로써 도움을 받게 된다 하더라도, 우리에게는 때때로 그러한 호사스러운 착각도 필요하며 어떤 경우에는 고통스러운 진실에 매달리기보다 난관을 좀 더 긍정적으로 생각하도록 돕는 치료를 통해서 더 많은 도움을 줄 수도 있다. 우리의 삶에는 모호한 부분이 매우 많기 때문에 다양한 해석이 가능하다 (Lazarus, 1980: 124).

합리적 사고라는 치료적 목표는 왜곡된 사고가 과연 어느 정도나 심리적 장애에 영향을 미치는가 하는 이론적 논쟁과 밀접하게 연관되어 있다. 이러한 논쟁은 인지적 이론에 대한 비판을 다루는 곳에서 논의될 것이다.

인지치료는 무의식적 과정을 인정하지 않는다

Raimy(1980)는 여러 인지적 치료에 담겨 있는 다음과 같은 두 가지 가정에 대해 반대의견을 제시한 바 있다: (1) 치료자는 적응적 행동을 유발하는 좀 더 현실적인 사고와 역기능적 사고를 잘 구별할 수 있다. (2) 사건에 대한 환자의 생각은 '확고한 기본적 자료'로 인정되어야 한다(Raimy, 1980: 155).

두 번째 가정에 대한 반대에는 내담자가 '자료'를 제시하는 데에 무의식적 과정이 영향을 미친다는 점을 인지치료가 인정하지 않는다는 비판이 담겨 있다. Beck은 무의식이 방어를 통해 회피되는 정보를 담고 있는 마음의 영역이라는 Freud식의 견해에 반대한다. 무의식적 동기에 관한 Freud의 생각에 반대하기 때문에, Beck은 "무의식적 과정이라는 개념은 인지치료와 별 관계가 없다."고 말하고 있다(Sacco & Beck, 1985: 5).

Beck은 의식을 연속적인 것으로 간주하며 의식적·전의식적 의미에 초점을 맞춘다. 이러한 견해는 무의식적 목표,

갈등, 의도를 중시하지 않는 것으로서 인지치료자는 내담자에게 그러한 추측적인 해석을 하지 않는다. 무의식적 목표와 동기라는 개념은, 실제로 인지치료를 할 때 다루지 않는 것이지만, 많은 인지적 치료자들이 지난 10년간 관심을 가져 온 인지과학에서 현재 사용하는 개념들과 일치하고 있다 (Power, 1989).

Power(1987)는 의식적-통제적 과정과 무의식적-자동적 과정을 구분하고 있다. 자동적 과정은 정형화되어 있고 병렬적이며 빠르다. 반면에 통제적 과정은 순차적이며 느리다. 이러한 관점에서 보면, '자동적 사고' 라는 Beck(1976)의 개념은 분명히 무의식적 과정을 반영하고 있다. 그보다 더 중요한 것은 의식적 · 무의식적 과정이 정서에 대한 인지적 이론과 밀접한 관계를 맺고 있다는 점이다. Power에 따르면, "여러 정서 간의 다양한 상호작용을 설명하기 위해서는 어떠한 정서이론이든 촉진적 · 억제적 효과를 필수적으로 고려해야 한다. 이와 마찬가지로… 우울증 환자들은 우울한 상태를 벗어나면 부정적인 생각이 자동적으로 의식에 떠오르는 것을 억제할 수 있지만, 우울한 상태에서는 의식적 과정에 의해 이러한 부정적 사고과정이 촉진된다." (Power, 1987: 247)

인지행동치료 분야 내에서도, 일부 이론가들은 무의식에 대한 정신분석적 개념과 인지행동적 개념 간의 공통점과 차이점을 찾아내고 있을 뿐만 아니라 무의식적 과정이 경험에 미치는 영향을 연구하고 있다(Meichenbaum & Gilmore, 1984; Safran & Greenberg, 1987). 재미있는 것은, 인지과학의 발전과 더불어 이처럼 이론적으로 다른 치료법들이 서로 화해하려는 노력을 기울이고 있다는 점이다(Power, 1989).

인지치료는 치료적 변화를 위해서 치료관계를 활용하지 않는다

인지치료에 대한 정신분석 및 정신역동학계의 주된 비판은 인지치료가 변화를 위한 도구나 맥락으로서의 치료적 관계를 경시하고 있다는 점이다. 사실, 이 점은 인지적 치료자들 사이에서도 점차로 증가하고 있는 비판이다(Mahoney, 1980; Safran & Segal, 1990). 이러한 문제를 극복하기 위해서 새로운 형태의 인지적 치료들이 출현하고 있다(Guidano & Liotti, 1980; Safran & Segal, 1990; Young, 1990).

치료적 관계에 대한 관심은 수년 전에 Richard Lazarus (1980)가 정신역동적 개념에 대해서 언급하면서 시작된 인지적 치료자들 사이의 내부적 움직임으로부터 시작되었다. 최근에 Power(1991)는 행동치료를 시행함에 있어서 '인지적 경향'이 나타났듯이, 인지치료를 시행함에 있어서 요즘에는 '정신분석적 경향'이 나타나고 있다고 언급한 바 있다.

Beck은 인지치료자의 역할을 '신념과 태도가 정서와 행동에 어떻게 영향을 미치는지를 내담자가 이해하도록 돕는 안내자'라고 말한 바 있다(Beck et al., 1979: 301). 초기의 저술에서, Beck은 좋은 인지치료자가 되기 위한 조건으로 Rogers(1951)의 내담자-중심치료에서 강조하는 따뜻함, 진솔함, 무조건적인 긍정적 존중 이외에 다른 조건을 덧붙이지 않았다. 후기의 저술(Beck et al., 1979; Beck & Young 1985)에서는, 이와 더불어 인지치료자는 인지적 사례이해에 관해서 충분하게 잘 이해하고 있어야 할 뿐만 아니라 창조적이고 적극적이어야 하며 행동적·인지적 기법을 잘 알고 있어야 한다고 말하고 있다.

정신분석 및 정신역동적 치료에서, 치료적 관계는 내담자가 자신의 삶에서 중요한 인물들과 어떻게 상호작용하는지를 반영하는 것으로 중요시되고 있다. 또한 치료적 관계는 치료적 변화가 일어나는 바탕으로 간주되고 있다. 이처럼 전이관계의 발달과 해결은 정신분석적 치료의 핵심이다.

인지치료에서 치료적 관계는 협동적 경험주의의 기초로서 중요하다. 따라서 관계는 변화의 초점이기보다 변화를 위한 동기와 추진력으로 작용한다. Beck의 인지치료에서, 치료자는 자신의 감정·경험·의견을 제시하는 경우가 드물며, 그러할 경우에는 '신중하게' 제시한다(Beck et al., 1979: 52).

전이의 문제는 다른 자동적 사고와 마찬가지로 '정면으로

직면' 하여 다루며(Beck & Young, 1985; Wright, 1988) 수동
성, 소극성 또는 저항적 행동에 영향을 미치는 인지적 왜곡
을 수정하기 위해 노력한다(Beck et al., 1979: 58). 그러나
Safran과 Segal(1990)에 따르면, 이러한 인지적 왜곡을 수
정함으로써 환자의 생각이 변화되었다 하더라도 이러한 변
화가 치료 밖에서의 생각과 행동에 반드시 일반화될 것이라
고 인지치료에서 가정하는 것은 아니다.

　역전이의 문제는 치료자가 자신의 자동적 사고와 신념을
살펴보아야 하는 징표로 여긴다. 나아가서, 우울증을 치료
할 때 치료자는 환자의 부정적인 생각에 함께 빠져들지 않
도록 노력해야 한다.

　협동적으로 대화주제를 정하고 규칙적으로 피드백을 주
고받는 것은 인지치료에서 면담하는 방식의 핵심적인 부분
으로서 치료관계에서 발생할 수 있는 문제를 최소화하기 위
한 것이다. 이처럼 인지치료는 면담의 방향을 설정함에 있
어서 내담자의 바람을 적극적으로 반영하고 치료나 치료자
를 전지전능한 것으로 생각하는 것에 대해 탈신비화함으로
써, 이상화된 전이가 아니라 긍정적인 전이를 장려하는 것
으로 볼 수도 있다.

　치료적 변화에 대한 논문에서, Strupp은 "매우 비유적 의
미에서 이러한 용어를 사용하는 것이 아니라면 심리치료를
'장애' 나 '증상' 의 경감을 위해서 적용되는 일련의 '처치'

나 '기법'으로 보는 견해"에 반대하였다(Strupp, 1988: 78). 그에 따르면, "치료자는 환자가 치료자에게 나타내는 행동 속에 흔히 숨어 있는 상징적인 의미를 이해하고 환자에게 의미 있는 피드백을 해 줄 수 있어야 한다."는 것이다(Strupp, 1988: 79).

이와 비슷하게, Power(1989)는 인지치료자들이 정신분석가들처럼 치료적 관계를 잘 활용하도록 권장하고 있다.

> 아동기 애착관계에서의 문제가 중요한 요인으로 작용할 수 있는 우울증과 같은 일반적인 장애의 경우, 환자가 현재 맺고 있는 중요한 인간관계와 전이관계에는 이러한 아동기 경험과 관련된 왜곡이 반영될 것이다. 이러한 경우, 그것이 긍정적인 것이든 부정적인 것이든, 전이주제에 초점을 맞추는 것은 인지적 치료자에게 매우 강력한 치료도구가 될 수 있다(Power, 1989: 552).

종결의 문제도 우울한 환자에게 중요할 수 있다. 이 문제는 단기치료에서 중요한데, 치료적 동맹이 형성되자마자 종결의 문제가 치료의 초점으로 떠오르기 때문이다(Power, 1989). 인지치료에서는 종결을 대인관계적 측면에서 다루기보다 내담자가 치료과정 속에서 점차 책임감을 키워가도록 준비시키기 위해서 치료 초기에 도입하여 미리 다룬다.

정신분석적 견해와 달리, 인지치료에서는 좋은 치료적 관계가 변화를 위한 충분조건이라고 생각하지 않는다. 예를 들어, Shaw는 Strupp의 의견에 반대하면서 "치료에서 중요한 것은 친밀한 인간관계 형성이 아니라, 치료자가 치료과정에서 자신의 기술과 능력을 발휘하여 어떤 일을 하느냐는 것이다."라고 말하고 있다(Shaw, 1988: 84). Shaw에 따르면, 치료는 내담자가 자신의 문제나 증상을 조절할 수 있도록 돕는 것이다. 치료는 이론과 일치하는 사례이해에 근거하여 시행된다. 인지치료는 치료적 관계뿐만 아니라 사례이해를 중요시한다고 볼 수 있다.

그럼에도 불구하고, Jeffrey Young은 "치료자가 치료과정에서 어떤 일을 하든 간에, 관계는 최소한 50% 정도의 중요성을 지니는 것으로 인정해야 한다. 만약 치료자가 그 50%를 잃는다면, 어떤 기법을 사용하든 치료역량 전체의 50%를 잃는 셈이 될 것이다."라고 주장하고 있다.

치료적 관계의 중요성이 지속적으로 강조되는 영역은 성격장애의 치료다. 『성격장애의 인지치료』(Beck, Freeman, & Associates, 1990)에서, Beck은 성격장애를 유전적 요인과 경직된 인지도식의 상호작용에 의해 나타나는 대인관계 '방략'이라고 주장하였다. 이러한 방략은 치료적 동맹을 형성하는 데에 독특한 어려움을 초래한다. Beck과 Freeman은 성격장애를 치료하면서 협동적 관계를 형성하는 과정에서 발생할 수 있는 19가지의 문제를 제시하고 있다. 예컨대, 환자는 협동하는 기술이 부족할 수도 있고, 변화되거나 '새로운' 자기가 되는 것을 두려워하여 치료에 순종하지 않을 수도 있으며, 치료목표를 세우기 어려울 만큼 애매모호한 문제를 제시할 수도 있다. Beck과 Freeman은 협동적 관계를 형성하기 위한 핵심적인 조건으로서 이러한 문제들을 인지도식에 의한 것으로 이해하는 능력이 중요하다고 강조하고 있다.

치료적 관계를 중시하는 경향은 지난 10여 년 동안 인지적 치료자들 사이에서 증가해 왔다. 치료자와 내담자의 관계를 이해하는 바탕으로서 John Bowlby(1969, 1973, 1980)의 애착이론에 대한 관심이 급증하였다. Bowlby의 이론에 근거하여, 구성주의 치료자들은 치료적 관계를 통해서 안전한 근거지를 제공함으로써 내담자가 세상과의 교류를 탐색하고 검토할 수 있게 돕는 것으로 보고 있다(Bowlby, 1979; Guidano, 1987, 1991; Mahoney & Gabriel, 1987).

또한 Liotti(1991)는 치료관계에서의 비정상적인 애착 형태가 어떻게 아동기의 애착을 반영하는지 분명하게 보여 주고 있다. 그러한 비정상적 패턴은 불안하며 저항적인 애착, 회피적인 애착, 혼란스럽고 방향감각이 없는 애착으로 구분되었다. 이러한 애착패턴을 인식하는 것은 평가와 인지도식의 변화에 도움이 될 수 있다.

주로 애착이론의 영향으로 인해서, 최근에는 대인관계적 인지도식이 중요시되고 있다(Liotti, 1991; Safran, 1990; Safran & Segal, 1990). 대인관계적 인지도식은 대인관계를 맺는 일과 관련된 정보를 담고 있는 인식구조를 말한다(Safran, 1986, 1987). 인간관계를 맺고자 하는 기본적인 목표는 생물학적으로 결정되지만, 그러한 목표를 성취하는 구체적인 전략은 후천적으로 학습되는 것이다.

다음 절에서 논의되겠지만, 현재 임상적 장애를 유발하는 결함이 근본적으로 인지적인 것인지 대인관계적인 것인지에 대한 논쟁이 이루어지고 있다(Coyne & Gotlib, 1983, 1986; Krantz, 1985; Segal & Shaw, 1986a, b). 인지적 결함과 대인관계적 결함은 복잡한 방식으로 서로 영향을 주고받게 되는데, 그 이유는 인지적 과정이 주로 대인관계적 맥락에서 일어나기 때문이다. 현재 치료적 관계에 대한 관심은 이러한 주제에 모아지고 있다.

인지이론에 대한 비판

우울증에 대한 Beck의 인지치료는 어떤 다른 이론이나 치료보다도 많이 연구되고 검토되었다. 치료효과 연구들은 인지치료가 효과적임을 입증하고 있지만(Dobson, 1989; Elkin et al., 1989; Hollon et al., 1992), 인지이론에 관해서는 여러 가지 의문이 여전히 해결되지 않은 채 남아 있다. 우울증에 대한 Beck의 이론에 관해서 (1) 환자 자신에 관한 인지의 부정성이 증가한다는 점, (2) 절망감이 증가한다는 점, (3) 우울증에는 다른 정신장애와 달리 상실이라는 특수한 주제가 관련된다는 점, (4) 우울한 기분과 일치하는 부정적 기억이 잘 떠오른다는 점은 경험적으로 입증되었다(Haaga, Dyck, & Ernst, 1991). 그러나 이 이론의 주요한 측면들, 예를 들어, 우울한 사람들은 비논리적이고 부정확한 사고를 한다는 가정과 우울증에 대한 인지적 취약성의 개념은 잘 입증되지 않고 있다. 또한 비판자들은 Beck의 이론이 우울증의 원인을 설명하면서 생활사건과 같은 환경적 요인(Krantz, 1985)과 대인관계의 상호작용적 측면(Coyne & Gotlib, 1983)을 제대로 잘 고려하지 못했다고 주장한다.

이러한 비판에 대해서 Beck은, 우울증에 대한 자신의 이론을 개정하면서 6개의 중복적인 모델들(횡단적 모델, 구조적 모델, 스트레스-취약성 모델, 상호작용적 모델, 심리생물학적 모델, 진화론적 모델)을 제시하였다. 이러한 모델 중에는 우울증을 기술하는 것도 그 원인을 설명하는 것도 있다(Beck, 1987a). 이들은 개별적으로 검증될 수도 있고 서로 조합되어 검증될 수도 있다. Dyck과 Stewart(1991)가 스트레스-취약성 모델을 어떻게 구체적으로 검증할 수 있는지에 관해서 논의한 바 있지만, 이 모델은 아직 잘 입증되지 않은 채로 남아 있다(Haaga et al., 1991). 게다가, Beck은 우울증과 관련하여 Bowlby의 애착이론에 대한 관심이 증가하는 것을 반영하여 그의 이론에 사회적 의존성과 자율성이라는 성격차원을 도입하였다(Beck, 1983; Beck, Epstein, & Harrison, 1983). 자세히 말하면, 이러한 이론적 정교화를 통해서 인간관계의 상실이 우울증을 유발할 수 있다는 점을 다루고 있는데, 이러한 인간관계의 상실은 특히 성격적 요인이라고 할 수 있는 사회적 의존성이 높은 사람에게 강한 충격을 주게 되는 스트레스 사건이라는 것이다.

Beck의 모델에 관한 다른 비판은 현대의 인지심리학과 잘 맞지 않는 측면이 있다는 점이다. 인지과학에서는 의식적 인지처리과정뿐만 아니라 비의식적인 인지처리과정의 역할을 특별히 중요시하고 있다(Brewin, 1989; Power, 1987). 또한 내면적 표상의 구조에 관한 논쟁, 즉 내면적 표상이 언어적으로 포착 가능한 것인지의 여부와 치료적 측면에서는 그것을 어떻게 포착할 수 있는지에 관해서 논쟁이 벌어지고 있다.

Beck은 인지도식이라는 용어를 쓰고 있는 반면, Bower(1981)는 연상적 연결망을 지닌 인지적 구조라는 개념을 사용하고 있다. 정신적 모델(Power & Champion, 1986)이나 주제를 지닌 기억(Morton, Hammersly, & Bikerian, 1985)이라는 더 복잡한 개념도 제안된 바 있다. 내면적 표상이 위계적인 구조를 지니는지 아니면 비위계적인 구조를 지니는지에 관해서도 논란이 되고 있다. 마지막으로, 언어적으로 포착할 수 있는 표상과 심상적으로 포착할 수 있는 표상은 동일한 기억구조에 저장되어 있지만 입력방식이 다른 것인지, 아니면 별개의 기억구조에 각각 저장되어 있는 것인지도 불분명하다(참고: Moscovitch, 1985; Brewin, 1989).

이러한 논란의 많은 부분은 Beck의 이론 범위를 넘어서는 것이지만, 인지도식의 측정과 Beck 이론의 설명력을 증진시키기 위한 시사점을 지니고 있다. 예컨대, Brewin (1989)은 우울증에 대한 인지치료가 비의식적인 상황적 기억을 다룸으로써 치료적 효과가 나타나는 것이라고 주장한 바 있다. 반면에 다른 인지행동치료는 언어적으로 포착할 수 있는 인지를 변화시킴(즉, 그럴듯한 새로운 정보를 제공하여 잘못된 생각을 변화시킴)으로써 또는 자기조절방법(예컨대, 재귀인 훈련, 문제해결훈련, 대처적 진술 등)을 향상시킴으로써 치료효과를 나타낸다.

우울증에 관한 Beck의 인지 모델에 대한 비판

Beck의 인지이론은 비내인성의 단극성 우울증이 생물학적, 유전적, 환경적, 성격적 요인들이 상호작용하여 우울유발적 인지도식을 활성화시킴으로써 유발된다고 가정한다. "인지도식의 활성화는 우울증의 원인이 아니라 우울증을 발달시키는 기제다."(Beck, 1991a: 371)

잠복상태에 있는 인지도식이 활성화되면 지각과 추론에서 편향된 인지적 과정과 오류가 유발되어 자신 · 미래 · 개인적 세계에 대한 광범위한 부정적 생각이 떠오르게 된다. 인지삼제(cognitive triad)의 마지막 측면인 개인적 세계에 대한 부정적인 생각에 관해서는 최근에 약간 수정되었다. 이는 세상 일반에 대한 부정적인 생각이 아니라 "삶에서 요구되는 것들을 충족시킬 수 있는 개인의 적합성"에 대한 부정적 견해를 의미한다(Haaga, Dyck, & Ernst, 1991: 218).

인지 모델의 핵심은 인지삼제, 왜곡된 인지과정 그리고 부적응적인 인지도식의 개념이다(Beck, 1987a; Beck et al., 1979). 인지삼제는 실증적으로 지지되고 있지만, 왜곡된 사고과정과 잠재적 인지도식에 대한 개념은 논란의 대상이 되고 있다.

왜곡된 사고과정

인지치료에 관한 경험적 연구의 개관을 통해서, Haaga 등(1991)은 우울한 사람들의 판단에 부정적인 편향이 존재한다는 증거가 있다고 주장하고 있다. 그러나 우울한 사람들이 비관주의적이기는 하지만 반드시 현실을 왜곡한다고 보기는 어렵다. Haaga 등(1991)은 우울한 사람들의 사고가 왜곡되었다기보다 편향되어 있을 뿐이라는 견해를 피력하고 있다.

우울한 사람들은 부정적인 피드백을 사실적인 것으로 받아들이는 반면(Alloy & Abramson, 1979), 우울하지 않은 피험자들은 그러한 피드백에 대해서 지나치게 낙관적인 경향을 보인다(Coyne & Gotlib, 1983)고 보고된 바 있다. 이러한 현상은 '우울한 현실주의(depressive realism)'라고 알려져 있다. 그러나 Alloy와 Abramson의 연구는 방법론적인 문제를 지니고 있어서 이러한 결론을 입증하는 것으로 보기 어렵다(Haaga et al., 1991; Segal & Shaw, 1986b). 그 후에 이루어진 후속 연구에서 우울집단과 비우울집단은 피드백에 대한 지각내용과 피험자가 지니고 있는 신념이 일치하는 정도에 따라서 현실을 정확하게 인식하는 정도가 달랐다(Dykman et al., 1989).

우울한 현실주의와 달리, 우울증 환자들은 피드백을 실제로 제시된 것보다 현저하게 더 부정적인 것으로 회상하는 반면, 다른 정신장애를 지닌 통제집단과 정상인 통제집단은 더 정확하게 회상한다고 밝혀졌다(Gotlib, 1983). 또한 우울증 환자들은 한 학습과제에서 자신에 대한 처벌은 과대평가하는 반면 자신에 대한 강화는 과소평가했다(Gotlib, 1981). 아울러 환자는 아니지만 많은 우울 증상을 지닌 피험자의 경우, 긍정적인 피드백을 상당부분 과소평가하는 것으로 나타났다(DeMonbreun & Craighead, 1977).

Beck의 모델은 우울하지 않은 사람의 생각이 실제로는 긍정적으로 편향되어 있을 수도 있는데 이들의 생각이 논리적이고, 합리적이며, 왜곡되지 않은 것으로 잘못 가정하고 있다고 비판되었다(Power & Champion, 1986). 우울하지 않은 사람의 신념은 논리에 근거하기보다 유용성과 적응성을 중시하는지 모른다(Power, 1989). 사실 착각적 편향이 아동의 경우에는 실패를 했을 때 비현실적인 낙관주의로 나타나듯이(Bjorklund & Green, 1992), 이러한 편향이 어른의 경우에는 생존을 위협하는 사건에 직면했을 때 적응적인 기제의 역할을 하는 것으로 입증되었다(Taylor, 1983).

사실 Beck은 우울하지 않은 사람들이 과거의 평가를 스스로 교정하는 더 나은 능력을 지니고는 있지만 이들의 사고에도 편향이나 왜곡이 나타날 수 있다고 주장하고 있다(Beck & Weishaar, 1989a). 직접적인 자료가 부족하고, 구체적이지 않으며, 모호하고, 자기평가에 관련되어 있을 경우에 사고의 부정적인 편향이 일어나기 쉽다(Riskind, 1983).

현재 Beck은 다음과 같이 주장하고 있다: (1) 우울하지 않은 사람의 인지적 구조는 긍정적인 편향을 지닌다. (2) 우울감이 증가함에 따라, 그러한 긍정적인 인지적 편향은 중립화된다. (3) 우울증이 발생되면, 부정적인 편향이 나타난다. (4) 양극성 장애의 경우, 조증 단계에서는 극단적인 긍정적 편향으로 변화한다(Beck, 1991a: 372).

우울증에 대한 인지적 취약성

우울증에 대한 인지이론의 중심에는 인지적 취약성이라는 개념이 있다. 인지적 취약성은 개인의 후천적인 경험에 의해서 형성되며 흔히 결핍, 패배, 버림받음, 무가치함 또는 상실과 같은 주제를 반영하는 부정적인 신념을 담고 있는 우울유발적 인지도식을 의미한다. 이러한 인지도식은 잠재해 있다가 그 도식의 내용과 연관된 사건에 의해서 촉발된다. 이러한 개념을 입증하는 데에는 다음과 같은 많은 문제가 존재한다: (1) 인지도식은 모호하게 정의되어 있어서 그 의미에 대한 합의나 일관성이 부족하다. (2) 인지도식이라는 잠재적인 인지적 구조를 측정하기가 어렵다. (3) 성격적 변인들이 스트레스 생활사건과 어떻게 상호작용하여 우울증을 유발하고 지속시키는지가 아직 밝혀져 있지 않다.

인지도식이라는 개념

우울증에 대한 Beck의 인지이론에서 상정하는 인지도식은 그것이 어떻게 적용되는지 그 의미가 분명하지 않다. 인지도식에 대한 한 가지 정의는 역기능적 태도척도(DAS: Weissman, 1979; Weissman & Beck, 1978)와 같은 지필검사에 의해 측정되는 역기능적 신념이다. '기본적 신념'과 '인지도식'은 서로 호환될 수 있는 용어로 사용되어 왔다 (Haaga et al., 1991).

두 번째의 정의는 인지도식이 많은 요소들로 구성된 인지 구조라는 것이다. 예를 들어, 자기-인지도식(self-schema)은 "개인에게 있어서 자신의 특징을 기술하는 내용들의 조직화된 단위나 집합체를 의미한다…. 이러한 요소들 중의 하나가 활성화되면 서로 연결되어 있는 구조적 특성 때문에 다른 부정적 요소로 확산될 것이며 자기자신에 대한 부정적 생각들이 의식에 떠오르게 된다."(Segal et al., 1988: 473) Beck은 인지도식을 인지적 '구조'로 보고 있지만(Beck, 1987a), 연구에서 측정되고 치료에서 다루어지는 것은 이러한 구조의 '내용'이다. 구조적 변화는 신념의 명확한 변화를 통해서 추론되는 것이다.

Segal(1988)은 인지도식에 관한 연구들을 광범위하게 개관하고 인지도식이 우울증을 예언하는 능력을 입증하는 데에서 나타나는 어려움들을 제시한 바 있다. 인지도식의 측정에 있어서 어려움은 (1) 최초의 우울증 삽화가 나타나기 전에 역기능적 신념의 존재를 입증하는 일과 (2) 우울한 기분이 연구에서 사용된 종속변인에 미치는 영향을 배제하고 인지도식의 영향을 입증하는 일이다.

Segal(1988)은 인지심리학과 사회심리학에서 사용하는 것과 일치되도록 인지도식을 인지적 구조로 정의하는 것을 지지하고 있다. 이 경우에는, 의미론적 연결망(semantic network; Bower, 1981)과 같은 일반적인 지식구조를 측정하는 데에 사용되는 방법들을 적용하여 자기-인지도식을 평가할 수 있으며 자기에 관한 정보들이 얼마나 동질적인 것으로 구성되어 있는지를 입증할 수 있다.

인지치료에 관한 연구를 할 경우, Segal의 주장은 잠재되어 있는 인지도식을 어떻게 측정할 것인가 하는 문제를 해결하는 데에 도움이 된다. 왜냐하면 이러한 방법은 단지 우울한 사람의 부정적인 언어적 보고에만 근거하는 지필검사를 사용하지 않고서도 인지적 구조를 측정할 수 있기 때문이다. 의미론적 점화과제(semantic priming), 제시되지 않은 단어의 침투를 평가하는 자유회상과제, 억제노력의 실패를 평가하는 과제와 같이 인지심리학에서 사용되는 측정도구들을 통해서 "정보처리적 개념들을 피험자에게 직접 그것에 관해 질문하지 않고도 평가할 수 있으며, 이런 의미에서 좀 더 자동적인 과정을 측정할 수 있다."(Segal, 1988: 151)

인지적 취약성의 측정

인지심리학과 사회인지이론에 근거한 모델을 적용하려는 움직임은 역기능적 태도척도(Weissman & Beck, 1978)와 같은 질문지에 의해 인지도식을 측정하려 했던 연구들이 여러 해 동안 진행된 후에 생겨났다. 이러한 연구들은 Coyne 와 Gotlib(1983, 1986)의 유명한 논문에서 개관되었으며 Segal과 Shaw(1986a, 1986b)는 이에 관한 견해를 제시한 바 있다. 이후에 Barnett와 Gotlib(1988)에 의해서 추가적인 개관이 이루어졌다. 이러한 개관에 따르면, 대부분의 연구들은 잠재적 신념을 촉발하는 적절한 절차를 사용하지 못했으며(Haaga et al., 1991; Riskind & Rholes, 1984) 우울증의 특성을 평가하지 못한다고 비판받고 있는 일반적인 측정도구(DAS)를 사용했다는 한계를 지니고 있었다. 그러나 두 연구(Rush, Weissenberger, & Eaves, 1986; Simons et al., 1986)에서는 비우울증 단계에서 높게 나타난 DAS 점수가 미래의 우울증상에 대한 취약성을 반영하는 것으로 나타났다. 따라서 역기능적 신념이 우울증에 대한 인지적 취약성을 구성한다는 가설은 아직 유효하지만 확실하게 입증되고 있지는 않다.

위에서 논의했듯이, 인지도식을 언어적 자기보고가 아니라 인지적 구조(집합적 또는 서로 연결된 정신적 조작들)로 이해하고 측정함으로써 기존의 딜레마들이 해결될 수 있을지 모른다.

우울증에 있어서 환경적 요인들

여러 연구자들(예: Barnett & Gotlib, 1988; Coyne & Gotlib, 1983, 1986; Krantz, 1985)은 우울증에 대한 Beck의

인지 모델이 우울증의 발생과 지속에 환경적이고 사회적인 요인이 미치는 영향을 경시했다고 비판했다. 이러한 비판자들은 우울한 사람들이 많은 심각한 부정적 생활사건을 경험할 뿐만 아니라 배우자와 다른 가족들이 그들의 우울증에 대해서 지지적인 태도를 나타내지 않는다는 증거를 제시하고 있다. 이러한 환경적 요인들은 우울한 사람들이 자신의 생활환경을 왜곡하여 지각한다는 생각에 도전하기 위해서 흔히 인용되는데, 왜냐하면 그들의 생활이 실제로 열악할 수 있기 때문이다.

이러한 비판으로 인해서 Beck의 모델은 두 가지 방향으로 개정되었다. 한 가지는 성격유형, 즉 자율성과 사회적 의존성(Beck, 1983; Beck, Epstein, & Harrison, 1983)을 구분하고 이러한 유형의 역기능적 신념을 자극하기 쉬운 스트레스 사건의 유형을 고려하는 것이다. 자율적인 사람들은 좌절과 실패에 매우 민감한 반면, 사회적 의존성이 높은 사람들은 개인적 거부와 관계의 상실에 예민하다. 따라서 Beck은 특수한 의미를 지니는 생활사건과 상호작용하여 우울증을 유발할 수 있는 성격유형이 있다는 생각을 도입하였다.

우울증에 대한 Beck 이론이 개정된 두 번째 방향은 최초의 모델을 6개의 독립적 모델(횡단적, 구조적, 스트레스-취약성, 상호작용적, 심리생물학적, 진화론적 모델)로 확장하는 것이었다(Beck, 1987a). 상호작용적 모델은 우울증에 기여하는 대인관계의 역동적 측면을 다루고 있다. 예를 들어, 환자와 배우자 간의 원활하지 못한 상호작용을 통해서 각자가 지닌 신념을 상호작용적으로 강화할 수 있다고 Beck은 주장한다. 게다가, 상호작용적 모델은 우울증의 발생보다는 지속과정을 잘 설명할 수 있다.

성격적 차원과 사회적·환경적 요인은 우울증의 원인을 설명하는 데에 있어서 커다란 관심사로 남아 있다. 성격적·인지적 요인과 생활사건이 어떻게 상호작용하여 우울증을 유발하게 되는지는 아직 잘 밝혀지지 않았으며 현재 많은 연구의 초점이 되고 있다.

결 어

Beck은 1960년대에 주도적인 위치에 있었던 정신분석과 행동주의와는 다른 정신병리이론과 심리치료를 개발했다. 또한 인지치료가 시행되는 구체적인 방법을 제시했으며 그 효과를 검증할 수 있는 검사를 개발했다. 이러한 혁신으로 인해서 인지치료는 기존의 치료법들과 이론적으로 다른 점에 대해서, 그리고 최근에는 우울증 모델의 원인적 측면에 대한 지지근거가 부족하다는 점에 대해서 많은 논의와 비판의 대상이 되었다. 우울증의 발생에 있어서 대인관계적 요인과 환경적 요인이 미치는 역할을 경시했다는 여러 비판을 통해서 Beck의 모델은 여러 해에 걸쳐서 정교하게 개정되었다(Beck, 1987a). 현재 우울증에 관한 그의 모델은 기술적인 측면에서는 많은 부분이 지지되고 있다.

단극성 우울증과 불안장애의 치료에 있어서 그 치료효과가 입증된 인지치료는 그 적용범위를 입증하기 위해서 다른 장애에도 임상적으로 적용되고 있다. 성격장애와 만성적인 우울증 치료에 적용되면서, 인지치료는 장기화되었으며 치료적 관계와 정서적 기법을 더 많이 도입하여 적용하게 되었다. 인지치료가 미래에도 그 특수성을 유지하게 될 것인지 아니면 Beck(1991b)이 예측했듯이 통합적인 심리치료로 변모하게 될 것인지는 흥미롭게 지켜보아야 할 점이다.

5 Aaron T. Beck의
전반적 영향

개 관

　Aaron T. Beck은 지난 30년간 심리치료의 실제와 방향
에 중요하고 실질적인 영향을 미쳤다. 그의 이론과 치료는
심리학에서의 인지적 혁명과 잘 맞물림으로써 새로운 혁신
을 만들어냈을 뿐만 아니라 동료들의 혁신적 작업을 촉발하
였다. 따라서 그는 내담자의 주관적인 생각에 관심을 갖게
되고 행동적 변화와 정서적 건강에서의 인지의 역할을 설명
하게 된 것은 인지주의자들의 덕택이라고 말하고 있다.

　또한 Beck은 정신병리의 분야에서 독특한 공헌을 하였
다. 이론적 측면에서, 그는 동기적 모델로부터 정보처리 모
델로 전환함으로써 정신병리에 대해 생각하는 방식을 변화

시켰다. 추동과 숨겨진 동기 대신 정보처리를 강조함으로써, 그는 사람들이 '왜' 그렇게 행동하는가 하는 문제보다 장애를 겪는 동안 심리적 기능이 '어떻게' 작동하는가 하는 물음에 주의를 기울였다. 이러한 정보처리의 산물, 즉 사고와 심상은 치료자뿐만 아니라 내담자도 포착하여 자각할 수 있었다. 이러한 생각은 치료적 관계를 좀 더 대등한 협동적 관계로 변화시켰으며, 치료자와 내담자는 인지의 내용과 그러한 인지가 촉발되는 과정을 함께 탐색한다. 이처럼 치료적 관계는 동반자 관계로 변화되었으며, 탐색되는 자료는 무의식적인 것에서부터 의식적 또는 전의식적인 것으로 변화되었고 현재의 경험이 더 중요시되었다. 또한 Beck은 대안적 생각과 대처방법을 제공하거나 환자가 지니는 신념의 타당성을 철학적으로 논박하기보다 환자의 인지를 실증적으로 검증하는 치료적 방법을 도입하였다.

Beck은 심리치료의 오랜 역사에 토대를 두고 있으며 Freud뿐만 아니라 Adler, Horney, Kelly에게 많은 영향을 받았다. 인지도식의 개념에 관해서는 Piaget뿐만 아니라 Bartlett까지 거슬러 올라가게 된다. 환자의 정서반응, 이야기 내용, 심상에서 공통적인 주제를 찾아내는 것과 같이 인지치료에서 사용되는 치료방법들은 정신분석적 방법과 유사하다. 마찬가지로, Beck의 인지치료는 인지적 변화를 유도하기 위해서 행동적 기법을 통합하였다. 최근에는, 인지를 변화시키기 위해서 게슈탈트 치료와 여러 체험적 치료의 정서적 기법을 도입했다.

처음 개발되었을 때, 인지치료는 그 당시에 유행하던 두 가지의 치료법이었던 정신분석과 행동수정과 대립되는 위치에 있었다. 인지치료는 여러 가지 측면에서 정신분석과 행동치료의 가교 역할을 한 셈인데, 왜냐하면 내담자의 내면적 세계를 고려하면서 동시에 구조화되고 초점적인 적극적 치료방법을 제시했기 때문이다.

또한 Beck의 업적은 1960년대와 1970년대에 시작된 자가-치료 운동의 일부로서 평가될 수 있다. 내담자를 공동연구자로 참여시킴으로써, Beck은 치료과정의 많은 부분을 탈신비화했다. 치료가 진전됨에 따라, 내담자는 과제에 대해서 점차적으로 많은 책임을 지게 되고 '자신의 치료자'가 될 수 있도록 구체적으로 가르쳐진다.

자가-치료 저술이 많이 발간됨에 따라, 인지치료는 David Burns(1980, 1985)와 Gary Emery(1984) 등의 저술을 통해서 대중에게 알려지게 되었다. 그 후에 Beck은 커플 치료에 관한 저서인 『사랑만으로는 살 수 없다』(1988b)를 저술함으로써 일반대중이 고통스러운 관계를 인지치료적 관점에서 이해할 수 있도록 노력했다. 그러한 책을 통해서, 사람들은 심리치료과정에서 어떤 일이 일어나는지를 잘 이해할 수 있게 되었을 뿐만 아니라 자신이 지닌 어려움을 어떻게 해결할 수 있는지를 잘 알 수 있게 되었다.

이론적 중요성

Arnold Lazarus(1979)가 여러 해 전에 언급한 바 있듯이, Beck의 연구를 통해서 행동-인지-정서라는 서로 연결된 세 체계에 대한 강조점이 행동적 부분에서 인지적 영역으로 전환되었다. 이러한 점에 있어서, 여러 인지적 치료와 더불어 특히 Beck의 연구는 다양한 이론들이 발전하는 데에 기여하였다. 그러한 발전 중의 하나는 현상학적 접근법과 진화론적 인식론을 결합하여 인지적 치료를 위한 통합적 입장으로서 구성주의적 이론체계가 구성된 점이다 (Guidano & Liotti, 1985). 여러 가지 점에 있어서 Beck의 입장과는 차이가 있지만, 이러한 입장은 Beck이 심리적 구성개념, 즉 인지도식에 대한 연구를 과학적으로 접근한 점, 내담자와의 협동적 관계를 강조한 점 그리고 치료자가 새로운 관점을 주입하기보다 내담자가 스스로 새로운 관점을 찾아가도록 해야 한다는 점을 받아들이고 있다.

두 번째의 이론적 발전은 심리적 기능에 있어서 정서의 역할이 강조되고 있다는 점이다. 감정에 대한 연구는 사회과학과 생명과학의 양 분야에서 증가하고 있으며(R. Lazarus, 1991), 여러 인지적 이론가들이 이러한 연구에 많은 노력을 기울이고 있다. 정서는 환경과의 상호작용 과정에서 자기에 관한 정보를 제공하는 원천이라는 점에서 인지적 이론의 중요한 일부로서 통합되고 있다(Greenberg & Safran, 1984, 1987; Safran & Greenberg, 1986, 1987). 또한 정서는 적응적인 행동을 하도록 돕는 행동경향성으로 여겨지고 있다(Safran & Greenberg, 1982a). Safran과 그의 동료들은 인지적 치료에서 정서를 활용하고 정서의 역할을 이론적으로 체계화하는 데에 가장 많은 기여를 하였다. 또한 이들은 심리학의 다양한 모델에 동기가 포함되어야 한다고 주장한다. 동기적 개념은 추동 심리학의 일부로 간주되는 경향이 있기 때문에 인지치료에서는 동기적 개념을 부정해 왔다. 그러나 최근에는 동기를 재규정하여 통합시키는 새로운 모델이 제시되고 있다(Safran & Greenberg, 1988). 아울러 Guidano, Liotti, Mahoney와 같은 구성주의자들이나 Safran과 Greenberg는 진화론적 관점에서 행동과 인지적 구조가 지니는 적응적 측면에 관심을 보이고 있다.

Safran과 Segal(1990; Segal, 1988)은 인지도식의 개념, 특히 자기-인지도식과 대인관계적 인지도식에 집중적인 관심을 보여 왔다. Safran과 Segal(1990)은 그들의 저서를 통해 Beck의 인지치료가 정서와 치료적 관계를 경시한다는 점을 논의하면서 그러한 단점을 보완하는 새로운 치료방법을 제시하였다.

홍미롭게도, 인지치료가 전통적인 치료과정 변인들을 경시한다는 비판의 대다수가 여러 정신분석가와 더불어 최근에는 구성주의적인 인지적 치료자들에 의해서 제기되고 있다. 이들은 아직 치료방법에 대한 분명한 지침서를 제시하지 않고 있지만, 구성주의적 치료법들은 기법(예: '의식의 흐름 추적하기'), 치료자의 수동적 자세 그리고 변화보다는 성장과 탐색을 지향한다는 점에 있어서 정신분석과 유사하다.

세 번째의 이론적 발전은 심리치료와 인지과학이 접목되고 있다는 점이다. 인지행동치료는 기초과학과 너무 괴리되어 있다고 비판되어 왔다. 즉, 심리도식과 같은 가설적인 구성개념에 너무 의존하고 있는 점에서 비판되었다(Hawkins et al., 1992). Beck의 인지치료는 매우 유망한 치료라는 점이 입증되고 있지만, 그의 이론은 인지심리학의 연구결과를 좀 더 활용함으로써 개선될 수 있을 것이다(Power, 1987). 게다가, 인지심리학은 정신분석과 행동치료와 같은 이질적인 심리치료들을 접목시킬 수 있는 개념적 틀과 용어를 제공할 수 있다(Goldfried & Hayes, 1989a; Power, 1987; Safran & Greenberg, 1988).

Beck의 이론은 인지과학으로부터 유래하지는 않았지만 그로부터 많은 영향을 받았다. 비판자들과는 달리, Hollon과 Garber(1990)는 인지치료가 사회심리학과 인지심리학과 같은 기초분야의 연구로부터 매우 많은 영향을 받았다고

주장하면서 다음과 같이 말하고 있다;

> 이론적인 측면에 있어서, 인지치료는 부정적인 정서상태
> 를 설명하기 위해서 정서에 대한 인지적 이론에 근거해 왔으
> 며, 상반되는 증거 앞에서도 자신의 견해를 변화시키지 않는
> 집요함을 설명하기 위해 인지도식 이론과 발견적 정보처리
> (heuristic information processing)라는 개념을 사용했고,
> 자동적 정보처리와 의도적 정보처리의 구분을 도입하게 되
> 었으며, 귀인이론에 의거하여 구체적인 신념의 영역을 구성
> 해 왔다(Hollon & Garber, 1990: 69).

인지과학과 인지치료의 접목은 앞으로 더 발전될 수 있을
것이다. 인지적 취약성, 다양한 기분상태에서의 정보처리,
'자동적 사고'에 반영되는 의식 수준에 대한 Beck의 생각
은 인지과학의 연구에 시사점을 던져주고 있다.

임상적 영향

인지행동치료로서의 인지치료

인지행동치료라는 넓은 분야의 일부로서, Beck의 인지치
료는 오늘날에 심리치료가 시행되는 방식에 큰 영향을 미쳤
다. 최근에 Albert Ellis(1991)는 인지행동치료에 의해 많은

영향을 받은 치료영역을 열거한 바 있는데, 그러한 영역의 예에는 자가-치료집단, 자가-치료적 자료를 통한 독서치료, 스트레스 관리, 성치료, 부부치료, 학교 프로그램 등이 있다. 인지가 심리적 문제에 미치는 영향은 많은 대중심리학 서적에서 소개되고 있을 뿐만 아니라 인간관계(예: DeAngelis, 1991)로부터 직업 문제(예: Bernstein & Rozen, 1989)에 이르는 다양한 주제의 책에서 다루어지고 있다.

인지행동치료는 구조화되어 있고 교육적이기 때문에 기업이나 학교 상황에서 집단의 형태로 적용하기 좋다. Ellis 는 심리적 건강에 대한 교육을 위해서 학교에서 인지행동치료를 활용할 것을 권장했다. Knaus(1974)는 RET를 초등학교 상황에 적용한 바 있다. 인지치료가 교육적 상황에 도움을 줄 수 있다고 생각한 Judy Beck도 학교상담자들이 학생, 교사, 교장과 일하면서 인지적 기법을 어떻게 활용할 수 있는지에 관한 워크숍을 시행한 바 있다.

특히, Beck의 인지치료는 그 효과가 실증적으로 검증되었으며 그로 인해서 다른 치료법을 사용하는 치료자들이 인지적 기법을 받아들여 사용하고 있다. '인지적 재구성' '합리적으로 반응하기' 또는 '자동적 사고에 도전하기' 등으로 불리고 있는 여러 인지적 기법들이 정신역동적, 실존주의적-인본주의적, 교류분석적 치료자들에 의해서 사용되고 있다(A. Ellis, 1991). Beck(1987b)에 따르면, 사실 다른 치료법들의 치료효과가 나타나는 것은 인지적 재구성을 통해서다.

심리치료과정에 대한 Beck의 공헌

Beck의 공헌은 평가, 치료, 임상적 연구의 주요한 흐름 속에 잘 통합되어 있다. 현재의 경험과 의식의 산물에 초점을 맞춘 그의 노력으로 인해서, 심리치료 분야에서는 주된 관심의 초점이 현재의 순간에 맞추어지도록 변화되었다. Beck이 최근에는 성격장애와 관련하여 아동기의 경험에 좀 더 많은 관심을 보이고 있지만, 그는 임상적 문제의 이해에 있어서 현재 경험과 과거 경험의 균형을 이루게 하는 데에 기여하였다. 뿐만 아니라 그는 이러한 성격문제가 오랫동안 지속된 것이긴 하지만 이러한 문제를 다루기 위해서 '지금-여기'에서 치료하는 방법들을 고안했다. Ruth Greenberg에 따르면, Beck은 현재의 순간에 초점을 맞추면서 내담자가 그 순간에 어떤 경험을 하고 있는지를 적절하게 묻는 능력이 탁월했는데, 이러한 방식은 주요한 치료기법이 될 것이다.

Beck이 사용하는 소크라테스식 대화법, 즉 의미를 명확하게 밝히고 기존의 신념을 지지 또는 반대하는 증거를 검토하기 위해 질문을 던지는 기법은 현재 다른 치료법에서도 도입하여 사용하고 있다. 이런 방식으로 내담자를 치료하게 되면, 내담자가 훨씬 더 협동적인 태도를 보이며 자료를 수집하고 새로운 변화를 나타내게 된다. 이러한 방식은 내담자에게 과도한 지시나 처방을 하지 않으면서 치료과정을 진행할 수 있기 때문에 다른 치료법에서도 받아들이고 있다.

다른 한편으로, 통찰-지향적이지만 통찰만이 치료의 유일한 목표라고 생각하지 않는 치료자들은 좀 더 다양한 치료방향과 그러한 변화를 위한 치료기법에 관심을 지니고 있다. 이들은 인지적·행동적 기법을 사용하는 인지치료에 흥미를 보인다. Beck의 치료는 다양한 역동적 주제를 잘 인식하고 있는 매우 적극적이며 구조화된 치료형태다. 이렇게 통찰과 행동을 잘 겸비함으로써 정신분석 모델이나 행동수정 모델과는 다른 새로운 치료형태를 만들어 낸 것이다.

사례이해에 대한 Beck의 공헌

전형적인 기저신념이나 인지적 왜곡 유형과 같은 인지적 요인들은 이제 성격양식이나 불안장애와 같은 임상적 장애를 설명할 때 매우 흔하게 언급되고 있다. 즉, 심리장애별 인지내용과 특수성 가설에 대한 Beck의 생각은, 그러한 장애를 치료하는 기법과는 별개로, 이러한 장애를 설명하는 데에 매우 자주 활용되고 있다.

또한 Beck은 사례이해에 있어서 진단 자체보다 인지에 초점을 맞춤으로써 좀 더 유연하게 사례를 이해하고 치료적 개입이 필요한 다양한 요인들을 파악할 수 있게 하였다. 진단은 분명히 중요하고 필요하지만, 외현적 행동이나 증상을 묘사하는 것에 불과하다. 문제는 환자가 진단명으로 인해서 낙인찍히게 되거나 치료자가 진단을 과잉 일반화하여 장애의 원인과 역동에 관해 잘못된 결론을 내릴 수 있다는 것이다. Beck은 특정한 장애에 공통적인 사고주제나 신념내용을 제시하고는 있지만, 그 기저에 있는 인지는 상당히 개별적이고 독특하다는 점을 강조하고 있다. 즉, 증상이나 행동을 일원론적이거나 환원론적으로 설명하려는 것을 경계하고 있다. 또한 관찰된 행동에 영향을 미치는 인지적 요인들을 파악함으로써 복잡한 증상을 치료할 수 있는 구체적인 방법을 제시하게 된다.

변화의 기제

Beck은 협동적 경험주의를 통해서 치료적 관계의 속성을 변화시켰다. 즉, 내담자가 좀 더 능동적인 역할을 담당하도록 장려하는 것인데, 이러한 변화는 심리치료에 대한 현재의 소비자 성향에 매우 잘 맞는 것이다. 신념의 경험적 검증은 심리치료가 어떻게 시행되어야 하는지를 여러 가지로 변화시켰다. 첫째, 인지치료에서는 치료적 변화가 합리적·철학적 논박, 과거경험에 대한 통찰, 치료자와의 확고한 관계,

치료자에 의해 처방된 새로운 행동에 의해서 나타나는 것이 아니라고 본다. 둘째, 새로운 관점과 태도는 내담자 자신의 탐색 결과로서 발전되어야 한다. 즉, 이러한 관점과 태도는 치료자에 의해 대체하도록 추천된 인지와는 다른 것이다. 셋째, 협동적 경험주의는 인지변화의 목적을 위해서 행동적 기법을 채용한다. 예컨대, 자기관찰 기법은 사고의 관찰에 확대 적용되며, 특정한 상황에서 관찰된 사고는 수정될 수 있게 된다. 과제부여와 같은 행동적 기법은 신념의 사실성이나 기능을 검증하는 실험의 주된 방법이 되었다. 이러한 과제 사용법을 통해서 치료시간 밖에서 일어난 일들이 치료시간 내에 일어나는 일 못지않게 중요하게 되었다.

Beck 모델의 임상적 적용

우울증과 불안장애에 대한 인지치료의 효과가 입증됨에 따라 인지 모델은 (임상적 문제뿐만 아니라 비임상적 문제까지) 다양한 영역과 집단에 적용되게 되었다. 현재 임상적 연구와 치료가 이루어지고 있는 영역은 정신분열증(Perris, 1989), 섭식장애(Garner & Bemis, 1982), 부부 문제(Dattilio & Padesky, 1990; Epstein & Baucom, 1989), 약물 남용(Beck et al., in press; Beck, Wrigt, & Newman, 1992), 우울증 입원환자의 치료(Miller, Norman, & Keitner, 1989; Wright et al., 1993)다. 인지치료 기법은 다중 성격장애에 대한 Ross(1989)의 책에서처럼 예상하지 못한 영역에서도 적용되고 있다.

James Pretzer는 Beck의 모델이 광범위한 문제영역에 적용될 수 있으며 치료 모델의 세부적 사항을 보완하기만 하면 다양한 장애를 잘 치료할 수 있다고 주장한다. 이러한 점에서 인지치료는 오래도록 명맥을 유지할 것 같다. 인지치료의 새로운 적용은 실증적 검증을 거쳐야겠지만, 잠정적인 결과(예: Miller, Norman, & Keitner, 1989; Miller et al., 1989)는 유망한 것으로 나타나고 있다.

Pretzer는 Beck 모델의 미래에 대해서 세 가지 가능성을 예측하고 있다. 첫째는, 그가 가장 가능성이 높다고 생각하는 것인데, Beck 모델이 다양한 임상적 장애에 적절하게 적용되면서 발전하는 것이다. 두 번째 가능성은 인지치료가 하나의 작은 치료적 분파로 전락하는 것이다. 그는 그러한 예로서 인지치료와 대상관계치료를 접목한 '인지적 분석치료(cognitive analytic therapy)'를 인용하고 있다. [Anthony Ryle(Ryle & Cowmeadow, 1992)은 그의 치료방법을 인지적 분석치료라고 명명하고 있다.] Pretzer는 "사실 『성격장애의 인지치료』에서 그들이 말하고 있는 것들을 우리는, 여러 복잡한 이론적 개념을 이해하지 못한다 하더라도, 이미 치료에서 사용하고 있다."고 말한다. Pretzer가 가장 가능성이 낮은 것으로 여기고 있는 세 번째 경우는 인지치료가 여러 가지 분파로 발전하는 것이다. 즉, 인지치료가 정신분석학파처럼 쪼개지게 될 수도 있다는 것이다.

Jeffrey Young은 심리도식-초점적 인지치료(Schema-Focused Cognitive Therapy)^{역자 주}라고 불리는 인지치료의 분파를 발전시켰다(Young, 1990; Young & Klosko, 1993; Young & Lindeman, 1992). 심리도식-초점적 인지치료는 성격장애의 치료에 있어서 Beck의 치료방식과 여러 가지 점에서 다르다. 첫째, Young은 심리도식이 어떻게 스스로 영속화되도록 기능하는지를 설명하기 위해서 Beck의 모델을 확장하여 심리도식 지속, 심리도식 회피, 심리도식 보상이라는 개념을 도입하였다. 둘째, Young은 도식의 내용에 따라서 16개의 '초기 부적응 도식(early maladaptive schema)'을 구분하고 있다. 이와 달리, Beck은 인지도식을 인지적 구조로 규정하고 있으며 그 내용은 Young이 제시한 것보다 더 다양하다고 본다. 또한 초기 부적응 도식은 기저

역자 주 | 'schema'라는 용어는 심리학계에서 흔히 '인지도식'이라고 번역하고 있지만 Young은 이 용어를 그 이상의 의미로서 정서적, 행동적 요소까지 포함하는 개념으로 사용하고 있기 때문에 여기에서는 '심리도식'이라고 번역하였다. 2003년에 Young은 Janet S. Klosko와 Marjorie E. Weishaar와 함께 『심리도식치료(*Schema Therapy*)』를 발간하면서 치료의 명칭을 개칭하였다.

신념에 대한 Beck의 생각과도 일치하지 않는다. Young에 따르면, 기저신념은 조건적인('만약 완벽할 수 있다면, 나는 가치 있는 사람이 될 수 있다.') 반면, 초기 부적응 도식은 절대적이다('나는 무가치하다.'). 마지막으로, 심리도식-초점적 인지치료는 심리도식을 직접 변화시키는 구체적인 방법을 제시하고 있는데, 인지적·행동적 기법뿐만 아니라 정서적 기법을 사용하고 있다. Young의 치료방식은 치료적 개입의 순서에 있어서도 Beck과 다르다. Beck의 치료방식은 내담자와 관계를 형성하면서 좀 더 주변적인 과제부터 다루기 시작한다. 예를 들어, Pretzer와 Fleming(1989)은 환자의 입장에서 보았을 때 과도한 자기공개를 요구하지 않는 방식으로 시작하며 처음에는 언어적 개입보다 행동적인 치료법을 사용하도록 권장하고 있다.

이와 대조적으로, Young은 Beck의 방식과 반대되는 개입의 순서를 제시하고 있다. 치료 초기부터 정서적 기법을 사용하여 심리도식을 찾아내어 촉발시키면서 직접적으로 치료한다. 그 다음에 치료적 관계 속에서 대인관계적 기법을 적용하고 이어서 인지적 기법과 행동적 기법을 사용한다. Beck의 치료에서는 치료과정의 초기에 행동적·인지적 기법을 사용한다.

Young은 심리치료 통합의 움직임이 매우 강력한 영향을 미칠 것으로 믿고 있다. 따라서 현재 시행되고 있는 인지치료는 앞으로 10년 정도까지는 이러한 형태를 유지하며 여러 장애에 적용될 것으로 예측하고 있다. 그러나 이러한 시기가 지나면, 인지치료는 알코올 중독자 모임(Alcoholics Anonymous)과 같이 대중화된 12단계 프로그램이나 John Bradshaw(1990)의 내면적 아동 치료법과 같은 다른 치료 모델과 통합될 것이다.

그러한 현상이 나타날 때까지, Young은 현재와 같이 건 강보험료를 억제하는 상황에서는 인지치료가 특별한 관심을 받게 될 것이라고 예상하면서 다음과 같이 말하고 있다. "치료비 감소라는 관점에서 치료자들은 일차적으로 증상과 즉각적인 위기상황의 개선에 초점을 맞추게 될 것이다. 이러한 점에서 단기치료는 매우 유용한 것이다. 전반적인 삶의 행복과 만족을 목표로 지향하기보다 내담자를 정상적 기능상태로 회복시키기 위해 증상을 경감시키는 일을 중시하는 한, 인지치료는 치료분야에서 중요한 역할을 할 것이다. 인지치료를 제대로 시행할 수 있는 사람은 아직 별로 많지 않다. 많은 치료자들이 인지치료에서 이미 제공하고 있는 것을 따라잡고 통합하기까지 앞으로 가야 할 길이 멀다."

건강보험 정책에 대한 영향

Beck은 단기적 심리치료가 효과적일 수 있다는 것을 입증했다. 인지치료를 받아 성공적으로 치료된 우울증 환자의 재발률을 조사한 연구에 따르면, 심리치료를 통해서 증상개선이 지속될 수 있으며 재발의 위험을 줄일 수 있다 (Blackburn et al., 1986; Evans et al., 1992; Kovacs et al., 1981; Shea et al., 1992; Simons et al., 1986).

이러한 연구결과는 미국의 경우 건강보험 정책에 분명한 영향을 미치게 되는데, 효과가 입증된 치료법은 의료관리기관에 의해 권장되며 보험회사와 정부로부터 재정적 지원을 받을 수 있기 때문이다. 보다 단기적이고 효과가 입증된 치료를 중시하는 사회경제적 환경에서, 인지치료는 효과적인 단기치료로서 주도적인 역할을 하게 될 것이다.

연구에 대한 영향

임상적 집단의 사용

Beck은 인지적 이론과 치료에 대한 연구를 통해서 심리학의 인지주의 운동에 신뢰성과 타당성을 부여해 주었다. 왜냐하면 임상적 집단을 사용하여 이론과 모델을 검증했기 때문이다. 심리학 연구의 상당부분은 대학생을 피험자로 하여 시행되고 있다. 그러나 Beck은 환자집단을 대상으로 한 연구를 통해 인지주의 운동을 지지하는 결과들을 얻어냈다.

자살 연구

Beck은 연구를 통해서 우울증, 자살위험, 절망감을 평가하는 척도뿐만 아니라 자살 행동에 대한 용어체계를 만들어 냈다. 자살이라는 문제에 있어서, 그는 자살위험을 단순한 일시적 사고에서부터 심각한 자기파괴적 행동에 이르는 연속적인 변인으로 이해하게 되는 데에 기여하였다. 자살의 원인으로서 절망감이 핵심적인 심리적 위험요인으로 부각됨에 따라, 인지치료(Rush et al., 1982)와 문제해결훈련(Patsiokas & Clum, 1985)을 통해서 절망감을 감소시키는 치료적 노력이 이루어졌다. 그가 개발한 자살위험의 평가척도들은, 치료자가 의학적 입장을 지니든 심리치료적 입장을 지니든 상관없이, 다양한 장면에서 세계적으로 널리 사용되고 있다. 특히, BDI를 비롯한 이러한 척도들은 수백 개의 연구에서 사용되었다.

뿐만 아니라, 동료들과 함께 Beck은 자살하는 사람들의 인지적 특성을 밝혀냈다(Weishaar & Beck, 1990, 1992). 우울증의 수준과 정신병리의 정도가 동일하게 조정되었을 경우, 자살하는 사람과 그렇지 않은 사람 간에는 여러 가지 인지적 차이가 있음이 밝혀졌다. 또한 자살하는 사람의 이러한 인지적 특성은 자살하려는 의도가 없는 기간에도 지속되며 미래에 자살하게 될 취약성 요인으로서 기능한다.

이러한 연구결과들로 인해서 자살하려는 사람을 치료하는 방식이 변화되었다. 자살위험에 대처하는 기존의 방식은 매번의 자살위기를 해결하고 나서 내담자를 그러한 위기로 인해 공백이 생긴 직장으로 돌려보내는 것이었다(T. Ellis, 1987). 그러나 요즘에는, 치료자들이 문제해결기술의 부족이나 이분법적 사고와 같이 자살위험을 증가시키는 인지적 특성들을 자살위기의 시기뿐만 아니라 치료의 전체 과정을 통해서 체계적이고 직접적으로 다루어 주어야 한다는 것을 알게 되었다.

연구의 촉진

Beck은 실증적 연구를 촉진하고 정신병리의 주요한 이론을 발전시키는 데에 기여했다. 예를 들어, 다른 입장을 지닌 치료자들로 하여금 자신의 치료절차를 구체화하여 실증적 검증을 하도록 자극하였다. Beck이 제안한 이론적 가설은 치료효과, 치료과정 및 이론적 모델에 관한 수많은 연구를 촉발하였다. 이러한 연구의 일부는 Beck의 동료에 의해서 수행되었지만, 상당 부분은 인지적인 입장을 지니지 않은 연구자나 연구기관에 의해서 이루어졌다. Beck은 인지치료가 어떻게 시행되는지를 분명하게 밝혔기 때문에, 치료절차를 분명하게 밝히지 않은 치료법보다 더 많은 검증과 비판의 대상이 되었다. 그러나 이러한 검증과정을 통해서 건설적인 심리치료 연구와 이론적인 진전이 이루어졌다. Beck은 30년 이내에 연구를 통해서 우울증에 대한 모델과 그에 상응하는 치료방법을 개발했을 뿐만 아니라 치료의 효과를 검증했으며 치료 모델을 새로운 영역에 적용했다. 지금은 인지이론의 타당성에 관심이 집중되고 있다.

동료들에 따르면, Beck은 그의 제자들이 연구를 열심히 하도록 장려하기 위해 매우 많은 노력을 기울였다고 한다. 그 결과, 인지이론과 인지치료의 효과에 관한 많은 연구들이 이루어졌다. 과거에 Beck의 제자였던 사람들은 이론적 개념, Beck 모델의 임상적 적용, 새로운 인지적 치료형태의 개발을 위해 노력하고 있다.

Shaw와 Segal(1988)에 따르면, 현재 인지치료에 관해서 세 영역의 연구가 진행되고 있다: (1) 인지 모델의 타당성에 관한 것으로서 인지 모델의 설명력과 예측력을 향상시키는 변인을 찾아내는 연구, (2) 우울증의 발생에 있어서 인지적·성격적 요인이 스트레스 생활사건과 상호작용하는 방식에 관한 연구, (3) 재발 위험성에 영향을 미치는 요인들을 발견하려는 연구.

인지 모델의 타당성에 관한 연구는 현재의 인지이론으로

어떻게 치료적 변화를 설명할 수 있느냐는 문제를 다루고 있다. Hollon과 Garber(1990)는 인지 모델과 관련된 5개의 연구문제를 지적하고 있다. 첫째, 인지치료의 치료효과가 기존의 인지도식이 변화되었기 때문인지 아니면 대처기술의 개선에 의한 것인지가 불분명하다. 둘째, 정보를 처리하는 방식이나 사고와 심상의 내용에 있어서 우울한 사람들이 과연 우울하지 않은 사람들과 다른지가 아직 확인되지 않았다. 세 번째 문제는 인지치료의 효과가 우울한 사람들에게 우울하지 않은 사람들처럼 생각하도록 가르쳤기 때문인지 아니면 어떤 다른 기제 때문인지의 여부다. 넷째, 다양한 유형의 인지적 요인들이 우울증의 원인, 지속 및 치료에 있어서 각기 다른 역할을 하는지가 불분명하다. 예컨대, 원인의 귀인은 우울증의 발생과 예방에 중요한 역할을 하는 반면, 부정적인 기대는 우울증의 지속과 치료에 더 중요한 역할을 할지도 모른다. 마지막으로, 독특한 신념이나 의미체계가 어떻게 형성되는지 아직 밝혀져 있지 않다. 이러한 체계들이 과거경험에 기인할 것이라고 가정되고 있을 뿐이다.

Hollon과 Garber에 따르면, 이러한 연구주제는 임상·사회인지·발달 분야의 심리학자들이 함께 학제적인 연구를 통해 접근해야 한다. 생물학적 정신의학도 어린 시절의 생활경험과 그 결과로 인한 우울증의 취약성 간의 관계를 이해하는 데에 도움이 될 수 있다. 피츠버그 대학의 David Kupfer 박사에 따르면, "어린 시절의 정서적 스트레스는 신경세포의 발달에 영향을 미치고, 이로 인해서 여러 해가 지난 후에 심한 스트레스를 받게 되면 우울증이 유발될 수 있다."(Goleman, 1992: C 13)

다른 연구영역은 인지치료의 예방적 측면에 관한 것이다. 많은 연구를 통해서 인지치료가 우울증의 재발률을 감소시킨다는 것이 밝혀졌다(Hollon & Garber, 1990; Evans et al., 1992; Shea et al., 1992). 펜실베이니아 대학의 Hollon과 Seligman 박사 연구팀은, 인지치료가 이차적 예방(우울증을 경험한 사람들의 재발 방지)에 효과적이라는 사실에 근거하여, 인지치료를 통해서 대학에 진학한 젊은이들이 겪을 수 있는 우울증을 방지할 수 있는지 연구하고 있다. 이 연구의 대상인 1학년 학생들은 생활에 있어서 중요한 변화를 겪게 될 것이기 때문에 심리적 어려움을 경험할 것으로 예상하고 있다. Hollon에 따르면, 연구자들은 "인지치료를 통해 임상환자에게 제공되는 일련의 기술과 기능을 처음부터 이 학생들에게 가르칠 것이며, 과연 이러한 인지치료적 개입이 정상인 집단의 경우에 우울증의 발생을 효과적으로 감소시키는지를 확인하고자 한다." 이 연구의 책임자인 Seligman 박사는 학령기 아동을 대상으로 한 유사한 연구를 제안하고 있다.

심리치료의 미래

최근의 논문에서, Beck과 Haaga(1992)는 미래의 심리
치료에 관해서 5가지 추세를 예측한 바 있다: (1) 심리치료
는 여러 수준에 있어서 특수성 대 일반성(specificity versus
nonspecificity)의 주제에 직면하게 될 것이다. (2) 심리치료
는 연구와 효과입증에 대한 지속적인 압력에 대응해야 할 것
이다. (3) 심리치료는 심리학의 기초연구와 좀 더 많은 연결
고리를 형성해야 할 것이다. (4) 심리치료에 관한 지식을 전
달하는 체계가 좀 더 다양해질 것이다. (5) 다양한 심리치료
체계들이 서로에게 영향을 미치게 될 것이다. 이들은 이러한
각각의 추세에 비추어 인지치료의 미래를 논의하고 있다.

특수성

특수성과 일반성 원리 간의 논란은 세 주제에 관해서 이루
어지고 있다. 그 첫 번째 주제는 환자를 치료하는 데에 있어
서 구체적인 증상패턴을 반영하는 일차적 진단을 하는 것이
중요한지 아니면 좀 더 일반적인 기질이나 심리적 취약성을
찾아내는 것이 중요한지의 여부다. 두 번째 주제는 호소하는
증상에 따라서 특정한 측면(정서, 행동 또는 인지)의 변화를 목
표로 하는 치료와 연결시키는 것이 가능하며 과연 바람직한

지에 관한 문제다. 세 번째 주제는 심리적 안녕감과 관련된 인지적 요인에 관한 것이다. 즉, 그러한 인지적 요인들은 일반적인 것인가 아니면 각 상황마다에 특수한 것인가? Bandura(1986)의 사회인지이론에서는 자기효능성의 기대가 상황이나 과제마다 각기 특수하다는 점을 강조하고 있다. 그러나 기질적 낙관주의(Scheier & Carver, 1987)나 긍정적 사고와 부정적 사고의 균형(Schwartz & Garamoni, 1989)에 관한 연구결과들은 좀 더 일반적인 인지적 요인들이 심리적 기능에 영향을 미친다는 것을 보여 주고 있다.

Beck은 성격장애(Beck, Freeman, & Associates, 1990)와 그 밖의 다른 임상적 장애(Beck & Weishaar, 1989b; Clark, Beck, & Stewart, 1990)마다 특수한 인지적 특성을 제시했다. 그러나 그는 어떤 인지적 요인들(예: 과도한 자기초점적 주의)은 여러 장애에 공통적인 반면, 다른 인지적 요인들(예: 우울증의 경우는 상실, 불안장애의 경우는 위협이라는 인지적 주제)은 장애마다 특수하다고 가정하는 Ingram과 Kendall(1987; Ingram, 1990)의 모델을 지지하고 있다.

연구와 효과입증

정신건강 서비스가 개인적 성장 모델과 달리 건강관리 모델에 따라 제공되는 한, 심리치료는 효과입증과 비용감소의 압력에서 벗어나기 어려울 것이다. 이러한 사회경제적 요인에 더해서, 심리적 장애에 대한 일반인들의 인식이 증진되고 건강관리가 소비자 중심의 추세로 변화됨에 따라 치료자는 자신이 제공하는 치료의 효과를 설명하고 입증해야 한다.

앞에서 언급했듯이, 인지치료는 단기적이고, 구조화되어 있으며, 특정한 증상에 초점을 맞추는 특성 때문에 경제적 측면에서 효과적인 치료로 여겨지고 있다. 또한 인지치료는 그 치료효과가 입증되어 우울증과 불안장애의 경우 주된 치료법으로 추천되고 있다. Beck과 Haaga(1992)는 치료적 변화가 일어나는 기제를 설명하기 위해서 인지이론을 정교하게 발전시키는 연구뿐만 아니라 인지치료가 새로운 장애에 적용될 수 있는지에 관한 연구가 증가할 것으로 예측하고 있다.

이에 관해서 Beck은 다음과 같이 말하고 있다: "나는 다양한 치료법들의 통합이 이루어질 것으로 생각한다. 인지치료는 통합적인 치료다. 인지치료는, 인지심리학이든 사회심리학이든, 심리학의 발전과 매우 밀접한 관계를 맺고 있다. 나는 지금부터 10년 이내에 인지치료가 주도적인 치료가 될 것으로 생각한다. 그때는 인지치료가 행동치료를 흡수하게 될 것이다. 그리고 그때는 사회적 압력 때문에, 정신역동치료도 세력과 인기를 잃게 될 것으로 생각한다."

인지과학과의 접목

전통적으로 시행해 온 치료효과의 비교연구와 심리치료의 과정연구는 사람이 변화하도록 돕는 방법을 밝히기 위한 것이기는 하지만 매우 많은 시간이 소요되는 방법이다. Haaga와 Davison(1989)은 이러한 연구들만으로는 충분하지 않다고 주장한다. 인지심리학과 사회심리학의 연구를 통해서 사람들이 어떻게 감정이 관여된 신념, 특히 자기와 인간관계에 관한 신념들(Beck & Haaga, 1992)을 형성하고 변화시켜 가는지를 이해할 수 있을 것이다. Power(1987)와 Hollon과 Garber(1990)도 이러한 점을 제시한 바 있다.

심리치료에 관한 지식의 유포

Beck과 Haaga는 사람들이 심리치료에 관한 지식을 접하는 방식이 다양해질 것이라고 예측하고 있다. 자가-치료집단과 독서치료는 사람들이 치료를 접하게 되는 중요한 대안이 될 것이다. 또한 인지치료는 어려운 문제의 치료를 위해 좀 더 장기적인 형태로 변화해 갈 것이며, 구성주의의 영향을 받아서 개인적 성장과 자기탐색을 중시하는 방식으로 변화해 갈 것이다. 인지치료가 이렇게 변화하기 위해서는 이론적 · 경험적 지지를 모두 받아야 할 것이다.

심리치료 통합운동

인지적 치료의 영역 안에서 일어나고 있는 지배적인 추세는 감정, 발달요인, 비의식적 인지과정을 포함시킬 수 있도록 이론적 모델을 확장하는 것과 더불어 변화의 매개체로서 치료적 관계를 중시하는 것이다.

인지적 치료의 안팎에서 심리치료 통합운동이 진행되고 있다. 심리치료 통합운동의 역사는 Arnkoff와 Glass(1992)에 의해서 잘 개관된 바 있다. 그들은 절충적 · 통합적 치료에 대한 관심을 증대시킨 1970년대의 세 가지 추세를 지적하고 있다. 즉, (1) 어떤 단일한 심리치료 학파에 대해서도 만족하지 못하는 현상이 일반화되었고, (2) 어떤 단일한 학파도 모든 심리장애에 대한 치료효과의 연구를 주도하지 못했으며, (3) 의료비 지급기관에 대해서 효과를 입증하며 대응해야 할 필요성이 증대되었다.

Paul Wachtel(1977)과 Marvin Goldfried(1980b)는 현대의 심리치료 통합운동을 초기에 주동한 인물로 인정되고 있다. Wachtel의 저서 『정신분석과 행동치료: 통합을 향하여(*Psychoanalysis and Behavior Therapy: Toward an Integration*)』에는 과제부여나 심상적 노출과 같은 행동적 치료기법을 사용하여 내담자로 하여금 역동적 주제를 살펴보도록 돕는 방법이 기술되어 있다. 정신분석적 수련을 받은 Wachtel과 처음에는 정신역동적 수련을 받았으나 나중에 행동치료자가 된 Goldfried는 모두 심리치료의 개업활동을 하면서 행동치료와 정신역동치료의 원리를 사용했다 (Arnkoff & Glass, 1991). 최근에, Goldfried(1992)는 그가 과거에 행동적 기법만을 사용하여 환자를 치료하는 모습을 학생들에게 보여 주면서 경험했던 개인적 딜레마를 소개한 바 있다. 이처럼 심리치료 통합운동은 새로운 치료방법과 통합적인 심리치료 원리를 추구하면서 추진력을 얻게 되었다.

Arnold Lazarus(1981, 1985)는 실증적으로 효과가 검증된 기법을 사용하는 '기법적 절충주의(technical eclecticism)'에 근거하여 7가지 영역의 문제(행동, 정서, 감각, 심상, 인지, 대인관계, 신체적 기능)를 치료하는 다중양식치료(Multimodal Therapy)를 개발한 바 있다. 다중양식치료는 다양한 치료에서 개발된 기법들(예: 로저스의 반영법, 게슈탈트 치료의 빈의자 기법)을 사용할 뿐 이론적인 통합을 지향하지는 않는다.

통합주의 운동이 모든 치료가 동등하다고 가정하는 것은 아니다(Goldfried & Hayes, 1989a, 1989b). 그러나 치료기법을 융통성 있게 적용하게 되면 치료효과가 증가될 것이다. 예를 들어, 치료자는 비정서적인 기법을 사용하여 잘 호전되지 않는 우울한 환자에게 게슈탈트 기법을 적용하면서 통합적인 인지치료를 시행할 수 있을 것이다(Arnkoff, 1981; Haaga, 1986).

인지치료가 대인관계이론과 더불어 치료관계 및 무의식

과정과 같은 정신역동적 주제를 통합하기 위해서 다른 이론적 입장의 영향을 받고 있듯이, 인지치료는 심리치료 통합에 많은 영향을 주고 있다. Albert Ellis(1991)에 따르면, 통합적인 치료들은 대부분 인지-행동적 입장에 기초하고 있다. Arnold Lazarus는 다중양식치료에서 주로 인지적 · 행동적 치료기법을 사용하고 있는데, 그 이유는 이러한 기법들의 치료효과가 잘 입증되어 있기 때문이다(Arnkoff & Glass, 1992).

Beck과 Haaga(1992)는 인지치료가 심리치료 통합운동에 세 가지의 공헌을 했다고 보고 있다. 그 첫째는 정신병리와 심리치료를 설명하는 어떤 모델이든지 인지적 과정을 고려해야 한다는 점이다. 둘째, 인지치료는 다른 치료에서 제시한 기법들을 사용함으로써 다양한 기법들이 어떻게 통합적으로 사용될 수 있는지를 보여 주었다. 세 번째 공헌은 치료적 관계를 협동적 경험주의로 규정한 점인데, 협동적 경험주의에서는 치료자가 대안적 인지를 제시하기보다 환자로 하여금 스스로 부정적 신념을 평가하게 한다.

Alford와 Norcross(1991)는 인지치료가 RET와 다중양식치료와 마찬가지로 통합적 요소를 지닌 것으로 보고 있다. "인지는 다양한 입장을 연결하는 다리이며, Beck의 인지치료는 이러한 연결을 하고 있는 대표적인 예다."(Alford & Norcross, 1991: 187) 이들에 따르면, 인지치료는 여러 다

른 치료법들에 공통적인 치료적 요인이 존재한다는 공통요
인 접근법(common factors approach)을 강조하면서도
Beck 모델의 용어를 사용하여 이러한 치료요인들을 잘 재
구성하고 있다. 또한 인지치료는 역사적인 관점에서 보면
이론들을 통합하고 있으며 현대의 모델들과도 대립하기보
다 협동하려는 자세를 견지하고 있다.

　Beck은 인지치료가 다양한 기법을 혼합하여 사용하면서
도 일관성 있는 이론을 지니고 있기 때문에 그야말로 통합
적인 심리치료라고 믿고 있다(Beck, 1991b). 그는 다른 심리
치료 학파들이 인지치료의 설명적 역량이나 경험적 타당성
에 더해 추가적으로 제공할 것이 거의 없다고 생각한다.
Beck(1991b)에 따르면, 그가 최근에 시도한 이론적인 변화
에 있어서 다른 심리치료이론들은 별로 도움이 되지 않았지
만 인지심리학 · 사회심리학 · 진화적 생물학은 많은 도움이
되었고, 그가 비의식적인 인지과정을 다시 중요하게 고려하
게 된 것은 Mahoney(1981)와 Weimer(1979)의 덕분이라
고 했다. 현재 Beck은 인지가 작동방식과 의식가능성에 있
어서 매우 다른 여러 종류의 병렬적 체계들로 구성되어 있
다고 생각하고 있다(Beck, 1991b; Beck, Freeman, &
Associates, 1990).

Beck의 인지치료의 지속적인 진화

Beck은 우울·불안·성격의 진화적 기원에 대해서 많은 관심을 보여 왔다. 그는 영장류 동물의 사회적 행동을 연구하는 동물행동학자와 영장류 동물학자들과 의견을 교환하고 있다. 또한 진화론적 생물학을 심리치료에 접목하는 일에 관심을 지닌 정신의학자, 인류학자, 다른 분야의 학자들과도 의견교환을 계속하고 있다. Beck은 적응에 관한 개념들과 진화론적 생존원리에 관해서 특히 Darwin(1872)으로부터 큰 영향을 받고 있다. 다양한 장애의 진화론적 의미를 이해하기 위해서는 생물학적 요인을 중시해야 할 뿐만 아니라 그러한 요인이 심리적 요인과 어떻게 상호작용하는지를 과거의 심리치료에서 했던 것보다 더 중요하게 고려해야 한다. 이러한 진화론적 이해가 임상적 치료에 어떤 시사점을 주는지에 대해서는 좀 더 연구되어야 할 것이다.

사망하기 직전인 1990년에 Bowlby는 Darwin의 심리를 분석하는 전기(Bowlby, 1991)를 쓴 바 있다. 이 책에 따르면, Darwin은 만성적인 불안을 지니고 있었으며 이러한 불안이 그가 많은 학문적 성취를 이루도록 자극했다고 한다. Beck은 Bowlby와 Darwin 두 사람과 여러 점에서 공통점을 지니고 있다.

Bowlby와 Beck은 모두 정신분석이론의 많은 부분을 거부했다. 지금은 고전이 되어 버린 세 권짜리 연작인 『애착과 상실』(1969~1980)에서, Bowlby는 Darwin의 이론과 일치하는 인간발달이론, 특히 부모와 타인에 대한 아동의 애착과 의존이 Freud가 생각했던 것처럼 신경증적인 것이 아니라 정상적인 것이라는 생각을 제시하려고 했다(Sulloway, 1991).

Beck은 Bowlby의 애착이론을 받아들여 우울증에 대한 자신의 모델을 수정하였다(Beck, 1987a). 또한 그는 우울증(Beck, 1987a), 불안장애(Beck, 1991a; Beck, Emery, & Greenberg, 1985) 그리고 성격장애(Beck, Freeman, & Associates, 1990)가 존재하는 이유를 설명하기 위해서 Darwin의 이론적 개념을 사용하고 있다.

Beck은 Bowlby가 묘사하고 있는 Darwin의 사고방식과 놀랍게도 많은 공통점을 지니고 있다. Darwin은 다른 사람의 의견을 존중했지만 권위에 도전적이었으며 독자적으로 생각하는 능력이 뛰어난 사람으로 묘사되고 있다. 또한 Darwin은 그가 미리 예상하지 못했던 부정적인 증거를 중시했으며 이러한 증거의 의미를 이해하려고 노력했다. 마지막으로, Darwin은 자신이 진행하는 연구에 다른 분야의 과학자들을 공동연구자로 끌어들이는 능력이 있었다. Beck이 Darwin과 유사한 특성을 지니게 된 것은 아동기의 불안정한 애착에 유래한다고 여기에서 주장하는 것은 아니다. 그러나 그들이 많은 공통적 특성을 지니고 있다는 것은 주목할 만한 점이며, Darwin과 그의 열렬한 지지자인 Bowlby와 Beck 세 사람 간에는 무언가 연결고리가 있다.

현재 나이가 70대인 Aaron Beck^{역자주}은 왕성한 저술가이자 연구자이며, 여전히 치료자를 훈련하고 인지적 모델을 전파하는 일에 참여하고 있다. 그는 인지치료가 어떤 범위까지 적용될 수 있을지 자신도 잘 모르며, 인지치료를 통해 새로운 장애가 치료될 수 있다는 것을 알게 될 때마다 놀라움을 느낀다고 한다. Beck은 인지치료가 아직도 많은 가능성을 지니고 있는 매우 유망한 치료라고 생각하고 있다. 그는 여전히 연구자로서 인지치료의 유망함을 입증해 가고 있다.

역자 주 | 이 책이 발간되었던 1993년에 70대였던 Beck은 2006년 현재 만 85세의 노령이지만 여전히 건강한 상태로 활동하며 노년기를 보내고 있다.

| Aaron T. Beck의 주요한 연구업적 목록(연대 순) |

Beck, A. T. (1961). A systematic investigation of depression. *Comprehensive Psychiatry, 2*(3): 163-170.

Beck, A. T., Ward, C. H., Mendelson, M., Mock, J., & Erbaugh, J. (1961). An inventory for measuring depression. *Archives of General Psychiatry, 4*: 561-571.

Beck, A. T., & Ward, C. H. (1961). Drama of depressed patients: Characteristic themes in manifest content. *Archives of General Psychiatry, 5*: 462-467.

Beck, A. T. (1963). Thinking and depression: 1. Idiosyncratic content and cognitive distortions. *Archives of General Psychiatry, 9*: 324-333.

Beck, A. T. (1964). Thinking and depression: 2. Theory and therapy. *Archives of General Psychiatry, 10*: 561-571.

Beck, A. T. (1967). *Depression: Clinical, Experimental, and Theoretical Aspects.* New York: Harper and Row.

Beck, A. T. (1970). Cognitive Therapy: Nature and relation to behavior therapy. *Behavior Therapy, 1*(2): 184-200.

Beck, A. T., Davis, J. H., Frederick, C. J., Perlin, S., Pokorny, A. D., Schulman, R. E., Seiden, R. H., & Wittlin, B. J. (1973). Classification and nomenclature. In H. L. P. Resnik, & B. C. Hathorne (eds.), *Suicide Prevention in the Seventies.* Washington, DC: US Government Printing Office, pp. 7-12.

Beck, A. T., Laude, R., & Bohnert, M. (1974). Ideation components of anxiety neurosis. *Archives of General*

Psychiatry, 31: 319-325.

Beck, A. T., Weissman, A., Lester, D., & Trexler, L. (1974). The measurement of pessimism: The hopelessness scale. *Journal of Consulting and Clinical Psychology, 42*(6): 861-865.

Beck, A. T., Kovacs, M., & Weissman, A. (1975). Hopeless and suicidal behavior: An overview. *Journal of the American Medical Association, 234*: 1146-1149.

Beck, A. T. (1976). *Cognitive Therapy and the Emotional Disorders.* New York: New American Library.

Rush, A. J., Beck, A. T., Kovacs, M., & Hollon, S. D. (1977). Comparative efficacy of cognitive therapy and pharmacotherapy in the treatment of depressed outpatients. *Cognitive Therapy and Research, 1*(1): 7-37.

Beck, A. T., Kovacs, M., & Weissman, A. (1979). Assessment of suicidal intention: The scale for suicidal ideation. *Journal of Consulting and Clinical Psychology, 47*(2): 343-352.

Beck, A. T., Rush, A. J., Shaw, B. F., & Emery, G. (1979). *Cognitive Therapy of Depression.* New York: The Guilford Press. Also published in Chichester, England: John Wiley & Sons Ltd, 1980.

Kovacs, M., Rush, A. J., Beck, A. T., & Hollon, S. D. (1981) Depressed outpatients and treated with cognitive therapy or pharmacotherapy: a one year follow-up. *Archives of General Psychiatry, 38*: 33-39.

Beck, A. T. (1983). Cognitive therapy of depression: New perspectives. In P. Clayton, & J. Barrett (eds.), *Treatment of Depression: Old Controversies and New Approaches.* New York: Raven Press, pp. 265-284.

Beck, A. T., & Emery, G. with Greenberg, R. L. (1985). *Anxiety Disorders and Phobias: A Cognitive Perspective.* New York: Basic Books.

Beck, A. T., Steer, R. A., Kovacs, M., & Garrison, B. (1985).

Hopelessness and eventual suicide: A ten-year prospective study of patients hospitalized with suicidal ideation. *American Journal of Psychiatry, 142*(5): 559-563.

Beck, A. T. (1987). Cognitive models of depression. *The Journal of Cognitive Psychotherapy: An International Quarterly, 1*(1): 5-37.

Beck, A. T. (1988). *Love is Never Enough.* New York: Harper and Row.

Beck, A. T., Freeman, A., & Associates (1990). *Cognitive Therapy of Personality Disorders.* New York: The Guilford Press.

Beck, A. T., Brown, G., Berchick, R. J., Stewart, B., & Steer, R. A. (1990). Relationship between hopelessness and ultimate suicide: A replication with psychiatric outpatients. *American Journal of Psychiatry, 147*: 190-195.

Beck, A. T. (1991). Cognitive therapy: A 30-year retrospective. *American Psychologist, 46*(4): 368-375.

Beck, A. T. (1991). Cognitive therapy as the integrative therapy: Comments on Alford and Norcross. *Journal of Psychotherapy Integration, 1*: 191-198.

| 참고문헌 |

Abramson, L. Y., Metalsky, G. I., & Alloy, L. B. (1989). Hopeless depression: A theory-based subtype of depression. *Psychological Review, 96*(2): 358-372.

Abramson, L. Y., Seligman, M. E. P., & Teasdale, J. D. (1978). Learned helplessness in humans: Critique and reformulation. *Abnormal Psychology, 87*: 49-74.

Adler, A. (1927). *Understanding Human Nature.* New York: Garden City.

Alford, B. A., & Carr, S. M. (1992). Cognition and classical conditioning in panic disorder: A Beckian integrative perspective. *The Behavior Therapist, 15*(6): 143-147.

Alford, B. A., & Norcross, J. C. (1991). Cognitive therapy as integrative therapy. *Journal of Psychotherapy Integration, 1*: 175-190.

Alloy, L. B. & Abramson, L. Y. (1979). Judgment of contingency in depressed & non-depressed students: Sadder but wiser? *Journal of Experimental Psychology: General, 108*: 441-485.

American Psychologist (1990). *Distinguished Scientific Award of the Applications of Psychology: 1989, 45*(4): 458-460.

Arnkoff, D. B. (1981). Flexibility in practicing cognitive therapy. In G. Emery, S. D. Hollon, & R. C. Bedrosian (eds.), *New Directions in Cognitive Therapy.* New York: The Guilford Press, pp. 203-223.

Arnkoff, D. B., & Class, C. R. (1992). Cognitive therapy and psychotherapy integration. In D. K. Freedheim (ed.), *History of Psychotherapy: A Century of Change.* Washington, DC: American Psychological Association, pp. 657-694.

Baars, B. J. (1986). *The Cognitive Revolution in Psychology.* New York: The Guilford Press.

Bandura, A. (1969). *Principles of Behavior Modification.* New York: Holt, Rinehart and Winston.

Bandura, A. (1971). Vicarious and self-reinforcement processes. In R. Glaser (ed.), *The Nature of Reinforcement.* New York: Academic Press, pp. 228-278.

Bandura, A. (1974). Behavior theory and the models of man. *American Psychologist, 29:* 859-869.

Bandura, A. (1977a). Self-efficacy: Toward a unifying theory of behavioral change. *Psychological Review, 84:* 191-215.

Bandura, A. (1977b). *Social Learning Theory.* Englewood Cliffs, New Jersey: Prentice-Hall.

Bandura, A. (1986). *Social Foundations of Thought and Action: A Social Cognitive Theory.* Englewood Cliffs, New Jersey: Prentice-Hall.

Barnett, P. A., & Gotlib, I. H. (1988). Psychosocial functioning and depression: Distinguishing among antecedents, concomitants, and consequences. *Psychological Bulletin,* 104(1): 97-126.

Baron, J., Baron, J. H., Barber, J. P., & Nolen-Hoeksema, S. (1990). Rational thinking as a goal of therapy. *Journal of Cognitive Psychotherapy: An International Quarterly,* 4(3), 293-302.

Bartlett, F. C. (1932). *Remembering.* New York: Columbia University Press.

Baucom, D. H. (1985). Enhancing behavioral marital therapy with cognitive restructuring and emotional expressiveness training. Paper presented at the 19th Annual Convention of the Association for Advancement of Behavior Therapy, Huston, November 1985.

Baucom, D. H. (1989). The role of cognition in behavioral marital therapy: Current status and future directions. *The Behavior Therapist, 12*(1), 3-6.

Baucom, D. H., & Lester, G. W. (1986). The usefulness of cognitive restructuring as an adjunct to behavioral marital therapy. *Behavior Therapy, 17*: 385-403.

Baucom, D. H., Sayers, S. L., & Sher, T. G. (1990). Supplementing behavioral marital therapy with cognitive restructuring and emotional expressiveness training: An outcome investigation. *Journal of Consulting & Clinical Psychology, 58*: 636-645.

Beck, A. T. (1963). Thinking and depression: I. Idiosyncratic content and cognitive distortions. *Archives of General Psychiatry, 9*: 324-333.

Beck, A. T. (1964). Thinking and depression: II. Theory and therapy. *Archives of General Psychiatry, 10*: 561-571.

Beck, A. T. (1967). *Depression: Clinical, Experimental, and Theoretical Aspects.* New York: Harper and Row. Republished as *Depression: Causes and Treatment.* Philadelphia: University of Pennsylvania Press, 1972.

Beck, A. T. (1970a). Cognitive therapy: Nature and relation to behavior therapy. *Behavior Therapy, 1*: 184-200.

Beck, A. T. (1970b). The role of fantasies in psychotherapy and psychopathology. *Journal of Nervous & Mental Disease, 150*: 3-17.

Beck, A. T. (1976). *Cognitive Therapy and the Emotional Disorders.* New York: New American Library.

Beck, A. T. (1983). Cognitive therapy of depression: New perspectives. In P. J. Clayton, & J. E. Barrett (eds.), *Treatment of Depression: Old Controversies & New Approaches.* New York: Raven Press, pp. 265-284.

Beck, A. T. (1984). Cognition and therapy: Letter to the editor. *Archives of General Psychiatry, 41*: 1112-1114.

Beck, A. T. (1985). Cognitive therapy, behavior therapy,

psychoanalysis and pharmacotherapy: A cognitive continuum. In M. J. Mahoney, & A. Freeman (eds.), *Cognition & Psychotherapy*. New York: Plenum Press, pp. 325-347.

Beck, A. T. (1987a). Cognitive models of depression. *Journal of Cognitive Psychotherapy, An International Quarterly, 1*(1): 5-37.

Beck, A. T. (1987b). Cognitive therapy. In J. Zeig (ed.), *Evolution of Psychotherapy*. New York: Brunner/Mazel, pp. 149-163.

Beck, A. T. (1988a). Cognitive approaches to panic disorder: Theory and therapy. In S. Rachman, & J. Maser (eds.), *Panic: Psychological Perspectives*. Hillside, New Jersey: Erlbaum, pp. 91-110.

Beck, A. T. (1988b). *Love is Never Enough*. New York: Harper and Row.

Beck, A. T. (1991a). Cognitive Therapy: A 30-year retrospective. *American Psychologist, 46*(4): 368-375.

Beck, A. T. (1991b). Cognitive Therapy as the integrative therapy: Comments on Alford and Norcross. *Journal of Psychotherapy Integration, 1*: 191-198.

Beck, A. T., & Greenberg, R. (1988). Cognitive Therapy of panic disorder. In A. J. Frances, & R. E. Hales (eds.), *Review of Psychiatry, Vol. 7*. Washington, DC: American Psychiatric Press, pp. 571-583.

Beck, A. T., & Haaga, D. (1992). The future of cognitive therapy. *Psychotherapy, 29*(1): 34-38.

Beck, A. T., & Mahoney, M. J. (1979). Schools of thought: A comment on Wolpe's "Cognition and causation in behavior and its therapy." *American Psychologist, 34*(1): 93-98.

Beck, A. T., & Steer, R. A. (1987). *Manual for the Revised Beck Depression Inventory*. San Antonio, TX: Psychological Corporation.

Beck, A. T., & Stewart, B. (1989). The self-concept as a risk factor in patient who kill themselves. Unpublished manuscript, Philadelphia, PA, University of Pennsylvania.

Beck, A. T., & Weishaar, M. E. (1989a). Cognitive Therapy. In R. J. Corsini, & D. Wedding (eds.), *Current Psychotherapies*. Itasca, IL: F. E. Peacock Publishers, Inc., pp. 285-320.

Beck, A. T., & Weishaar, M. E. (1989b). Cognitive Therapy. In A. Freeman, K. M. Simon, L. E. Beutler, & H. Arkowitz (eds.), *Comprehensive Handbook of Cognitive Therapy*. New York: Plenum Press, pp. 21-36.

Beck, A. T., & Young, J. E. (1985). Depression. In D. H. Barlow (ed.), *Clinical Handbook of Psychological Disorders*. New York: The Guilford Press, pp. 206-244.

Beck, A. T., & Emery, G., & Greenberg, R. L. (1985). *Anxiety Disorders and Phobias: A Cognitive Perspective*. New York: Basic Books.

Beck, A. T., Epstein, N., & Harrison, R. (1983). Cognition, attitudes and personality dimensions in depression. *British Journal of Cognitive Psychotherapy*, 1: 1-16.

Beck, A. T., Freeman, A., & Associates (1990). *Cognitive Therapy of Personality Disorders*. New York: The Guilford Press.

Beck, A. T., Kovacs, M., & Weissman, A. (1979). Assessment of suicidal intention: The scale for suicide ideation. *Journal of Consulting and Clinical Psychology, 47*(2): 343-352.

Beck, A. T., Laude, R., & Bohnert, M. (1974). Ideation components of anxiety neurosis. *Archives of General Psychiatry*, 31: 456-459.

Beck, A. T., Lester, D., & Albert, N. (1973). Suicidal wishes and symptoms of depression. *Psychological Reports*, 33: 770.

Beck, A. T., Schuyler, D., & Herman, I. (1974). Development of Suicidal Intent Scales. In A. T. Beck, H. C. P. Resnik, & D. J. Lettieri (eds.)., *The Prediction of Suicide*. Bowie, MD: Charles Press, pp. 45-56.

Beck, A. T., Wright, F. D., & Newman, C. F. (1992). Cocaine

abuse. In A. Freeman, & F. M. Dattilio (eds.), *Comprehensive Casebook of Cognitive Therapy.* New York: Plenum Press, pp. 185-192.

Beck, A. T., Ward, C. H., Mendelson, M., Mock, J., & Erbaugh, J. (1961). An inventory for measuring depression. *Archives of General Psychiatry, 4*: 561-571.

Beck, A. T., Davis, J. H., Frederick, C. J., Perlin, S., Pokorny, A. D., Schulman, R. E., Seiden, R. H., & Wittlin, B. J. (1973). Classification and nomenclature. In H. C. P. Resnik, & B. C. Hathorne (eds.), *Suicide Prevention in the Seventies* (DHEW Publication No. HSM 72-9054, pp. 7-12). Washington, DC: US Government Printing Office.

Beck, A. T., Weissman, A., Lester, D., & Trexler, L. (1974). The measurement of pessimism: The hopelessness scale. *Journal of Consulting and Clinical Psychology, 42*(16): 861-865.

Beck, A. T., Rush, A. J., Shaw, B. F., & Emery, G. (1979). *Cognitive Therapy of Depression.* New York: The Guilford Press.

Beck, A. T., Steer, R. A., Kovacs, M., & Garrison, B. (1985). Hopelessness and eventual suicide: A ten-year prospective study of patients hospitalized with suicidal ideation. *American Journal of Psychiatry, 142*(5): 559-563.

Beck, A. T., Riskind, J. H., Brown, G., & Sherrod, A. (1986, June). A comparison of likelihood estimates for imagined positive and negative outcomes in anxiety and depression. Paper presented at the Annual Meeting of the Society for Psychotherapy Research, Wellesley, MA.

Beck, A. T., Brown, G., Steer, R. A., Eidelson, J. I., & Riskind, J. H. (1987). Differentiating anxiety and depression: A test of the cognitive content-specificity hypothesis. *Journal of Abnormal Psychology, 96*: 179-183.

Beck, A. T., Brown, G., Berchick, R. J., Stewart, B. L., & Steer, R. A. (1990a). Relationship between hopelessness and ultimate suicide: A replication with psychiatric outpatients. *American Journal of Psychiatry, 147*(2): 190-195.

Beck, A. T., Steer, R. A., Epstein, N., & Brown, G. (1990b). The Beck Self-Concept Test. *Psychological Assessment: A Journal of Consulting and Clinical Psychology, 2*(2): 191-197.

Beck, A. T., Wright, F. D., Newman, C. F., & Liese, B. S. (in press). *Cognitive Therapy of Substance Abuse.* New York: The Guilford Press.

Beidel, D. C., & Turner, S. M. (1986). A critique of the theoretical bases of cognitive-behavioral theories and therapy. *Clinical Psychology Review, 6*: 177-197.

Bernstein, A. J., & Rozen, S. C. (1989). *Dinosaur Brains: Dealing with All Those Impossible People at Work.* New York: John Wiley & Sons.

Bjorklund, D. F., & Green, B. L. (1992). The adaptive nature of cognitive immaturity. *American Psychologist, 47*(1): 46-54.

Blackburn, I. M., & Bishop, S. (1983). Changes in cognition with pharmacotherapy and cognitive therapy. *British Journal of Psychiatry, 143*: 609-617.

Blackburn, I. M., Eunson, K. M., & Bishop, S. (1986). A two-year naturalistic follow-up of depressed patients treated with cognitive therapy, pharmacotherapy and a combination of both. *Journal of Affective Disorders, 10*: 67-75.

Blackburn, I. M., Roxborough, H. M., Muir, W. J., Glabus, M., & Blackwood, D. H. R. (1990). Perceptual and psychological dysfunction in depression. *Psychological Medicine, 20*: 95-103.

Bower, G. H. (1981). Mood and memory. *American Psychologist, 36*: 129-148.

Bowlby, J. (1969). *Attachment and Loss: Volume I : Attachment.* New York: Basic Books. Second edition (1982). London: Hogarth Press.

Bowlby, J. (1973). *Attachment and Loss: Volume II : Separation, Anxiety, and Anger.* New York: Basic Books.

Bowlby, J. (1977). The making and breaking of affectional bonds. *British Journal of Psychiatry, 130*: 201-210.

Bowlby, J. (1979). *The Making and Breaking of Affectional Bonds.* London: Tavistock.

Bowlby, J. (1980). *Attachment and Loss: Volume III : Loss, Sadness, and Depression.* New York: Basic Books.

Bowlby, J. (1991). *Charles Darwin: A New Life.* New York: Norton.

Bradley, B. P., & Mathews, A. (1988). Memory bias in recovered clinical depressives. *Cognition and Emotion, 2*: 235-245.

Bradshaw, J. (1990). *Homecoming: Reclaiming and Championing Your Inner Child.* New York: Bantam.

Breslow, R., Kocsis, J., & Belkin, B. (1981). Contribution of the depressive perspective to memory function in depression. *American Journal of Psychiatry, 138*: 227-230.

Brewin, C. R. (1989). Cognitive change processes in psychotherapy. *Psychological Review, 96*(3): 379-394.

Brown, G., & Beck, A. T. (1989). The role of imperatives in psychotherapy: A reply to Ellis. *Cognitive Therapy and Research, 13*(4): 315-321.

Bry, B. H. (1991). B. F. Skinner for behavior therapists. *The Behavior Therapist, 14* (1): 9-10.

Burns, D. (1980). *Feeling Good: The New Mood Therapy.* New York: New American Library.

Burns, D. D. (1985). *Intimate Connections: The Clinically Proven Program for Making Close Friends and Finding a Loving Partner.* New York: New American Library.

Butler, G., & Mathews, A. (1983). Cognitive processes in anxiety. *Advances in Behaviour Research and Therapy, 5*: 51-62.

Butler, G., Fennel, M., Robson, P., & Gilder, M. (1991). A comparison of behavior therapy and cognitive therapy in the treatment of generalized anxiety disorder. *Journal of Consulting and Clinical Psychology, 59*: 167-175.

Caire, J. B. (1992). Daily record of dysfunctional thoughts: A better way of dealing with emotion. *The Behavior Therapist, 15*(7): 162-164.

Carnegie, D. (1948). *How to Stop Worrying and Start Living*. New York: Simon and Schuster.

Clark, D. A., Beck, A. T., & Brown, G. (1989). Cognitive mediation in general psychiatric outpatients: A test of the content-specificity hypothesis. *Journal of Personality and Social Psychology, 56*: 958-964.

Clark, D. A., Beck, A. T., & Stewart, B. (1990). Cognitive specificity and positive-negative affectivity: Complementary or contradictory views on anxiety and depression. *Journal of Abnormal Psychology, 99*: 148-155.

Clark, D. M. (1986). A cognitive approach to panic. *Behaviour Research and Therapy, 24*: 461-470.

Clark, D. M., & Beck, A. T. (1988). Cognitive approaches. In C. G. Last, & M. Hersen (eds.), *Handbook of Anxiety Disorders*. New York: Pergamon, pp. 362-385.

Clark, D. M., & Teasdale, J. D. (1982). Diurnal variation in clinical depression and accessibility of memories of positive and negative experiences. *Journal of Abnormal Psychology, 91*: 87-95.

Clark, D. M., Salkovskis, P. M., & Chalkley, A. J. (1985). Respiratory control as a treatment for panic attacks. *Journal of Behavior Therapy and Experimental Psychiatry, 16*: 23-30.

Coue, E. (1922) *The Practice of Autosuggestion*. New York: Doubleday.

Coyne, J. L., & Gotlib, I. H. (1983). The role of cognition in depression: A critical appraisal. *Psychological Bulletin, 94*: 472-505.

Coyne, J. C., & Gotlib, I. (1986). Studying the role of cognition in depression: Well-trodden paths and cul-de-sacs. *Cognitive Therapy and Research. 10* (6): 695-705.

Craighead, W. E. (1990). There's a place for us: All of us. *Behavior Therapy, 21*: 3-23.

Darwin, C. R. (1872) *The Expression of the Emotions in Man and Animals.* London: John Murray.

Dattilio, F. M., & Padesky, C. A. (1990). *Cognitive Therapy with Couples.* Sarasota, FL: Professional Resource Exchange, Inc.

Davey, G. (1987). An integration of human and animal models of Pavlovian conditioning: Association, cognitions and attributions. In G. Davey (ed.), *Cognitive Processes and Pavlovian Conditioning in Humans.* New York: John Wiley, pp. 83-114.

Davison, G. C. (1980). And now for something completely different: Cognition and littler. In M. J. Mahoney (ed.), *Psychotherapy Process: Current Issues and Future Directions.* New York: Plenum Press, pp. 203-209.

DeAngelis, B. (1992). *Are You the One for Me?* New York: Delacorte Press.

Dember, W. N. (1974). Motivation and the cognitive revolution *American Psychologist, 29*: 161-168.

DeMonbreun, B. G., & Craighead, W. E. (1977). Distortion of perception and recall of positive and neutral feedback in depression. *Cognitive Therapy and Research, 1*: 311-329.

Diffily, A. (1991). Father and child: Tim Beck and his uncommon common sense. *Penn Medicine, 4*: 20-27.

Dobson, K. S. (ed.) (1988). *Handbook of Cognitive-Behavioral Therapies.* New York: The Guilford Press.

Dobson, K. S. (1989). A meta-analysis of the efficacy of cognitive therapy for depression. *Journal of Consulting and Clinical Psychology,* 57 (3): 414-419.

Dobson, K. S., & Block, L. (1988). Historical and philosophical bases of the cognitive-behavioral therapies. In K. S. Dobson (ed.), *Handbook of Cognitive-Behavioral Therapies.* New York: The Guilford Press, pp. 3-38.

Dryden, W., & Ellis, A. (1986). Rational-emotive therapy (RET). In W. Dryden and W. Golden (eds.), *Cognitive-Behavioural Approaches to Psychotherapy.* London: Harper and Row, pp. 129-168.

Dryden, W., & Ellis, A. (1988). Rational-emotive therapy. K. S. Dobson (ed.), *Handbook of Cognitive-Behavioral Therapies.* New York: The Guilford Press, pp. 214-271.

Dryden, W., & Golden, W. (eds.) (1986). *Cognitive-Behavioural Approaches to Psychotherapy.* London: Harper and Row.

DuBois, P. (1905). *The Psychic Treatment of Nervous Disorders (The Psychoneuroses and Their Moral Treatment).* S. E. Jelliffe, & W. A. White (ed. and trans.). New York: Funk & Wagnalls. Original work published in 1904.

Dunbar, G. C., & Lishman, W. A. (1984). Depression, recognition-memory and hedonic tone: A signal detection analysis. *British Journal of Psychiatry, 144*: 376-382.

Dyck, M. J., & Stewart, B. L. (1991). Cognitive vulnerability to depression. *Journal of Cognitive Psychotherapy: An International Quarterly, 5* (2): 115-129.

Dykman, B. M., Abramson, L. Y., Alloy, L. B., & Hartlage, S. (1989). Processing of ambiguous and unambiguous feedback by depressed and non-depressed college students: Schematic bases and their implications for depressive realism. *Journal of Personality and Social Psychology, 56*: 431-445.

D'Zurilla, T. J., & Goldfried, M. R. (1971). Problem-solving and behavior modification. *Journal of Abnormal Psychology, 78*: 107-126.

Edwards, D. A. (1989). Cognitive restructuring through guided imagery: Lessons from Gestalt Therapy. In A. Freeman, K. M. Simon, L. Beutler, & H. Arkowitz (eds.), *Comprehensive Handbook of Cognitive Therapy.* New York: Plenum Press, pp. 283-297.

Edwards, D. A. (1990). Cognitive therapy and the restructuring of early memories through guided imagery. *Journal of Cognitive Psychotherapy: An International Quarterly, 4* (1): 33-50.

Ehlers, A. (1991). Cognitive factors in panic attacks: Symptom probability and sensitivity. *Journal of Cognitive Psychotherapy: An International Quarterly, 5* (3): 157-173.

Ehlers, A., Margraf, J., Roth, W. T., Taylor, C. B., & Birbaumer, N. (1988). Anxiety induced by false heart rate feedback in patients' panic disorder. *Behaviour Research and Therapy, 26*: 1-11.

Elkin, I., Shea, M. T., Watkins, J. T., Imber, S., Sotsky, S. M., Collins, J. F., Glass, D. R., Pilkonis, P. A., Leber, W. R., Docherty, J. P., Fiester, S. J., & Parloff, M. B. (1989). National Institute of Mental Health Treatment of Depression Collaborative Research Program: General effectiveness of treatments. *Archives of General Psychiatry, 46*: 971-983.

Ellis, A. (1955), New approaches to psychotherapy techniques. Brandon, VT. *Journal of Clinical Psychology Monograph Supplement, Vol. 11.*

Ellis, A. (1962), *Reason and Emotion in Psychotherapy.* Seacaucus, New Jersey: Lyle stuart.

Ellis, A. (1973), Are cognitive behavior therapy and rational therapy synonymous? *Rational Living, 8*: 8-11.

Ellis, A. (1980), Rational-emotive therapy and cognitive behavior therapy: Similarities and differences. *Cognitive Therapy and Research, 4*: 325-340.

Ellis, A. (1987), A sadly neglected cognitive element in depression. *Cognitive Therapy and Research, 11*: 121-146.

Ellis, A. (1989), The history of cognition in psychotherapy. In A. Freeman, K. M. Simon, L. E. Beutler, & H. Arkowitz (eds.), *Comprehensive Handbook of Cognitive Therapy.* New York: Plenum, pp. 5-19.

Ellis, A. (1990), Is Rational-emotive therapy (RET) "rationalist" or "constructivist"? in A. Ellis, & W. Dryden (eds.), *The Essential Albert Ellis: Seminal Writings on Psychotherapy*. New York: Springer, pp. 114-141.

Ellis, A. (1991, August), The future of cognitive-behavioral and rational-emotive therapy. Paper presented at the Annual Convention of the American Psychological Association, San Francisco.

Ellis, A., & Harper, R. A. (1961), *A Guide to Rational Living*. Englewood Cliffs, New Jersey: Prentice-Hall.

Ellis, A., Young, J., & Lockwood, G. (1987). Cognitive therapy and rational-emotive therapy: A dialogue. *Journal of Cognitive Psychotherapy, 1* (4): 205-255.

Ellis, T. E. (1987). A cognitive approach to treating the suicidal client. In P. A. Keller, & L. G. Ritt (eds.), *Innovations in Clinical Practice: A Sourcebook*. Sarasota, FL: Professional Resource Exchange, pp. 93-107.

Emery, G. (1984). *Own Your Own Life*. New York: Signet.

Emery, G., Hollon, S., & Bedrosian, R. (eds.) (1981). *New Directions in Cognitive Therapy*. New York: The Guilford Press.

Emmelkamp, P. M. G., VanLinden vanden Heuvell, C., Ruplan, M., Sanderman, R., Scholing, A., & Stroink, F. (1988). Cognitive and behavioral interventions: A comparative evaluation with clinically distressed couples. *Journal of Family Psychology, 1*: 365-377.

Epstein, N., & Baucom, D. H. (1989). Cognitive-behavioral marital therapy. In A. Freeman, K. M. Simon, L. E. Beutler, & H. Arkowitz (eds.), *Comprehensive Handbook of Cognitive Therapy*. New York: Plenum, pp. 491-513.

Epstein, N., Pretzer, J., & Fleming, B. (November 1982). Cognitive therapy and communication training: comparison of effects with distressed couples. Paper presented at the 16th Annual Convention of the Association for Advancement of Behavior Therapy, Los Angeles.

Erwin, E. (1992). Current philosophical issues in the scientific evaluation of behavior therapy: Theory and outcome. *Behavior Therapy, 23*: 151-171.

Evans, M. D., Hollon, S. D., DeRubeis, R. J., Piasecki, J. M., Grove, W. M., Garvey, M. J., & Tuason, V. B. (1992). Differential relapse following cognitive therapy and pharmacotherapy for depression. *Archives of General Psychiatry, 49*: 802-808.

Frank, J. D. (1985). Therapeutic components shared by all psychotherapies. In M. J. Mahoney, & A. Freeman (eds.), *Cognition and Psychotherapy*. New York: Plenum Press, pp. 49-79.

Freeman, A. (1981). Dreams and images in cognitive therapy. In G. Emery, S. D. Hollon, & R. C. Bedrosian (eds.), *New Directions in Cognitive Therapy*. New York: The Guilford Press, pp. 224-238.

Freeman, A. (ed.) (1983). *Cognitive Therapy With Couples and Groups*. New York: Plenum.

Freeman, A., Simon, K. M., Beutler, L. E., & Arkowitz, H. (eds.) (1989). *Comprehensive Handbook of Cognitive Therapy*. New York: Plenum Press.

Garner, D. M., & Bemis, K. M. (1982). A cognitive-behavioral approach to anorexia nervosa. *Cognitive Therapy and Research, 6*: 123-150.

Gilson, M. (1983). Depression as measured by perceptual dominance in binocular rivalry. Ph.D. dissertation, Georgia State University. (University Microfilms No: AAd 83-27351).

Goldfried, M. R. (1971). Systematic desensitization as training in self-control. *Journal of Consulting and Clinical Psychology, 37*: 228-234.

Goldfried, M. R. (1980a). Psychotherapy as coping skills training. In M. J. Mahoney (ed.), *Psychotherapy Process: Current Issues and Future Directions*. New York: Plenum Press, pp. 89-119.

Goldfried, M. R. (1980b). Toward the delineation of therapeutic change principles. *American Psychologist, 35* (11): 991-999.

Goldfried, M. R. (1988). A comment on therapeutic change: A response. *Journal of Cognitive Psychotherapy: An International Quarterly, 2* (2): 89-93.

Goldfried, M. R. (1992). Psychotherapy integration: A mid-life for behavior therapy. *The Behavior Therapist, 15* (2): 38-42.

Goldfried, M. R., & Hayes, A. M. (1989a). Can contributions from other orientations complement behavior therapy? *The Behavior Therapist, 12* (3): 57-60.

Goldfried, M. R., & Hayes, A. M. (1989b). Another look at Goldfried and Hayes. *The Behavior Therapist, 12* (8): 174-175.

Goldfried, M. R., DeCanteceo, E. T., & Weinberg, L. (1974). Systematic rational restructuring as a self-control technique. *Behavior Therapy, 5*: 247-254.

Goleman, D. (1992). A rising cost of modernity: Depression. *New York Times*, December 8, pp. C1, C13.

Gotlib, I. H. (1981). Self-reinforcement and recall: Differential deficits in depressed and non-depressed psychiatric inpatients. *Journal of Abnormal Psychology, 98*: 9-13.

Gotlib, I. H. (1983). Perception and recall of interpersonal feedback: Negative bias in depression. *Cognitive Therapy and Research*, 7: 399-412.

Greenberg, L. S., & Safran, J. D. (1984). Integrating affect and cognition: A perspective on the process of therapeutic changes. *Cognitive Therapy and Research, 8*: 559-578.

Greenberg, L. S., & Safran, J. D. (1987). *Emotion in Psychotherapy*. New York: The Guilford Press.

Greenberg, L. S., Safran, J., & Rice, L. (1989). Experiential therapy: Its relation to cognitive therapy. In A. Freeman, K. M. Simon, L. E. Beutler, & H. Arkowitz (eds.), *Comprehensive Handbook of Cognitive Therapy*. New York: Plenum, pp. 169-

187.

Greenberg, M. S., & Beck, A. T. (1989). Depression versus anxiety: A test of the content specificity hypothesis. *Journal of Abnormal Psychology, 98*: 9-13.

Guidano, V. F. (1987). *Complexity of the Self: A Developmental Approach to Psychopathology and Therapy.* New York: The Guilford Press.

Guidano, V. F. (1991). *The Self in Process: Toward a Post-Rationalist Cognitive Therapy.* New York: The Guilford Press.

Guidano, V. F., & Liotti, G. (1983). *Cognitive Porcesses and Emotional Disorders.* New York: The Guilford Press.

Guidano, V. F., & Liotti, G. (1985). A constructivist foundation for cognitive therapy. In M. J. Mahoney, & A. Freeman (eds.), *Cognition and Psychotherapy.* New York: Plenum, pp. 101-142.

Haaga, D. A. F. (1986) A review of the common principles approach to integration of psychotherapies. *Cognitive Therapy and Research, 10* (5): 527-538.

Haaga, D. A. F., & Davison, G. C. (1989). Slow progress in rational-emotive therapy outcome research: Etiology and treatment. *Cognitive Therapy and Research, 13*: 493-508.

Haaga, D. A. F., Dyck, M. J., & Ernst, D. (1991). Empirical status of cognitive therapy of depression. *Psychological Bulletin, 110* (2): 215-236.

Hammen, C., Ellicott, A., & Gitlin, M. (1989). Vulnerability to specific life events and prediction of course of disorder in unipolar depressed patients. *Canadian Journal of Behavioral Science, 21*: 377-388.

Hammen, C., Ellicott, A., Gitlin, M., & Jamison, K. R. (1989). Sociotropy/autonomy and vulnerability to specific life events in patients with unipolar depression and bipolar disorders. *Journal of Abnormal Psychology, 98*: 1147-1159.

Hawkins, R. P. (1989, November). Can behavior therapy be

saved from triviality? Toward an integrated science-technology of behavior. In A. W. Staats (Chair), AABT/ABA/Division 25: Inadequate organizational structure for the new challenge? Symposium presented at the Annual Conference of the Association for Advancement of Behavior Therapy, Washington, DC.

Hawkins, R. P., Kashden, J., Hansen, D. J., & Sadd, D. L. (1992). The increasing reference to "cognitive" variables in behavior therapy: A 20-year empirical analysis. *The Behavior Therapist, 15* (5): 115-118.

Hollon, S. D., & Beck, A. T. (1979). Cognitive therapy for depression. In P. C. Kendall, & S. D. Hollon (eds.), *Cognitive-Behavioral Intervention: Theory, Research and Procedures.* New York: Academic Press, pp. 153-203.

Hollon, S. D., & Garber, J. (1990). Cognitive therapy for depression: A social cognitive perspective. *Personality and Social Psychology Bulletin, 16* (1): 58-73.

Hollon, S. D., & Kriss, M. R. (1984). Cognitive factors in clinical research and practice. *Clinical Psychology Review,* 4: 35-76.

Hollon, S. D., & Najavits, L. (1988). Review of empirical studies on cognitive therapy. In A. J. Frances, & R. E. Hales (eds.), *Review of Psychiatry, Vol. 7.* Washington, DC: American Psychiatric Press, pp. 643-666.

Hollon, S. D., DeRubeis, R. J., Evans, M. D., Weimer, M. J., Garvey, M. J., Grove, W. M., & Tuason, V. B. (1992). Cognitive therapy and pharmacotherapy for depression. *Archives of General Psychiatry, 49:* 774-781.

Homme, L. E. (1965). Perspectives in psychology XXIV. Control of coverants, the operants of the mind. *Psychological Record, 15:* 501-511.

Horney, K. (1950). *Neurosis and Human Growth.* New York: Norton.

Horvitz, E. F. (1990). Harry S. Beck and other Jewish printers.

Rhode Island Jewish Historical Notes, Vol. 10 (4): 494-502.

Houts, A. C., & Follette, W. C. (1992). Philosophical and theoretical issues in behavior therapy. *Behavior Therapy, 23*: 145-149.

Huber, C. H., & Milstein, B. (1985). Cognitive restructuring and collaborative set in couples' work. *American Journal of Family Therapy, 13*: 17-27.

Ingram, R. E. (1990). Self-focused attention in clinical disorders: Review and a conceptual model. *Psychological Bulletin, 107*: 156-176.

Ingram, R. E., & Kendall, P. C. (1987). The cognitive side of anxiety. *Cognitive Therapy and Research, 11*: 523-536.

Kanfer, F. H. (1970). Self-regulation: Research issues and speculation. In C. Neuringer, & L. L. Michael (eds.), *Behavior Modification in Clinical Psychology*. New York: Appleton-Century-Crofts, pp. 178-220.

Kanfer, F. H. (1971). The maintenance of behavior by self-generated stimuli and reinforcement. In A. Jacobs, & L. B. Sachs (eds.), *The Psychology of Private Events: Perspectives on Covert Response System*. New York: Academic Press, pp. 39-59.

Kanfer, F. H., & Karoly, P. (1972). Self-control: A behavioristic excursion into the lion's den. *Behavior Therapy*, 3: 398-416.

Karasu, T. B. (1990). Toward a clinical model of psychotherapy for depression, I: Systematic comparison of three psychotherapies. *American Journal of Psychiatry, 147* (2): 133-147.

Kelly, G. (1955). *The Psychology of Personal Constructs* (2 vols). New York: Norton.

Kendall, P. C, & Bemis, K. M. (1983). Thought and action in psychotherapy: The cognitive-behavioral approaches. In M. Hersch, A. E. Kazdin, & A. S. Bellack (eds.), *The Clinical Psychology Handbook*. New York: Pergamon, pp. 565-592.

Knaus, W. (1974). *Rational-Emotive Education: A Manual for Elementary School Teachers*. New York: Institute for Rational Living.

Kovacs, M., & Beck, A. T. (1978). Maladaptive cognitive structures in depression. *American Journal of Psychiatry, 135*: 525-533.

Kovacs, M., Rush, A. J., Beck, A. T., & Hollon, S. D. (1981). Depressed out-patients treated with cognitive therapy or pharmacotherapy: A one-year follow-up. *Archives of General Psychiatry*, 38: 33-39.

Krantz, S. E. (1985). When depressive cognitions reflect negative realities. *Cognitive Therapy and Research, 9* (6): 595-610.

Krantz, S., & Hammen, C. (1979). Assessment of cognitive bias in depression. *Journal of Abnormal Psychology, 88*: 611-619.

Last, C. G., & Blanchard, E. B. (1982). Classification of phobics versus fearful non-phobics: procedural and theoretical issues. *Behavioral Assessment, 4*: 195-210.

Lazarus, A. A. (1979). A matter of emphasis. (A comment on Wolpe's 'Cognition and causation in behavior and its therapy'). *American Psychologist, 34* (1): 100.

Lazarus, A. A. (1981). *The Practice of Multimodal Therapy*. New York: McGraw-Hill.

Lazarus, A. A. (ed.) (1985). *Casebook of Multimodal Therapy*. New York: The Guilford Press.

Lazarus, R. S. (1966). *Psychological Stress and the Coping Process*. New York: McGraw-Hill.

Lazarus, R. S. (1980). Cognitive behavior therapy as psychodynamics revisited. In M. J. Mahoney (ed.), *Psychotherapy Process: Current Issues and Future Directions*. New York: Plenum Press, pp. 121-126.

Lazarus, R. S. (1982). Thoughts on the relations between emotion and cognition. *American Psychologist, 37*: 1019-1024.

Lazarus, R. S. (1984). On the primacy of cognition. *American Psychologist, 39*: 124-129.

Lazarus, R. S. (1991). Progress on a cognitive-motivational-relational theory of emotion. *American Psychologist, 46*(8): 819-834.

Liotti, G. (1991). Patterns of attachments and the assessment of interpersonal schemata: Understanding and changing difficult patient-therapist relationships in cognitive psychotherapy. *Journal of Cognitive Psychotherapy: An International Quarterly, 5* (2): 105-114.

Luria, A. R. (1961). *The Role of Speech in the Regulation of Normal and Abnormal Behavior.* New York: Liveright.

Mahoney, M. J. (1974). *Cognition and Behavior Modification.* Cambridge, MA: Ballinger.

Mahoney, M. J. (1977). Reflections on the cognitive-learning trend in psychotherapy. *American Psychologist, 32*: 5-13.

Mahoney, M. J. (1980). Psychotherapy and the structure of personal revolutions. In M. J. Mahoney (ed.), *Psychotherapy Process: Current Issues and Future Directions.* New York: Plenum Press, pp. 157-180.

Mahoney, M. J. (1981). Clinical psychology and scientific inquiry. *International Journal of Psychology, 16*: 157-274.

Mahoney, M. J. (1983). Stream of consciousness: A therapeutic application (videotape). Bellefonte, PA: Personal Empowerment Program.

Mahoney, M. J. (1984). Behaviorism, cognitivism, and human change process. In M. A. Reda, & M. J. Mahoney (eds.), *Cognitive Psychotherapies: Recent Developments in Theory, Research, and Practice.* Cambridge, MA: Ballinger, pp. 3-30.

Mahoney, M. J. (1985a). Personal knowing process: Illustrating the interface among cognitive and clinical sciences. Paper presented at the Eastern Association for Behavior Therapy. Los Angeles, CA.

Mahoney, M. J. (1985b). Reflections on the cognitive revolution. Paper presented at the meeting of the Association for Advancement of Behavior Therapy. Houston, TX.

Mahoney, M. J. (1988). The cognitive sciences and psychotherapy: Patterns in a developing relationship. In K. Dobson (ed.), *Handbook of Cognitive-Behavioral* Therapies. New York: The Guilford Press, pp. 357-386.

Mahoney, M. J. (1990). *Human Change Processes: The Scientific Foundation of Psychotherapy.* New York: Basic Books.

Mahoney, M. J., & Arnkoff, D. B. (1978). Cognitive and self-control therapies. In S. L. Garfield, & A. E. Bergin (eds.), *Handbook of Psychotherapy and Behavior Change: An Empirical Analysis.* New York: John Wiley & Sons, pp. 689-722.

Mahoney, M. J., & Gabriel, T. J. (1987). Psychotherapy and the cognitive sciences: An evolving alliance. *Journal of Cognitive Psychotherapy: An International Quarterly, 1* (1): 39-59.

Mahoney, M. J., & Gabriel, T. J. (1990). Essential tensions in psychology: Longitudinal data on cognitive and behavioral ideologies. *Journal of Cognitive Psychotherapy: An International Quarterly, 4*: 5-21.

Margolin, G., & Weiss, R. L. (1978). Comparative evaluation of therapeutic components associated with behavioral marital treatments. *Journal of Consulting and Clinical Psychology, 46*: 1476-1786.

Markus, H. (1977). Self-schema and processing information about the self. *Journal of Personality and Social Psychology, 35*: 63-78.

Mayer, J. D., & Bower, G. H. (1985). Naturally occurring mood and learning: Comment on Hasher, Rose, Zacks, Sanft, and Doren. *Journal of Experimental Psychology, 114*: 396-403.

Meichenbaum, D. (1974). *Cognitive Behavior Modification.* Morristown, New Jersey: General Learning Press.

Meichenbaum, D. (1975a). Self-instructional methods. In F. H. Kanfer, & A. P. Goldstein (eds.), *Helping People Change.* New York: Pergamon Press.

Meichenbaum, D. (1975b). A self-instructional approach to stress management: A proposal for stress inoculation training. In J. Sarason, & C. D. Speilberger (eds.), *Stress and Anxiety, Vol. 2.* New York: Wiley.

Meichenbaum, D. (1977). *Cognitive Behavior Modification.* New York: Plenum Press.

Meichenbaum, D. (1985). *Stress Inoculation Training.* New York: Pergamon.

Meichenbaum, D., & Gilmore, J. B. (1984). The nature of unconscious processes: A cognitive-behavioral perspective. In K. S. Bowers, & D. Meichenbaum (eds.), *The Unconscious Reconsidered.* New york: John Wiley & Sons, pp. 273-298.

Meyers, A. W., & Craighead, W. E. (1984). Cognitive behavior therapy with children: A historical, conceptual and organizational overview. In A. W. Meyers, & W. E. Craighead (eds.), *Cognitive Behavior Therapy with Children,* New York: Plenum, pp. 1-17.

Miller, I. W., Norman, W. H., & Keitner, G. I. (1989). Cognitive-behavioral treatment of depressed inpatients: Six and twelve-month follow-up. *American Journal of Psychiatry, 146:* 1274-1279.

Miller, I. W., Norman, W. H., Keitner, G. I., Bishop, S. B., & Dow, M. G. (1989). Cognitive-behavioral treatment of depressed inpatients. *Behavior Therapy, 20* (1): 25-47.

Mischel, W. (1974). Processes in delay of gratification. In L. Berkowitz (ed.), *Advances in Experimental Social Psychology, Vol. 7.* New York: Academic Press, pp. 249-292.

Morton, J. H., Hammersly, R. H., & Bikerian, D. A. (1985). Headed records: A model for memory and its failures. *Cognition, 20:* 1-23.

Moscovitch, M. (1985), Memory from infancy to old age: implications. *Annuals of the New York Academy of Science, 444*: 78-96.

Moshman, D., & Hoover, L. M. (1989), Rationality as a goal of psychotherapy. *Journal of Cognitive Psychotherapy: An International Quarterly, 3* (1), 31-51.

Newman, C. F. (1991). Cognitive therapy and the facilitation of effect: Two case illustrations. *Journal of Cognitive Psychotherapy: An International Quarterly, 5* (4): 305-316.

Nezu, A. M., Nezu, C. M., & Perri, M. G. (1989). *Problem-Solving Therapy for Depression: Theory, Research and Clinical Guidelines.* New York: John Wiley & Sons.

Padesky, C. (1990). Treating personality disorders: A cognitive approach. Workshop presented by the Institute for the Advancement of Human Behavior, Washington, DC. November 16-17.

Patsiokas, A. T., & Clum, G. A. (1985). Effects of psychotherapeutic strategies in the treatment of suicide attempters. *Psychotherapy, 22*: 281-290.

Peale, N. V. (1960). *The Power of Positive Thinking.* Englewood Cliffs, New Jersey: Prentice-Hall.

Perris, C. (1989). *Cognitive Therapy with Schizophrenic Patients.* New York: The Guilford Press and London: Cassell.

Persons, J. B. (1989). *Cognitive Therapy in Practice: A Case Formulation Approach.* New York: Norton.

Persons, J. B. (1990). Disputing irrational thoughts can be avoidance behavior: A case report. *The Behavior Therapist, 13* (6): 132-133.

Peterson, D., & Seligman, M. E. P. (1985). The learned helplessness model of depression: Current status of theory and research. In E. E. Beckham, & W. R. Leber (eds.), *Handbook of Depression: Treatment, Assessment and Research.* Homewood, IL: Dorsey, pp. 914-939.

Piaget, J. (1926). *The Language and Thought of the Child.* New York: Harcourt, Brace.

Piaget, J. (1936/1952). *The Origin of Intelligence in Children.* New York: International Universities Press.

Powell, M., & Hemsley, D. R. (1984). Depression: A breakdown of perceptual defense? *British Journal of Psychiatry, 145*: 358-362.

Power, M. J. (1987) Cognitive theories of depression. In H. J. Eysenck, & I. Martin (eds.), *Theoretical Foundation of Behavior Therapy.* New York: Plenum Press, pp. 235-255.

Power, M. J. (1989). Cognitive therapy: An outline of theory, practice and problems. *British Journal of Psychotherapy, 5* (4): 544-556.

Power, M. J. (1991). Cognitive science and behavioural psychotherapy: Where behaviour was, there shall cognition be? *Behavioural Psychotherapy, 19*: 20-41.

Power, M. J., & Champion, L. A. (1986). Cognitive approaches to depression: A theoretical critique. *British Journal of Clinical Psychology, 25*: 201-212.

Pretzer, J. L. (1983, August). Borderline personality disorder: Too complex for cognitive-behavioral approaches? Paper presented at the meeting of the American Psychological Association, Anaheim, CA (ERIC Document Reproduction Service. No. ed 243, 007).

Pretzer, J. L. (1985, November). Paranoid personality disorders: A cognitive view. Paper presented at the meeting of the Association for Advancement of Behavior Therapy, Houston, TX.

Pretzer, J. L. (1989, June). Borderline Personality Disorder: Cognitive-Behavioral Perspectives. Paper presented at the World Congress of Cognitive Therapy, Oxford, England.

Pretzer, J. L. (1990). Borderline personality disorder in A. T. Beck, A. Freeman, & Associates. *Cognitive Therapy of*

Personality Disorders. New York: The Guilford Press, pp. 176-207.

Pretzer, J. L., & Fleming, B. (1989). Cognitive-behavioral treatment of personality disorders. *The Behavior Therapist, 12*: 105-109.

Rachlin, H. (1988) Molar behaviorism. In D. B. Fishman, F. Rotgers, & C. M. Franks (eds.), *Paradigms in Behavior Therapy: Present and Promise*. New York: Springer, pp. 77-105.

Raimy, V. (1980). A manual for cognitive therapy. In M. J. Mahoney (ed.), *Psychotherapy Process: Current Issues and Future Directions*. New York: Plenum Press, pp. 153-156.

Reda, M. A., & Mahoney, M. J. (eds.) (1984). *Cognitive Psychotherapies: Recent Developments in Theory, Research, and Practice*. Cambridge, MA: Ballinger.

Riskind, J. H. (1983, August). Misconception of the cognitive model of depression. Paper presented at the 91st Annual Convention of the American Psychological Association, Anaheim, CA.

Riskind, J. H., & Rholes, W. S. (1984). Cognitive accessibility and the capacity of cognitions to predict future depression: A theoretical note. *Cognitive Therapy and Research, 8*: 1-12.

Robinson, S., & Birchwood, M. (1991). The relationship between catastrophic cognitions and the components of panic disorder. *Journal of Cognitive Psychotherapy: An International Quarterly, 5*(3): 175-186.

Rogers, C. R. (1951). *Clint-Centered Therapy: Its Current Practice, Implications, and Theory*. Boston: Houghton Mifflin.

Ross, C. A. (1989). *Multiple Personality Disorder: Diagnosis, Clinical Features, and Treatment*. New York: John Wiley & Sons.

Ross, P. (1990). Aaron Beck's not-so-odd behavior. *The*

Pennsylvania Gazette, 89 (3): 28-35, 46.

Rush, A. J., Weissenberger, J., & Eaves, G. (1986). Do thinking patterns predict depressive symptoms? *Cognitive Therapy and Research, 10*: 225-236.

Rush, A. J., Beck, A. T., Kovacs, M., & Hollon, S. D. (1977). Comparative efficacy of cognitive therapy and pharmacotherapy in the treatment of depressed out-patients. *Cognitive Therapy and Research, 1*: 17-37.

Rush, A. J., Kovacs, M., Beck, A. T., Weissenberger, J., & Hollon, S. D. (1981). Differential effects of cognitive therapy and pharmacotherapy on depressive symptoms. *Journal of Affective Disorders, 3*: 221-229.

Rush, A. J., Beck, A. T., Kovacs, M., Weissenberger, J., & Hollon, S. D. (1982). Differential effects of cognitive therapy and pharmacotherapy on hopelessness and self-concept. *American Journal of Psychiatry, 139* (7): 862-866.

Ryle, A., & Cowmeadow, P. (1992). Cognitive analytic therapy. In W. Dryden (ed.), *Integrative and Eclectic Therapy: A Handbook*. Buckingham: Open University Press, pp. 84-108.

Sacco, W. P., & Beck, A. T. (1985). Cognitive therapy of depression. In E. E. Beckham, & W. R. Leber (eds.), *Handbook of Depression: Treatment, Assessment and Research*. Homewood, IL: Dorsey Press, pp. 3-38.

Safran, J. D. (1984). Assessing the cognitive-interpersonal cycle. *Cognitive Therapy and Research, 8* (4): 333-348.

Safran, J. D. (1986). A critical evaluation of the schema construct in psychotherapy research. paper presented at the Society for Psychotherapy Research Conference, Boston.

Safran, J. D. (1987). Toward on integration of cognitive and interpersonal approaches to psychotherapy. unpublished manuscript.

Safran, J. (1989, July). Emotion in cognitive therapy: An appraisal of recent conceptual and clinical developments. Paper presented at The World Congress of Cognitive Therapy, Oxford, England.

Safran, J. (1990). Toward a refinement of cognitive therapy in light of interpersonal theory: I. Theory. *Clinical Psychology Review, 10*: 87-105.

Safran, J. D., & Greenberg, L. S. (1982a). Cognitive appraisal and reappraisal: Implications for clinical practice. *Cognitive Therapy and Research, 6*: 251-258.

Safran, J. D., & Greenberg, L. S. (1982b). Eliciting "hot cognitions" in cognitive therapy. *Canadian Psychology, 23*: 83-87.

Safran, J. D., & Greenberg, L. S. (1986). Hot cognition and psychotherapy process: An information processing/ecological perspective. In P. C. Kendall (ed.), *Advances in Cognitive-behavioral Research and Therapy (Vol. 5)*. New York: Academic Press, pp. 143-177.

Safran, J. D., & Greenberg, L. S. (1987). Affect and the unconscious: A cognitive perspective. In R. Stern (ed.), *Theories of the Unconscious*. Hillsdale, New Jersey: The Analytic Press, pp. 191-212.

Safran, J. D., & Greenberg, L. S. (1988). Feeling, thinking and acting: A cognitive framework for psychotherapy integration. *Journal of Cognitive Psychotherapy: An International Quarterly, 2* (2): 109-131.

Safran, J. D., & Segal, Z. V. (1990). *Interpersonal Process in Cognitive Therapy*. New York: Basic Books, Inc.

Safran, J. D., Vallis, T. M., Segal, Z. V., & Shaw, B. F. (1986). Assessment of core cognitive processes in cognitive therapy. *Cognitive Therapy and Research, 10*: 509-526.

Salkovskis, P. M. (1990). Transcript of an interview with A. T Beck. November 3, 1990, 24th Annual Convention of the Association for Advancement of Behavior Therapy. San Francisco.

Salkovskis, P. M., & Clark, D. M. (1991). Cognitive therapy for panic attacks. *Journal of Cognitive Psychotherapy: An International Quarterly, 15* (13): 215-226.

Salkovskis, P. M., Clark, D. M., & Hackmann, A. (1990). Treatment of panic attacks using cognitive therapy without exposure. *Behaviour Research and Therapy, 28*: 51-61.

Salkovskis, P. M., Jones, D. R. O., & Clark, D. M. (1986). Respiratory control in the treatment of panic attacks: Replication and extension with concurrent measurement of behavior and p CO_2. *British Journal of Psychiatry, 148*: 526-532.

Scheier, M. F., & Carver, C. S. (1987). Dispositional optimism and physical well-being: The influence of generalized outcome expectancies on health. *Journal of Personality, 55*: 169-210.

Schwartz, R. M., & Garamoni, G. L. (1989). Cognitive balance and psychopathology: Evaluation of an information processing model of positive and negative states of mind. *Clinical Psychology Review, 9*: 271-294.

Segal, Z. V. (1988) Appraisal of the self-schema construct in cognitive models of depression. *Psychological Bulletin, 103* (2): 147-162.

Segal, Z. V., & Shaw, B. F. (1986a). Cognition in depression: A reappraisal of Coyne and Gotlib's Critique. *Cognitive Therapy and Research, 10* (6): 671-693.

Segal, Z. V., & Shaw, B. F. (1986b). When cul-de-sacs are more mentality than reality: A rejoinder to Coyne and Gotlib. *Cognitive Therapy and Research, 10* (6): 707-714.

Segal, Z. V., Shaw, B. F., & Vella, D. D. (1989). Life stress and depression: A test of the congruency hypothesis for life event content and depressive subtype. *Canadian Journal of Behavioural Science, 21*: 389-400.

Segal, Z. V., Hood, J. E., Shaw, B. F., & Higgins, E. T. (1988). A structural analysis of the self-schema construct in major depression. *Cognitive Therapy and Research, 12*: 471-485.

Seligman, M. E. P. (1988). Competing theories of panic. In S. Rachman, & J. D. Maser (eds.), *Panic: Psychological Perspectives*. Hillsdale, New Jersey: Lawrence Erlbaum Association, pp. 321-329.

Shaw, B. F. (1977). Comparison of cognitive therapy and behavior therapy in the treatment of depression. *Journal of Consulting and Clinical Psychology, 45*: 543-551.

Shaw, B. F. (1979). The theoretical and experimental foundations of a cognitive model of depression. In P. Pliner, I. Spiegel, & K. Blankstein (eds.), *Perception of Emotion in Self and Others*. New York: Plenum, pp. 137-163.

Shaw, B. F. (1984). Specification of the training and evaluation of cognitive therapists for outcome studies. In J. B. W. Williams, & R. L. Spitzer (eds.), *Psychotherapy Research: Where Are We and Where Are We Going?* New York: The Guilford Press, pp. 173-189.

Shaw, B. F. (1988). The value of researching psychotherapy techniques: A response. *Journal of Cognitive Psychotherapy: An International Quarterly, 2* (2): 83-87.

Shaw, B. F., & Segal, Z. V. (1988). Introduction to cognitive theory and therapy. In A. J. Frances, & R. E. Hales (eds.), *Review of Psychiatry, Vol. 7.* Washington, DC: American Psychiatric Press, pp. 538-553.

Shea, M. T., Elkin, I., Imber, S. D., Sotsky, S. M., Watkins, J. T., Collins, J. F., Pilkonis, P. A., Beckham, E., Glass, D. R., Dolan, R. T., & Parloff, M. B. (1992). Course of depressive symptoms over follow-up: Findings from the National Institute of Mental Health treatment of depression collaborative research program. *Archives of General Psychiatry, 49*: 782-787.

Shulman, B. H. (1988). Dissecting the elements of therapeutic change: A response. *Journal of Cognitive Psychotherapy: An International Quarterly, 2* (2): 95-103.

Siddle, D. A. T., & Remington, B. (1987). Latent inhibition and human Pavlovian conditioning: Research and relevance. In G. Davey (ed.), *Cognitive Processes and Pavlovian Conditioning in Humans.* New York: John Wiley & Sons, pp. 115-146.

Simons, A. D., Garfield, S. L., Murphy, G. E. (1984). The process of change in cognitive therapy and pharmacotherapy for depression. *Archives of General Psychiatry, 41*: 45-51.

Simons, A. D., Murphy, G. E., Levine, J. E., & Wetzel, R. D. (1986). Cognitive therapy and pharmacotherapy for depression: Sustained improvement over on year. *Archives of General Psychiatry, 43*: 43-49.

Skinner, B. F. (1977). Why I am not a cognitive psychologist. *Behaviorism, 5*: 1-10.

Skinner, B. F. (1988). Reply to Harnad. In A. C. Cataina, & S. Harnard (eds.), *The Selection of Behavior: The Operant Behaviorism of B. F. Skinner: Comments and Consequences.* *Cambridge*: Cambridge University Press, pp. 468-473.

Sokol, L., Beck, A. T., & Clark, D. A. (1989, June). A controlled treatment trial of cognitive therapy for panic disorder. Paper presented at the World Congress of Cognitive Therapy. Oxford, England.

Sokol, L., Beck, A. T., Greenberg, R. L., Berchick, R. J., & Wright, E. D. (1989). Cognitive therapy of panic disorder: A non-pharmacological alternative. *Journal of Nervous and Mental Diseases, 177*: 711-716.

Spivack, G., Platt, J. J., & Shure, M. B. (1976). The problem-solving approach to adjustment. San Francisco: Jossey-Bass.

Strupp, H. H. (1988). What is therapeutic change? *Journal of Cognitive Psychotherapy: An International Quarterly, 2* (2): 75-82.

Sulloway, F. J. (1991). Darwinian psychobiography. *New York Review of Books*, October 10: 29-32.

Szykula, S. A., Czajkowski, L., Laylander, J. A., & Sayger, T. V. (1989). "Consciousness streaming": A single-subject within session analysis of therapeutically relevant verbalizations. *Journal of Cognitive Psychotherapy: An International Quarterly, 3* (4): 299-310.

Taylor, F. G., & Marshall, W. L. (1977). Experimental analysis of a cognitive-behavioral therapy for depression. *Cognitive Therapy and Research, 1*: 59-72.

Taylor, S. E. (1983). Adjustment to threatening events: A theory of cognitive adaptation. *American Psychologist, 38* (11): 1161-1173.

Teasdale, J. D., & Fennell, M. J. V. (1982). Immediate effects on depression of cognitive therapy intervention. *Cognitive Therapy and Research, 6*: 343-352.

Thyer, B. A. (1992) The term "cognitive-behavior therapy" is redundant. *The Behavior Therapist, 15* (5): 112.

Vallis, T. M., Shaw, B. F., & Dobson, K. S. (1986). The Cognitive Therapy Scale: Psychometric properties. *Journal of Consulting and Clinical Psychology, 54*: 381-385.

Vygotsky, L. S. (1962). *Thought and Language.* New York: John Wiley & Sons.

Wachtel, P. L. (1977). *Psychoanalysis and Behavior Therapy: Toward and Integration.* New York: Basic Books.

Weimer, W. B. (1979). *Notes on the Methodology of Scientific Research.* Hillsdale, New Jersey: Lawrence Erlbaum Associates.

Weishaar, M. E., & Beck, A. T. (1986). Cognitive therapy. In W. Dryden, & W. Golden (eds.), *Cognitive-Behavioural Approaches to Psychotherapy.* London: Harper and Row, pp. 61-91.

Weishaar, M. E., & Beck, A. T. (1990). Cognitive approaches to understanding and treating suicidal behavior. In S. J. Blumenthal, & D. J. Kupfer (eds.), *Suicide over the Life Cycle: Risk Factors, Assessment and Treatment of Suicidal Patients.* Washington, DC: American Psychiatric Press, pp. 469-498.

Weishaar, M. E., & Beck, A. T. (1992). Clinical and cognitive predictors of suicide. In R. W. Maris, A. L. Berman, J. T. Mattsberger, & R. I. Yufit (eds.), *Assessment and Prediction of Suicide.* New York: The Guilford Press, pp. 467-483.

Weissman, A. N. (1979). The Dysfunctional Attitude Scale: A validation study. Ph.D. Dissertation, University of Pennsylvania.

Weissman, A., & Beck, A. T. (1978). Development and validation of the Dysfunctional Attitude Scale. Paper presented at the Annual Convention of the Association for Advancement of Behavior Therapy, Chicago.

Wessler, R. L. (1986). Conceptualizing cognition in the cognitive-behavioural therapies. In W. Dryden, & W. Golden (eds.), *Cognitive-Behavioural Approaches to Psychotherapy.* London: Harper and Row, pp. 1-30.

Wilson, G. T. (1978). Cognitive behavior therapy: Paradigm shift or passing phase? In J. P. Foreyt, & D. P. Rathjen (eds.), *Cognitive Behavior Therapy: Research and Application.* New York: Plenum, pp. 7-32.

Wolpe, J. (1958). *Psychotherapy by Reciprocal Inhibition.* Stanford, CA: Stanford University Press.

Wolpe, J. (1976a). Behavior therapy and its malcontents: I. Negation of its bases and psychodynamic fusionism. *Journal of Behavior Therapy and Experimental Psychiatry, 7:* 1-5.

Wolpe, J. (1976b). Behavior therapy and its malcontents: II. Multimodal eclecticism, cognitive exclusivism and "exposure" empiricism. *Journal of Behavior Therapy and Experimental Psychiatry, 7:* 109-116.

Wolpe, J. (1978). Cognition and causation in human behavior

and its therapy. *American Psychologist, 33*: 437-446.

Wolpe, J. (1980). Cognitive behavior and its roles in psychotherapy: An integrative account. In M. J. Mahoney (ed.), *Psychotherapy Process: Current Issues and Future Directions.* New York: Plenum Press, pp. 185-201.

Wolpe, J. (1985) Requiem for an Institution. *The Behavior Therapist, 8*: 113.

Wolpe, J. (1989). The derailment of behavior therapy: A tale of conceptual misdirection. *Journal of Behavior Therapy and Experimental Psychiatry, 20*: 3-15.

Wolpe, J., & Rowan, V. C. (1988). Panic disorder: A product of classical conditioning [Invited Essay]. *Behaviour Research and Therapy, 26* (6): 441-450.

Woody, G. E., McLellan, A. T., Luborsky, L., O'Brien, C. P., Blaine, J. Fox, S., Herman, I., & Beck, A. T. (1984). Severity of psychiatric symptoms as a predictor of benefits from psychotherapy: The Veterans Administration-Penn Study. *American Journal of Psychiatry, 141*: 1172-1177.

Wright, J. H. (1988). Cognitive therapy of depression. In A. J. Frances, & R. E. Hales (eds.), *Review of Psychiatry, Vol. 7.* Washington, DC: American Psychiatric Press, pp. 554-570.

Wright, J. H., Thase, M., Beck, A. T., & Ludgate, J. W. (eds.) (1993). *Cognitive Therapy with Inpatients: Developing a Cognitive Milieu.* New York: The Guilford Press.

Yapko, M. D. (1991). An interview with Aaron T. Beck, M. D. *The Milton H. Erickson Foundation Newsletter, 11* (2): 1, 8-12.

Young, J. E. (1982). Loneliness, depression and cognitive therapy: Theory and application. In L. A. Peplau, & D. Perlman (eds.), *Loneliness: A Source Book of Current Theory, Research and Therapy.* New York: John Wiley & Sons, pp. 388-389.

Young, J. E. (1990). *Cognitive Therapy for Personality Disorders: A Schema-Focused Approach.* Sarasota, FL: Professional

Resource Exchange.

Young, J., & Beck, A. T. (1980). Cognitive therapy rating scale: rating manual. Unpublished manuscript, Center for Cognitive Therapy, Philadelphia.

Young, J., & Klosko, J. S. (1993). *Reinventing Your Life: Smart Moves for Escaping Negative Life Patterns.* New York: Dutton.

Young, J. E., & Lindemann, M. D. (1992). An integrative schema-focused model for personality disorders. *Journal of Cognitive Psychotherapy: An International Quarterly, 6* (1): 11-23.

Zajonc, R. B. (1980). Feeling and thinking: Preferences need no references. *American Psychologist, 35*: 151-175.

Zajonc, R. B. (1984). On the primacy of affect. *American Psychologist, 39*: 117-123.

| 찾아보기 |

인 명

내 용

지은이 소개

Marjorie E. Weishaar(Ph.D.)

펜실베이니아 대학을 졸업하고 펜실베이니아 주립대학에서 세 개의 학위를 받았다. 현재 브라운 의과대학 정신의학 및 인간행동학과의 임상교수로서 정신과 레지던트, 심리학 인턴, 박사후 과정 수련생들을 가르치고 있으며, 로드아일랜드의 주도인 프로비던스에서 개업임상가로도 활동하고 있다. 그녀는 아론 벡으로부터 인지치료 수련을 받았으며 그와 공동으로 저술, 논문발표, 인지치료 워크숍 등을 함께 한 동료이기도 하다. 인지치료와 자살에 관한 여러 편의 논문과 저술을 발표하였으며, 최근에는 Jeffrey E. Young 박사와 함께 『심리도식치료』를 저술한 바 있다.

옮긴이 소개

권석만

서울대학교 심리학과를 졸업하고 동 대학원에서 임상심리학을 전공하여 석사학위를 받았다. 서울대병원에서 임상심리 수련과정을 수료하였으며, 임상심리전문가 및 정신보건임상심리사(1급) 자격을 취득하였다. 호주 The University of Queensland 심리학과에서 박사학위를 받았으며, 현재 서울대학교 심리학과 교수로 재직 중이다. 주요 저서로 『현대 이상심리학』 『젊은이를 위한 인간관계의 심리학』 『우울증』 『자기애성 성격장애』(공저) 등이 있으며, 역서로는 『단기심리치료』(공역), 『심리도식치료』(공역), 『정신분석적 사례이해』(공역) 등이 있다.

상담과 심리치료 주요인물 시리즈 8

아론 벡 AARON T. BECK

2007년 1월 10일 1판 1쇄 발행
2023년 6월 20일 1판 5쇄 발행

지은이 • Marjorie E. Weishaar
옮긴이 • 권 석 만
펴낸이 • 김 진 환
펴낸곳 • (주) **학지사**

　　　　04031 서울특별시 마포구 양화로 15길 20 마인드월드빌딩 5층
대표전화 • 02) 330-5114　　팩스 • 02) 324-2345

등록번호 • 제313-2006-000265호

홈페이지 • http://www.hakjisa.co.kr
페이스북 • https://www.facebook.com/hakjisabook

ISBN 978-89-5891-382-5 93180

정가 **15,000원**

출판미디어기업 **학지사**

간호보건의학출판 **학지사메디컬** www.hakjisamd.co.kr
심리검사연구소 **인싸이트** www.inpsyt.co.kr
학술논문서비스 **뉴논문** www.newnonmun.com
원격교육연수원 **카운피아** www.counpia.com